Kohlhammer

Florian Straus
Helga Dill
Renate Höfer
Wolfgang Gmür

Die Netzwerkperspektive in der evangelischen Gemeindearbeit

unter Mitarbeit von Thomas Popp und Ulrich Jakubek

Verlag W. Kohlhammer

1. Auflage 2021

Gesamtherstellung: W. Kohlhammer GmbH, Stuttgart

Print:
ISBN 978-3-17-032511-1

E-Book-Format:
pdf: ISBN 978-3-17-032512-8

Inhaltsverzeichnis

Vorwort

Das vorliegende Buch gehört für mich zu den wichtigsten Büchern der zurückliegenden Jahre, wenn es um das Nachdenken über die Kirche der Zukunft geht. Ich sage es ganz persönlich: Ich habe auf dieses Buch gewartet. Es verbindet meine Erfahrungen als Gemeindepfarrer, mein Nachdenken an der Universität und meine kirchenleitende Verantwortung in besonderer Weise. In meiner 1998 erstmals veröffentlichten und 2018 neu gedruckten Habilitationsschrift mit dem Titel „Gemeinschaft aus kommunikativer Freiheit. Sozialer Zusammenhalt in der modernen Gesellschaft aus theologischer Perspektive" habe ich herausgearbeitet, dass die pauschale Diagnose vom Verlust der Gemeinschaft in der modernen Gesellschaft so nicht zutrifft. Jedenfalls dann nicht, wenn wir ernstnehmen, dass die Gesellschaft sich grundlegend verändert hat. Wenn wir unser Verständnis von Gemeinschaft anhand des Netzwerkansatzes weiterentwickeln, wird deutlich, dass es viel angemessener ist, von „Liberalisierung von Gemeinschaft" zu sprechen. Auf dieser Basis kommt ein reiches Potential an Gemeinschaftsbeziehungen in den Blick, deren genauere Analyse für die Kirche der Zukunft von entscheidender Bedeutung ist.

In meinem Vorwort zur Erstveröffentlichung dieser Habilitationsschrift habe ich mein Vorhaben angekündigt, die Konsequenzen auch für die Kirche näher auszuführen. Nicht zuletzt durch den Wechsel von der Universität ins Bischofsamt hat es am Ende 20 Jahre gedauert, bis ich dieses Vorhaben wahrmachen konnte. 2017 erschien mein Buch „Radikal Lieben. Anstöße für die Zukunft einer mutigen Kirche", in dem ich ansatzweise Konsequenzen des Netzwerkansatzes für die Kirche skizziert habe. Umfangreiche empirische Daten konnte ich dabei noch nicht zugrunde legen.

Mit dem vorliegenden Buch schließt sich diese Lücke nun. Die Soziologinnen und Soziologen vom Institut für Praxisforschung und Projektberatung haben in Zusammenarbeit mit Theologinnen und Theologen und Kirchenleuten wichtige Einsichten zusammengetragen, die konkrete Hinweise darauf geben, wie die Kirche das umsetzen kann, was der Zukunftsprozess der bayerischen Landeskirche „Profil und Konzentration" in seinem Leitsatz formuliert hat: Nämlich den Ressourceneinsatz konsequent auf das Ziel hinzusteuern, dass die Menschen mit ihren heutigen Lebensfragen einen einfachen Zugang zur Botschaft des Evangeliums eröffnet bekommen.

Worum geht es beim Netzwerkansatz? Das Charakteristische an Netzwerken kann man am besten anhand von zwei Aspekten beschreiben, die die Soziologen *Pluralisierung* und *Individualisierung* nennen.

Individualisierung heißt keineswegs, wie manchmal angenommen, automatisch selbstzentrierter Individualismus. Vielmehr heißt Individualisierung zunächst nur, dass die Menschen heute im Prinzip die Freiheit haben, ihr Leben selbst so zu gestalten, wie sie es wollen, anstatt Rollen und Lebenswege vorgegeben zu bekommen. Das Wort von der Bastelbiographie, erfunden von einem Soziologen, ist fast schon in den allgemeinen Sprachschatz übergegangen und bezeichnet den mit Chancen wie Risiken verbundenen Versuch, sein Leben soweit wie möglich selbst zu gestalten. Das Engagement zahlloser Ehrenamtlicher in Parteien, Kirchen und Vereinen zeigt, dass solche Individualisierung keineswegs in Egoismus und Vereinzelung führen muss. Der in solchem Engagement zum Ausdruck kommende solidarische Gebrauch der Freiheit ist ein lebendiges Zeugnis dafür, dass Individualisierung und Gemeinschaft nicht in Gegensatz zueinander stehen müssen, sondern im Miteinander funktionieren

Pluralisierung bedeutet, dass nicht mehr von der *einen* gemeinsamen Grundlage ausgegangen werden kann, von der traditionelle Gemeinschaften lebten und der alles andere untergeordnet wird, seien es die Familienbande, die politische Überzeugung oder die religiöse Orientierung. Die Menschen leben heute in einer Vielzahl unterschiedlicher Gemeinschaften, die alle das Leben mitprägen – von Familie und Nachbarschaft über Kollegenkreis, Vereine, Freunde aus Gegenwart und Vergangenheit bis hin zu den Schulen der Kinder mit all ihren Aktivitäten. Für organisierte Gruppen, die auf ehrenamtliches Engagement angewiesen sind – Vereine, aber auch die Kirchen wie Parteien – ist dies ein Problem, weil die Menschen heute viel weniger Zeit für jede einzelne Gemeinschaft haben, in der sie leben.

Man kann zwischen „starken" und „schwachen" Beziehungen unterscheiden und ihnen jeweils unterschiedliche Funktionen zuweisen. *Starke Beziehungen* sind v. a. die Beziehungen in unsere Familien. Sie vermitteln vorrangig tiefere Gefühle wie Liebe und Geborgenheit, sie verlangen viel Zeit und sind geprägt durch einen hohen Grad von Verbindlichkeit. Früher engagierten sich Menschen häufig neben ihren Familien in anderen Gemeinschaften, denen sie ihr ganzes Leben widmeten. Da war auch die Kirchengemeinde, der Sportverein oder die Partei wie eine Familie.

Heute ist das in der Regel anders. Weil wir viele Gemeinschaften haben, in denen wir leben, sind die Beziehungen, die dabei entstehen, schwächere Beziehungen. *Schwache Beziehungen* sind dadurch gekennzeichnet, dass sie weniger zeitaufwändig und mit weniger emotionalem Engagement verbunden sind. Ihre Stärke liegt darin, dass sie eher am Rande eines persönlichen Netzwerks angesiedelt sind und deshalb eine Brückenfunktion zu anderen Gemeinschaftskontexten erfüllen können. Über schwache Beziehungen entstehen Einstiegsmöglichkeiten in andere soziale Milieus.

Der amerikanische Soziologe Mark Granovetter hat einmal einen interessanten Versuch gemacht. Er hat eine Botschaft in einen bestimmten lokalen Gemeinschaftskontext hineingegeben, die hieß: „Ich brauche einen Job, wer kann mir einen Job besorgen?". Granovetter hat dann verfolgt, welche Kreise diese Botschaft zog. Sie ging – so stellte er fest – durch alle möglichen Gemeinschafteskontexte, ebenso durch weiße Communities wie durch schwarze: Die Verbindung zwischen den communities ging über die schwachen Beziehungen. Den Job hat der Arbeitssuchende am Ende wegen der schwachen und nicht wegen der starken Beziehungen bekommen. Also sagen die Soziologen: Für die „sozialen Unterstützungsleistungen" im Alltag sind die schwachen Beziehungen von besonderer Bedeutung.

Die schwachen Beziehungen sind also wichtige Beziehungen, sie sind Brückenbeziehungen in andere Gemeinschaften hinein und deswegen gerade in einer pluralistischen Gesellschaft besonders wichtig. Man kann es auch salopp sagen: Damit wir uns nicht immer nur im eigenen Saft drehen.

Die Internetnetzwerke spielen dabei eine zunehmende Rolle. Sie können auch Ort für die Pflege starker Beziehungen sein – etwa, wenn Eltern und Kinder aus unterschiedlichen Kontinenten dort miteinander kommunizieren. Häufig sind die Dialoge via Internet unverbindlicher, aber trotzdem für die moderne Form, Gemeinschaft zu leben, nicht irrelevant.

Die schwächste Form von Beziehung ist der „Gefällt-mir-Button" bei facebook. Wenn man den Gefällt-mir-Knopf drückt, ist das ein extrem geringer Beziehungsaufwand, aber es ist trotzdem so, dass ein Mensch sich damit in Erinnerung bringt. Es wäre fürchterlich, wenn wir unser Leben auf den „Gefällt-mir-Button" reduzieren würden. Aber als Dimension, als Ergänzung zu einem gelingenden Gemeinschaftsleben, kann sogar der „Gefällt-mir-Button" von Bedeutung sein. Wenn Menschen über die Social Media miteinander Kontakt haben, ist das manchmal nur ein kurzes Zeichen, und jeder weiß, der oder die andere hat reagiert, Kontakt aufgenommen und freut sich daran.

Ich halte fest: Menschen engagieren sich sowohl in den starken Gemeinschaften mit hoher Verbindlichkeit, als auch in den schwächeren Netzwerken mit weniger Verbindlichkeit, aber zuweilen auch mit hohen Wirkungen. Beides ist wertvoll für den Zusammenhalt in der Gesellschaft.
Im vorliegenden Buch wird anhand von konkreten Beispielen wie empirischen Befragungen erläutert, was das für die Arbeit der Kirche heißt.

Angebote sind dann besonders wertvoll, wenn sie positive Bindungserlebnisse ermöglichen und im Sinne der „schwachen Bindungen" immer wieder neue Netzwerkkontakte und Andockmöglichkeiten für Menschen bieten.

Ein interessantes Beispiel sind – wie die Autor*innen des IPP in ihrem Auswertungskapitel zeigen – Chöre. Chormitglieder sind besonders wichtig für das Netzwerk einer Gemeinde. In vielen Chören, etwa den Gospelchören, singen zahlreiche Menschen mit, deren Beziehung zur Kirchengemeinde eher schwach ist. Aber durch den Chor behalten sie die Verbindung und sind gleichzeitig so etwas wie Brückenpersonen in anderen Gemeinschaften, die der Kirche sonst eher fernstehen. In einem spirituellen Sinn mag es sich um „schwache Bindungen" handeln, aber diese Bindungen erhöhen die Reichweite einer Gemeinde erheblich. Das Luther-Pop-Oratorium im Reformationsjubiläumsjahr 2017 war ein hervorragendes Beispiel dafür, welch starke Wirkung solche schwachen Beziehungen für das Netzwerk der Kirche haben können. Das Mitsingen war ein auf wenige Monate begrenztes Projekt. Dennoch bedeutete es für 30.000 Sängerinnen und Sänger an 22 verschiedenen Aufführungsorten in Deutschland einen neuen Zugang zur Kirche.

Als besondere Potenzialgruppen identifizieren die Autor*innen junge Familien, Konfirmandinnen und Konfirmanden und junge Erwachsene. Vor allem bei den befragten Frauen im Alter von 25 bis 40 Jahren sehen sie eine Gruppe, die für ein Engagement in der Kirchengemeinde gewonnen werden kann, wenn die passenden Angebote vorhanden sind. Nicht überraschend treten die Kasualien besonders in den Blick. Dabei geht es sowohl um die klassischen Kasualien wie auch um kreative neue Wege zur Gestaltung biographischer Eckpunkte wie etwa Einschulung, Übergang in den Beruf oder den Renteneintritt.

Pfarrer und Pfarrerinnen – so zeigen die Untersuchungen –müssen eher gute Netzwerker*innen als Manager sein. Es geht dabei um die Kunst, Beziehungen aufzubauen, sie zu pflegen und zu nutzen. Es geht darum, die soziale Fähigkeit, die Stärken anderer zu erkennen und sie mit den eigenen zu kombinieren. Es geht darum, Mut zu machen sowie Respekt und Wertschätzung zu vermitteln.

Auch im Hinblick auf die viel diskutierte Frage nach der Zukunft der Parochie gibt dieses Buch wichtige Impulse. Unter der Netzwerkperspektive geht es darum, mit den Strukturen auf die Vielfalt der Erwartungen und Lebensstile zu reagieren. Statt an parochialen Grenzen Halt zu machen, geht es darum, in der Zusammenarbeit von mehreren Gemeinden ein größeres, vielfältiges Spektrum an Angeboten zu ermöglichen. Die dadurch entstehenden Brückenbeziehungen bergen großes Potential. Oft gelingt es Menschen, die über ein bestimmtes Angebot (wieder) den Zugang zur Gemeinde gefunden haben, auch für andere Angebote zu interessieren und damit verlorengegangene Bindungen wieder zu stärken oder neue Bindungen zu schaffen.

Was in dem vorliegenden Buch beschrieben wird, ist eine Kirche im Aufbruch. Es ist eine Kirche, die nicht einer verloren gegangenen heilen Welt hinterher trauert, wie es sie nie gegeben hat, sondern die neue gesellschaftliche Situation als Chance begreift. Als Chance für eine Kirche, in der sich die Menschen aus Freiheit engagieren, und die genau deswegen, jenseits der genauen Mitgliedschaftszahlen, eine neue Ausstrahlungskraft gewinnt.

Ich wünsche dem vorliegenden Buch viele Leserinnen und Leser, die sich von dieser Vision inspirieren lassen.

Prof Dr. Heinrich Bedford-Strohm

Landesbischof der Evangelisch-Lutherischen Kirche in Bayern,
Vorsitzender des Rates der EK

Kapitel I Rückgang als Schicksal? Die These vom „weniger, älter und ärmer"

1 Eine fortschreitende Säkularisierung? – Zur Ausgangslage der evangelischen Kirche im Deutschland des 21. Jahrhunderts

Weniger und älter – das sind die pessimistischen Überschriften für den demografischen Wandel, der die westlichen Industrienationen kennzeichnet und von dem Deutschland – regional unterschiedlich – in hohem Maße betroffen ist. Weniger, älter und ärmer sind aber auch die Schlagworte, die für den Wandel in der Evangelischen Kirche stehen (Latzel zit. nach Freund 2006). Für immer weniger Menschen scheint die Kirche Antworten auf die Fragen des Lebens bereitzuhalten. Diejenigen, die in der Kirche verbleiben, sind eher die älteren, durchaus engagementbereit, aber nicht notwendig Nutzer*innen kirchlicher bzw. gemeindlicher Angebote.

Dieses Szenario wird gestützt durch die empirischen Daten. In den 1990er Jahren verließen jährlich bis zu 400.000 evangelisch getaufte Menschen die Kirche als Organisation, deutlich mehr als jeweils pro Jahr eintraten. Zwar nahmen die Zahlen dann ab, aber erst 2016 konnte dieser Trend erstmals seit längerem gebrochen werden. In diesem Jahr wurden wieder mehr Kircheneintritte und Taufen als Kirchenaustritte gezählt. Im Jahr 2019 traten allerdings bereits wieder 270.000 Menschen nach Angaben der Evangelischen Kirche in Deutschland (EKD) aus. Dies waren 22 Prozent mehr als im Jahr davor. Hinzu kommen 340.000 Kirchenmitglieder, die verstorben sind. Dem standen „nur" 160.000 Taufen und 25.000 Aufnahmen gegenüber.[1] Dazu kommen schwach besuchte Gottesdienste, was auch häufig als zusätzliches Indiz für ein abnehmendes Interesse an der Kirche/den großen Kirchen herangezogen wird.

Auch in den von uns untersuchten evangelischen Gemeinden ist dieser Trend ein oft beklagtes Thema geworden. So heißt es zum Beispiel im Kirchenboten von Thierstein-Höchstädt-Neuhaus: „Die Zeiten des Häuserbauens sind in unseren Kirchengemeinden vorbei. Es gilt, die Häuser, die wir haben, zu erhalten: unsere beiden Kirchen, die Kapelle in Neuhaus, unsere beiden Gemeindehäuser, die Kindergärten. Das wird in Zeiten sinkender Mitgliederzahlen immer

---

1 Zitiert nach https://www.evangelisch.de/inhalte/171875/27-06-2020/deutlicher-anstieg-bei-kirchenaustritten-2019 (abgerufen 20.9.20).

schwieriger. Dankbar verzeichnen wir in unseren beiden Kirchengemeinden kaum Austritte – aber der demographische Wandel, der sich mit vielen Todesfällen und wenigen Taufen in diesem Jahr besonders deutlich bemerkbar macht, führt dazu, dass unsere Pfarrei kontinuierlich kleiner wird, und zwar seit Jahren. Sinkende Mitgliedszahlen haben sinkende Schlüsselzuweisungen zur Folge." (Pfarrer Knut Meinel im Kirchenbote Mai–Juli 2017, 24)

Doch der Rückgriff auf den demografischen Wandel erklärt nur einen Teil der Veränderung. Eine andere Erklärung bietet die zunehmende Distanz der Mitglieder. Was führt zu dieser Entfremdung zwischen den Kirchenmitgliedern und ihrer Institution und Organisation Kirche? Eine Reihe von Studien widmet sich seit den 1970er Jahren dieser Frage (vgl. hierzu Riegel et al. 2018). Und sie kommen alle zu ähnlichen Schlüssen. Austrittsmotive sind die Kirchensteuer, die Enttäuschung über das Verhalten der Institution Kirche und ihrer Vertreter*innen, ein mangelndes Interesse an Kirche und Glauben und Kritik an kirchlichen Positionen in Politik und Ethik (Institut für Demoskopie Allensbach, 1993 zitiert nach Riegel et al. 2018, 128). In späteren Studien werden noch die Skandale der Kirche genannt, hier vor allem Missbrauchsskandale und die stark verzögerten Versuche diese aufzuklären. Daraus wurden vier Thesen abgeleitet, die Kirchenaustritte erklären sollen:

- Kirchenaustritt als Reaktion auf ein politisches oder institutionelles Ereignis.
- Kirchenaustritt als Ausdruck von Traditionsabbrüchen infolge gesellschaftlicher Individualisierungsprozesse.
- Kirchenaustritt als Kosten-Nutzen-Kalkül und
- Kirchenaustritt als Antwort auf Einschränkungen des Autonomiebedürfnisses durch die Kirche.

Riegel et al. beschreiben den Kirchenaustritt als „das Ende eines längeren Prozesses" (ebd., 194). Idealtypisch gibt es folgende verursachende Motive: Glaubenszweifel, Erscheinungsbild der Kirche, Diskrepanz zu ethischen Positionen und rückständige Haltung der Kirche. Daraus entsteht als bestimmendes Motiv die Entfremdung bzw. fehlende Kirchenbindung. Der Anlass für den konkreten Austritt ist dann entweder ein enttäuschendes Erlebnis und/oder die regelmäßig zu zahlende Kirchensteuer. Das Verlassen der Kirche könnte demnach auch die Entwicklung von einer (mehr oder weniger) engen Bindung an die Kirche aus Kindertagen, hin zur einer fehlenden Bindung als Erwachsene sein. Wird dieser Prozess weiter voranschreiten? Wird er dazu führen, dass eines Tages auch die Taufe nicht mehr selbstverständlich ist? Wird die evangelische Kirche dann noch eine Volkskirche bleiben?

Es gibt aber auch entlastende Nachrichten. So hat die positive Wirtschaftsentwicklung der letzten zehn Jahre den enormen Spar- und Rationalisierungsdruck in den Zehnerjahren dieses Jahrhunderts deutlich abgemildert und den

Kirchen sogar Rekordeinnahmen beschert. Und auch die absolute Zahl der Engagierten hat zugenommen. Wird diese Entwicklung anhalten und die beschriebenen Rückgangsszenarien aufhalten? Was könnte die evangelische Kirche tun, um wieder attraktiver für ihre Mitglieder zu werden?

2 Das Projekt Netzwerkorientierte Gemeindeentwicklung 2007 bis 2015

Auf diese Fragen, diese „großen Herausforderungen der evangelischen Kirche im 21. Jahrhundert" (Wolfgang Huber) hat das Projekt „Perspektiven netzwerkorientierter Entwicklung evangelisch-lutherischer Kirchengemeinden" empirisch begründete Antworten gesucht. Im Mittelpunkt steht dabei die Netzwerkperspektive und damit ein, wie Kapitel 2 zeigen wird, ebenso moderner wie historisch lange verankerter Ansatz, menschliche Gemeinschaftsbildungen zu analysieren.

Ausgangspunkt für das Projekt war eine Anfrage des afg (Amt für Gemeindedienst der evangelisch- lutherischen Kirche in Bayern) an das IPP, mit der Brille neuerer Bindungs-, Engagement- und Netzwerkforschung das Gemeindeleben in mehreren Kirchengemeinden zu untersuchen. Das IPP hatte sich bereits seit seinem Entstehen in den frühen 1980er Jahren mit einer sozialpsychologischen Netzwerkperspektive beschäftigt.

Vereinbart wurde ein etappenweises Vorgehen. In der ersten Etappe (2007–2009) wurden zunächst eine Gemeinde im evangelischen Kernland (St. Johannis in Ansbach) und eine Diaspora Gemeinde in einem großstädtisch geprägten Einzugsbereich (Unterschleißheim) ausgewählt. Nachdem sich dieser Ansatz als fruchtbar erwies, wurden in der zweiten Etappe (2010–2013) fünf Stadtgemeinden einer mittelgroßen bayerischen Stadt in der Diaspora (Ingolstadt) untersucht. Und schließlich wurden in einer dritten Etappe (2013–2015) zwei Gemeinden im ländlichen Raum gewählt, die zudem über jeweils zwei lokale Standorte verfügten. Wieder wurde die Gegenüberstellung von Diaspora und Kernland zur Auswahl genutzt. Die Gemeinden Waldershof/Neusorg befinden sich in der Diaspora, während Thierstein/Höchstädt im evangelischen Kernland Bayern angesiedelt ist.

Ziel des Projektes „Netzwerkorientierte Gemeindeentwicklung" war es, auf dem Hintergrund unterschiedlicher biographischer Erfahrungen den Stellenwert persönlicher, netzwerkbezogener Kontakte für die Bindung der einzelnen Mitglieder zu beleuchten, und zu erheben, welches Potenzial in der Intensivierung einer netzwerkbezogenen Perspektive liegt. Zum zweiten ging es um die Bedingungen, unter denen Personen heute bereit sind, sich in einer Gemeinde zu engagieren und welche Chancen in einem veränderten modernen Freiwilligenmanagement liegen.

Diesen Fragestellungen wurde in allen ausgewählten elf evangelischen Gemeinden in Bayern nachgegangen. Das etappenweise Vorgehen ermöglichte einerseits ein ähnliches Design und andererseits aber auch in jeder Etappe noch einmal eigene empirische Schwerpunkte zu setzen.

Das Forschungs- und Entwicklungsprojekt „Netzwerkorientierung in evangelischen Gemeinden" wurde 2007 begonnen. Die empirischen Erhebungen wurden 2015 abgeschlossen. Dieser lange Zeitraum begründet sich vor allem mit dem, auch finanzierungsbedingten, etappenweisen Vorgehen.

2.1 *Die beteiligten Standorte*

Die Studie wurde an folgenden sechs Standorten bzw. elf Kirchengemeinden durchgeführt. Dabei wurde bei der Auswahl darauf geachtet, dass sowohl städtische Kontexte verschiedener Größen, wie auch eher ländliche Gebiete in der Studie vertreten sind. Das Gleiche gilt für eine Mischung aus Diasporagemeinden und Gemeinden aus dem evangelischen Kernland in Bayern.

Abbildung 1: An der Studie beteiligte Gemeinden

2.2 *Forschungsdesign und Methoden*

In allen Gemeinden wurde ein ähnliches Design angewandt. Die unten dargestellten Schritte I bis III erfolgten stets in dieser Reihenfolge. Die qualitativen Interviews, teilnehmenden Beobachtungen und Gruppendiskussionen sowie die

Projekte wurden teilweise parallel zu den Erhebungen begonnen und durchgeführt. Am Ende jeder Etappe stand eine Präsentation der Ergebnisse in den beteiligten Gemeinden und übergreifenden Gremien.

Tabelle 1: Empirisches Design der Studie

Schritte	
I	Interviews mit den **verantwortlichen Personen** der Gemeinde
II	Quantitative Befragung der **freiwillig Engagierten**
III	Quantitative Erhebung einer ausgewählten Gruppe der **Gemeindemitglieder** (ohne Engagierte)
IV	**Qualitative Interviews mit ausgewählten Personen** der Gemeinde
V	Projektgruppen, teilnehmende Beobachtung, Gruppendiskussionen und Feedback-Veranstaltungen

Schritt I: In jeder untersuchten Kirchengemeinde wurden zunächst Interviews mit den hauptamtlichen Pfarrer*innen und Mitgliedern des Kirchenvorstands geführt, um ein Bild von der Situation vor Ort zu bekommen. Insgesamt haben wir in den 11 Gemeinden dazu 41 Personen interviewt.

Schritt II: Als nächster Schritt wurden jeweils die **engagierten Kirchenmitglieder** schriftlich befragt. Die Befragung wurde als Vollerhebung durchgeführt. Ausgangspunkt war eine von den Gemeinden uns zur Verfügung gestellten Liste aller aktuell freiwillig Engagierten. Berechnet man den Rücklauf bei diesen Erhebungen, so schwankt er zwischen den Gemeinden zwischen 42% und 57%.

Schritt III: In einem weiteren Schritt wurde eine ausgewählte Gruppe der **Gemeindemitglieder schriftlich** befragt. Eine Vollerhebung war in den ersten beiden Untersuchungsetappen aus finanziellen Gründen nicht möglich. Bei den ausgewählten Gruppen war die Frage ausschlaggebend, wie man diese Gruppen (Kasualienempfänger*innen und jüngere Gemeindemitglieder) wieder näher an die Gemeinden anbinden kann. Ausgewählt wurden

- in Ansbach die Kasualiennutzer*innen. Befragt wurden alle Kasualiennutzer*innen der letzten zwei Jahre. [2]
- In Unterschleißheim Gemeindemitglieder im Alter von 25 bis 40 Jahren. Basis war eine Zufallsauswahl von 50% der ausgewählten Alterskohorte.

2 Auch in den anderen Erhebungen wurde nach der Kasualiennutzung gefragt, so dass die Ergebnisse aus Ansbach gut durch die anderen Erhebungen ergänzt werden konnten.

- In Ingolstadt wurden ebenfalls gezielt die jüngeren Gemeindemitglieder in den Fokus genommen. Im Unterschied zu Unterschleißheim wurde die Altersgrenze nochmals gesenkt. Befragt wurde eine zufällig ausgewählte 20%-Stichprobe der Alterskohorte 15 bis 40 Jahre.
- In den ländlicheren Gemeinden im Landkreis Hof (Höchstädt/Thierstein, Waldershof/Neusorg) wurden alle Gemeindemitglieder angeschrieben und eine Vollerhebung bei allen über 14-jährigen Gemeindemitgliedern durchgeführt.

Die schriftlichen Befragungen unter den jeweils ausgewählten Gemeindemitgliedern erreichten Rücklaufquoten zwischen 15% und 32%. Das sind bei schriftlichen postalischen Befragungen übliche Werte. Ohne die Gruppe derjenigen, die nur noch auf dem Papier evangelisch sind, sich aber nicht mehr für den evangelischen Glauben und die Angebote ihrer Gemeinden interessieren, liegt der Rücklauf der Mitgliederbefragung bei 30% bis 55%.[3]

Tabelle 2 Untersuchte Population

	Einrichtung	Zahl der einbezogenen Gemeinden	Rücklauf Fragebögen Befragung Engagierte	Rücklauf Fragebögen Befragung Gemeindemitglieder	Qualitative Interviews/ Gruppen-diskussion Schritt 1+4
1	Ansbach	1	67	63	21
2	Unterschleißheim	1	65	72	36
3	Ingolstadt	5	262	240	40
4	Höchstädt/Thierstein	2	53	399	12
5	Waldershof/Neusorg	2	48	228	19
	Gesamt	**11**	**495**	**1002**	**128**
	Erreichte Gesamtpopulation				Rund 1600 Personen

[3] In der ersten Etappe wurde eine Rücklaufkontrolle durchgeführt. Diese und andere Studien ermöglichen eine Schätzung, wie groß die Gruppe derjenigen ist, die zwar formal Mitglieder der evangelischen Kirche sind, sich aber überhaupt nicht mehr als evangelisch bzw. Gemeindemitglied sehen. Diese fühlen sich, so das Ergebnis der Rücklaufkontrolle, durch den Fragebogen nicht angesprochen. Diese Quote liegt zwischen 40% und 60% der angeschriebenen Personen.

In allen Gemeinden sind wir so vorgegangen, dass Personen möglichst nur einmal befragt wurden, d.h. Personen die bereits als Engagierte befragt oder interviewt wurden, erhielten nicht zusätzlich einen Fragebogen in ihrer Rolle als Gemeindemitglieder. Somit haben wir insgesamt in den elf Gemeinden ca. 1600 Mitglieder befragt oder interviewt.

Die Daten aus den quantitativen Befragungen wurden auch gemeindespezifisch ausgewertet. Für die befragten Engagierten konnte ein Gesamtdatensatz erstellt werden. Aufgrund der verschiedenen Auswahlkriterien war dies bei der Befragung der Gemeindemitglieder nicht in gleicher Form möglich. Dennoch enthielten auch die Fragebögen zu den Gemeindemitgliedern eine Vielzahl vergleichbarer bzw. identischer Fragen. Gefragt wurde nach der Zugehörigkeit bzw. der Bindung an die Gemeinde, das Engagement inner- und außerhalb der Kirchengemeinde, die Teilnahme an und Bewertung von gemeindlichen Angeboten sowie allgemeineren Einstellungsfragen zu Kirche und Glauben. Hier wurden zu einem größeren Teil Fragebatterien aus anderen Kirchenstudien verwendet. Die Daten wurden mit Hilfe des Statistikprogramms SPSS ausgewertet.

Schritt IV: Die schriftlichen Befragungen wurden in jeder untersuchten Gemeinde durch qualitative (Netzwerk-)Interviews unterfüttert. Dabei wurden unterschiedliche Schwerpunkte gesetzt.

- **Ansbach und Unterschleißheim:** Interviews mit Engagierten und nichtengagierten Kasualiennutzer*innen, Interviews mit ehemaligen Gemeindemitgliedern, die aus der Kirche ausgetreten sind, Interviews mit Eltern, deren Kinder den evangelischen Kindergarten besuchen.
- **Ingolstadt:** Interviews mit engagierten Gemeindemitgliedern, Interviews mit Deutschen aus Russland, mit Mitgliedern des Kirchenchores bzw. Posaunenchores.
- **Neusorg/Waldershof:** Interviews mit engagierten Gemeindemitgliedern, Gruppendiskussion mit Konfirmandinnen und Konfirmanden.
- **Thierstein/Höchstädt:** Interviews mit engagierten Gemeindemitgliedern.

Die qualitativen Interviews waren als leitfadengestützte, problemzentrierte Interviews konzipiert und wurden mit Ausnahme der KiTa-Eltern in Unterschleißheim face-to-face durchgeführt. Dabei kam sowohl bei den Engagierten als auch bei den interviewten Gemeindemitgliedern in über 30 Fällen eine Netzwerkkarte zum Einsatz (EGONET-QF). Alle Interviews wurden transkribiert und inhaltsanalytisch ausgewertet. Sämtliche Zitate und Netzwerkkarten wurden für die Berichte und die vorliegende Veröffentlichung anonymisiert bzw. pseudonymisiert.

Schritt V: Sowohl in Unterschleißheim als auch in Ingolstadt wurden die regionalen Ergebnisse aus der quantitativen und qualitativen Forschung in gemeindebezogene Projekte eingespeist.

- **Unterschleißheim:** Freiwilligenbörse Unterschleißheim, Unterstützung bei der Konzeptentwicklung und Umsetzung.
- **Ingolstadt:** Innen/Außen – eine Analyse und Erarbeitung von Lösungsvorschlägen für das Verhältnis der Innen- und Außengemeinden am Beispiel von St. Paulus und St. Lukas; Evangelisch sein in Ingolstadt und Engagierte gewinnen, Umsetzungsworkshop.

Die Ingolstädter Projekte resultierten aus einem Entwicklungsworkshop, den das IPP gemeinsam mit dem Amt für Gemeindedienste durchgeführt hatte.[4]

In allen beteiligten Gemeinden wurden die standortspezifischen Ergebnisse im Rahmen von teilweise öffentlichen Kirchenvorstandssitzungen präsentiert und in ihrer Relevanz für die zukünftige Gemeindeentwicklung diskutiert.

3 Zu diesem Buch

Dieses Buch ist kein klassischer empirischer Ergebnisbericht, der von Tabellen und Zahlen lebt. Es will mehr. Es sollen auch die Ideen und Konzepte, die hinter einer Netzwerkperspektive für die evangelische Kirche stehen, beleuchtet und diskutiert werden. Und es sollen konkrete Beispiele und Anregungen formuliert werden, wie man diese Netzwerkperspektive noch stärker in der Praxis der Gemeindearbeit umsetzen kann.

Als die Arbeiten zu diesen Studien begonnen wurden, war die Netzwerkidee in der evangelischen Kirche noch nicht so bekannt wie heute. Vielfach mussten wir noch erklären, was eine Netzwerkperspektive leisten kann, warum sie fremd und doch ganz vertraut ist. Vor allem die Diskussionen mit unseren Mitautoren Ulrich Jakubek und Thomas Popp haben uns in dieser Einschätzung sehr geholfen. Thomas Popp[5], heute Professor an der Evangelischen Fachhochschule in Nürnberg, hat vor allem die theologischen Wurzeln der Netzwerkidee untersucht und uns schon früh die Augen geöffnet, wie zentral das Netzwerkthema

---

4 Das Projekt in Ingolstadt wurde von einer Begleitgruppe unterstützt, u. a. bei der Herstellung der Zugänge zu relevanten Personen, sowie in der Beratung und Verabschiedung von Richtungsentscheidungen. Durch die Begleitgruppe wurde versucht, die verschiedenen Anforderungen und Erkenntnisinteressen des Dekanats und der beteiligten Kirchengemeinden zu verknüpfen.

5 Thomas Popp war zu Beginn der Studie noch Mitarbeiter des afg.

auch in der christlichen Tradition verankert ist. Der langjährige Geschäftsführer des afg (Amt für Gemeindedienst in der Evang.-Luth. Kirche Bayern), Ulrich Jakubek, war einer der wichtigsten Protagonisten der Idee, mithilfe einer Netzwerkperspektive die Arbeit in den Gemeinden analysieren und auch befruchten zu können. Er war wesentlich dafür verantwortlich, dass das afg 2007 das IPP beauftragt hat, diese Studien zu beginnen.

Nach Ende des Projekts wurden Teilergebnisse der Studie und erste praktische Impulse bereits 2014 in dem Buch „Netzwerke sichtbar machen" (Herausgeber Ulrich Jakubek und Florian Straus) veröffentlicht. Bereits damals entstand die Idee, die Studie und ihre Folgerungen in einer weiteren ausführlicheren Veröffentlichung zu präsentieren. Verschiedene Umstände, einschließlich einer langen Krankheitsunterbrechung, haben es aber erst jetzt möglich gemacht, das Buchprojekt abzuschließen. Geholfen hat auf diesem Weg der Eindruck, dass die Ergebnisse und Botschaften dieses Buchs an Aktualität nicht verloren haben. So schreibt der Landesbischof und Ratsvorsitzender der Evangelischen Kirche in Deutschland, Heinrich Bedford-Strohm, in seinem Vorwort: „Das vorliegende Buch gehört für mich zu den wichtigsten Büchern der zurückliegenden Jahre, wenn es um das Nachdenken über die Kirche der Zukunft geht. Ich sage es ganz persönlich: Ich habe auf dieses Buch gewartet." Die Idee, mit Hilfe der Netzwerkperspektive die Zukunft der Evangelischen Kirche nicht nur unter den eingangs beschriebenen negativen Vorzeichen, sondern auch offensiv zu betrachten, wird heute stärker als früher spürbar. So veröffentlichte Irmgard Schwaetzer, Präses der Synode der Evangelischen Kirche, in Chrismon, dem evangelischen Magazin, im September 2020 einen Beitrag mit dem Titel „Werft die Netze aus". Sie meint damit einen tiefgreifenden Reformprozess, der sich die Netzwerkperspektive zunutze machen will. „Wir wollen uns noch viel mehr als Netzwerk verstehen." Dazu Hinweise, empirische Beispiele und Anregungen zu liefern ist Ziel der folgenden drei Kapitel.

- In Kapitel II werden die zentralen konzeptionellen Überlegungen beschrieben, die hinter der Netzwerkperspektive stehen. Ausführlich dargestellt werden die sozialpsychologische Perspektive der IPP Autor*innen und die theologische Perspektive, die Thomas Popp in seinem Gastbeitrag detailreich entfaltet.
- In Kapitel III werden in acht Abschnitten ausgewählte Ergebnisse aus den empirischen Erhebungen präsentiert. Es geht dabei um Antworten auf u. a. folgende Fragen:
  - Wie zufrieden sind die Kirchenmitglieder und die Engagierten mit den Angeboten? Lässt sich die Unzufriedenheit eines Teils der Mitglieder bzw. ihre Distanz aus der Qualität der Angebote in den Gemeinden begründen?
  - Wie nutzen die Mitglieder und die Engagierten die Kernangebote (Gottesdienste, Kasualien)? Welchen Stellenwert haben diese für die Bindung der Mitglieder vor Ort?

  - Wie werden die Engagierten gewonnen und welche Engagierten tragen die Gemeindearbeit vor Ort? Und: Welchen Stellenwert haben Netzwerke für die Gewinnung von Engagierten?
  - Wie sehen typische Netzwerke der Gemeindemitglieder aus? Welchen Stellenwert hat die Kirchengemeinde in den egozentrierten Netzwerken der Personen?
  - Warum sind Chöre ein klassisches und zugleich zukunftsweisendes Beispiel für Netzwerke im Gemeindealltag?
  - Welchen Stellenwert für die (Ein-)Bindung von Mitgliedern haben Versorgungsangebote wie beispielsweise die Kindertagestätten?
  - Welche Herausforderungen entstehen im Verhältnis von Innen- und Außengemeinden?
  - Wie lassen sich Migrant*innengruppen in den Gemeinden einbinden? Welche Herausforderungen ergeben sich daraus für den Gemeindealltag?
- Kapitel IV schließlich diskutiert die Botschaften und Erkenntnisse, die hinter diesen Ergebnissen stehen. Diskutiert werden kontroverse Fragen: Netzwerk oder/und Parochie? Der Pfarrer/die Pfarrerin, Manager*in oder Netzwerker*in? Betriebswirtschaftlicher oder Netzwerkfokus? Und es geht um konkrete Impulse einer Netzwerkperspektive für den Alltag in den Gemeinden. Dazu werden neun Beispiele aus dem Gemeindealltag ausgewählt, die stellvertretend die Möglichkeiten einer Netzwerkperspektive im Alltag zeigen sollen.

Diese Studien sind unter Beteiligung von weiteren Kolleg*innen im IPP entstanden. In der wichtigen Pilotphase haben Dr. Wolfgang Kraus und Dr. Alexander Jungmann geholfen die Grundlage für das Gesamtprojekt zu erarbeiten. Prof. Dr. Heiner Keupp hat nicht nur die Netzwerkidee im IPP protegiert, sondern ebenfalls in der Anfangsphase zur Verankerung dieses Projekts im Kontext der evangelischen Kirche beigetragen. OKR Michael Martin, Dekan Jörg Hammerbacher und Dr. Susanne Henninger waren innerhalb der evangelischen Kirche Bayerns wichtige Unterstützer*innen auch bei der Mittelbeschaffung für die späteren Etappen der Studie und für diese Veröffentlichung. Sebastian Meyer und unsere Lektorin Christine Grösch haben uns in den letzten Schritten der Veröffentlichung unterstützt. All diesen Personen sei an dieser Stelle gedankt. Ohne sie wäre das Projekt „Netzwerkorientierung in der evangelischen Gemeindearbeit“ und diese Veröffentlichung nicht möglich gewesen. Und nicht zuletzt bedanken wir uns bei den evangelischen Gemeinden, den Pfarrer*innen, die die Studie vor Ort ermöglicht haben, und bei den Gemeindemitgliedern und Engagierten, die geduldig unsere Fragen schriftlich und mündlich beantwortet haben.

Kapitel II Konzeptionelle Überlegungen – Netzwerk – Bildung und Engagement

Die folgenden Überlegungen stehen unter der Perspektive der sozialen Verortung (Straus 2002). Dieses Konzept ermöglicht es, die Beziehungen zwischen Individuum und Gemeinschaft unter dem Aspekt des Zugehörigkeitserlebens zu erfassen: Menschen sind soziale Wesen, die sich einer bestimmten Gruppe, einer sozialräumlich oder/und ideologisch abgegrenzten Gemeinschaft oder/und einer Idee zugehörig fühlen. Dahinter steht die These, dass individuelles Handeln nur adäquat verstanden werden kann, wenn es auch als soziales Handeln begriffen wird. Es sind immer soziale Netzwerke, in denen Menschen agieren, und die ihr Handeln beeinflussen. Diese Aussage behält auch in Zeiten fortschreitender Individualisierung ihre Gültigkeit. Gerade die mit der Individualisierung verbundenen Unsicherheiten verlangen nach der Sicherheit einer Einbettung in Gemeinschaft(en). Anders gesagt, wo alles fluide wird, wird die Frage, was denken die relevanten Anderen, und der Wunsch nach einer sozialen Zugehörigkeit, mächtig.

Dies gilt jedoch nicht für alle Zugehörigkeiten. Vor allem traditionelle Verortungsangebote erscheinen als zunehmend unattraktiv, sind sie doch verknüpft mit alten Sicherheiten durch Regeln und Normen, die nicht mehr ohne weiteres in das 21. Jahrhundert bzw. die reflexiv gewordene Moderne passen. So stellt sich die Frage, wie sich Zugehörigkeit und soziale Verortung von Menschen heute entwickeln. In der Forschungstradition des IPP sind die folgenden Fragen dafür zentral:[6]

- Die Netzwerkfrage: Wie knüpfen Menschen Netzwerke und welchen Erkenntnisgewinn hat man, wenn man soziale Organisationen als Netzwerke versteht?
- Die Bindungsfrage: Wie binden sich Menschen in einer individualisierten Gesellschaft an Organisationen, Vereine und Initiativen?
- Die Engagementfrage: Was suchen und benötigen Menschen heute, wenn sie Verantwortung übernehmen und Angebote (mit-)gestalten, statt einfach nur Mitglied zu sein und Angebote zu nutzen?

---

6 Diese Überlegungen gründen vor allem auch auf das Projekt ‚Reflexive Individualisierung und posttraditionale Ligaturen'. Dieses wurde von 1999 bis 2009 im Rahmen des Sonderforschungsbereich 536 (Reflexive Modernisierung) der Deutschen Forschungsgemeinschaft durchgeführt. (Höfer, Keupp, Straus 2006, Höfer, Knothe 2014, Beck, Lau 2004).

Die mit diesen Fragen verbundenen Diskurse werden im Folgenden mit Blick auf die evangelische Kirche entfaltet. Vor allem soll Kirche nicht nur als Institution und Organisation, sondern auch als Netzwerk analysiert werden. Dies erfolgt durch eine sozialpsychologische und eine theologische Perspektive. Letztere hat Prof. Dr. Thomas Popp von der Evangelischen Hochschule in Nürnberg übernommen, der eine hier umfassende Aufarbeitung zum Netzwerkbegriff aus evangelischer Sicht vornimmt.

1 Die Netzwerkfrage: Kirche unter einer sozialpsychologischen Netzwerkperspektive

1.1 Drei Perspektiven

In der Regel wird Kirche oft unter einer doppelten Perspektive betrachtet. Mit dem **Blick auf die Institution Kirche** geht es um den unhintergehbaren Glauben und die spirituelle Ebene evangelischer Religionszugehörigkeit. Die Frage nach der Zugehörigkeit ist hier vom Ort abgelöst und orientiert sich an christlichen, evangelischen Werten und Normen. Tradition spielt eine wichtige Rolle. Der institutionelle Glaube gehört selbstverständlich zum Leben evangelischer Menschen. Mit der **Perspektive auf die Organisation** geht es um eine lokale Zuordnung. Im Mittelpunkt stehen die Mitgliedschaft und die konkreten Angebote und Programme der Kirchengemeinde, zu der man gehört. „Kirche als Organisation" fragt nach Zielgruppen und ihren Bedürfnissen, richtet ihre Aktivitäten daran aus und entwickelt gezielt Personal für diese Programme (Hofmann 2009, 7). Mit dieser Perspektive tritt vor allem die konkrete Kirchengemeinde vor Ort auf den Plan. Diese bringt über die Angebote der hauptamtlich und ehrenamtlich Tätigen im lokalen Raum die Kirche den Menschen organisatorisch näher und wird zum praktizierten Ort des Glaubens. Beide Formen von Kirche brauchen einander, damit Kirche weit und lebendig zugleich bleibt, damit sie spirituelle Tiefe und kritische Reflexion des Bestehenden behält (ebd., 7).

Die dritte Perspektive sieht **Kirche als Netzwerk** und damit die Menschen und deren Kontakte untereinander. Die evangelische Kirche wird hier zu dem, was diejenigen, die sich ihr zurechnen, an Ideen, Haltungen und Handlungen in ihren Netzwerkbeziehungen verhandeln. Im Mittelpunkt dieser Perspektive steht weniger das lokale organisatorische Angebot, als vielmehr die einzelne Person, die es anbietet oder die Angebote von anderen der evangelischen Kirche nutzt und dabei mit diesen interagiert.

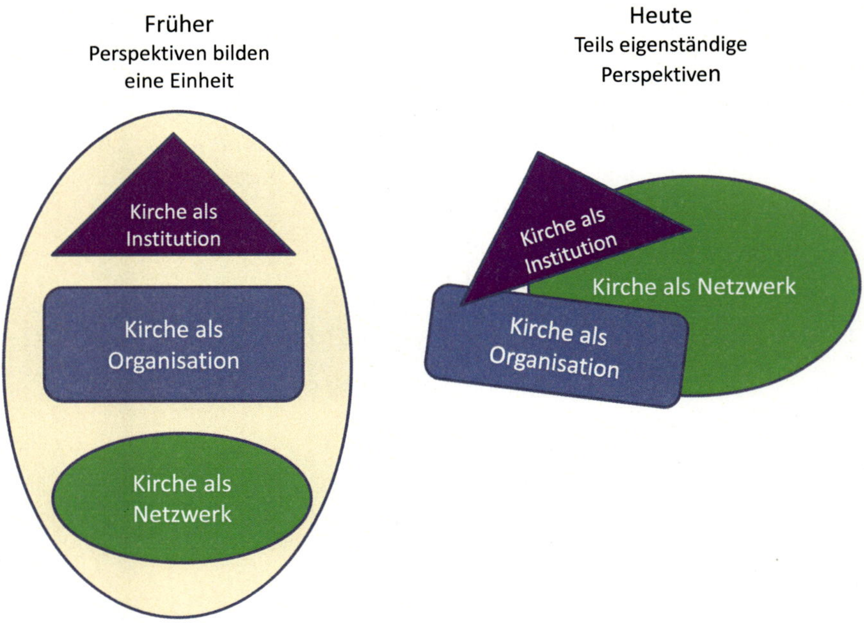

Abbildung 2: Drei Perspektiven auf Kirche – eine Einheit und ihre Erosion

Die Einheit von Institution, Organisation und Netzwerk bricht auf. Historisch gesehen waren die drei Perspektiven lange Zeit eng verzahnt. Der Glaube, die lokale Organisation und die dabei entstehenden Netzwerke bildeten eine Einheit. Zumeist war es so, dass Institution und Organisation im Vordergrund der Reflexion standen und das dahinterstehende Netzwerk eher unreflektiert hinzugenommen wurde. Mit der Modernisierung der Gesellschaft kam es jedoch zu zahlreichen Erosions- und Veränderungsprozessen, die diese Einheit und das traditionelle Zueinander fragiler werden lassen. Drei typische Veränderungen sind:

– Die Selbstverständlichkeit der Zugehörigkeit und die Unhintergehbarkeit des Glaubens nehmen ab, und die Zahl derjenigen, die formal Mitglied sind, sich aber innerlich von der Religion, in dessen Namen sie getauft wurden, verabschiedet haben, nimmt deutlich zu.
– Umgekehrt gibt es auch Menschen, die der Organisation „Evangelische Kirche" skeptisch gegenüberstehen. Sie definieren sich als Teil der Institution Evangelische Kirche und praktizieren ihren Glauben, ohne jedoch eines ihrer lokalen Angebote in Anspruch zu nehmen bzw. beschränken dies auf die Nutzung von Kasualien und eher gelegentlichen Gottesdienstbesuchen
– Und es gibt eine erhebliche Zahl von Personen, die sich lokal in einer Gemeinde organisieren bzw. auch aktiv an deren Angeboten teilnehmen, ohne jedoch dabei die klassischen Kernangebote zu nutzen. Letzteres betrifft vor

allem die sonntäglichen Gottesdienste, die Bibel- und Hauskreise, und auch die Inanspruchnahme von Kasualien.

Diese typischen Elemente eines Säkularisierungsprozesses haben auch Folgen für die Perspektiven, die man einnehmen sollte, um Kirche und ihre Entwicklung adäquat verstehen zu können. Mit dem Aufbrechen der Einheit von Institution, Organisation und Netzwerk wird, so eine zentrale Annahme dieses Buches, die Einnahme einer eigenen Netzwerkperspektive zunehmend relevanter.

1.2 *Was bedeutet es eine Netzwerkperspektive einzunehmen und eine Netzwerkanalyse durchzuführen?*

Die Grundannahme, die allen Netzwerkanalysen zugrunde liegt, ist, dass das Handeln von Menschen weder durch individuelle (Mikroebene) noch durch strukturelle Faktoren (Makroebene) alleine bestimmt ist. Hinzu kommen auf der Mesoebene immer auch die sozialen Beziehungen, in denen Menschen mit ihrem Handeln eingebunden sind. Diese Beziehungen (als soziales Netzwerk) filtern zum einen strukturelle und individuelle Einflüsse, zum anderen geben sie selbst Impulse, die erst zu bestimmten Handlungen und Strukturen führen.

Dieser Einfluss gilt natürlich auch für Institutionen bzw. Organisationen wie der Kirche, da ihre Mitglieder individuell vernetzt sind bzw. auch durch die Organisation Kirche netzwerkförmige Strukturen, wie zum Beispiel Chöre ins Leben gerufen werden. Auch wenn viele davon sprechen, dass unsere gesellschaftliche Epoche immer netzförmiger wird, darf nicht vergessen werden, dass es Netzwerke schon immer gab und sie immer schon wichtig waren. Für die Netzwerkperspektive bedeutet dies, dass sie einerseits nicht ein bloß modernistischer Gedanke für die Analyse des Evangelischen ist. Wie Popp in seinen Analysen in Abschnitt 4 dieses Kapitels zeigen kann, lässt sich bereits über Paulus das missionarische Wirken eng mit dem Netzwerkgedanken verknüpfen (siehe auch Popp 2008, 2009). Heute erhalten sie aber eine neue Bedeutung, weil hinter der Selbstverständlichkeit „evangelisch zu sein“ stärker die Menschen hervortreten, die den evangelischen Glauben und deren Angebote personifizieren. Zwischen diesen entstehen Netzwerke, die auch jenseits der Organisation (Parochie, lokale Gemeinde) und des institutionellen Rahmens (Glaubensausübung) „evangelisch“ agieren. Diese Erkenntnis hat dazu geführt, dass auch in der evangelischen Kirche in den letzten Jahren die Netzwerkperspektive intensiv diskutiert und angewandt wird. Dabei gibt es neben konzeptionellen inzwischen auch erste empirische Analysen, die das Methodenspektrum der Netzwerkanalyse nutzen.

Eine formale, quantitative Netzwerkperspektive. Mit der fünften Kirchenmitgliedsstudie wurde zum ersten Mal eine Netzwerkanalyse durchgeführt (Evangelische Kirche in Deutschland, Hrsg., 2014 und Bedford-Strohm, Jung , Hrsg., 2015). Hier handelte es sich um eine formale, quantitative Netzwerkanalyse, bei der 1396 Männer und Frauen einer nordhessischen Stadt von Interviewer*innen befragt wurden. Ziel war v.a. über die Frage, „Mit wem haben sie sich im Verlauf des letzten Jahres über den Sinn des Lebens ausgetauscht" das Gesamtnetzwerk zu bilden und unter der Perspektive der religiösen Kommunikation in der Gemeinde zu analysieren. Dazu wurde neben der existentiellen auch die rituelle Dimension der Kommunikation analysiert (vgl. Stegbauer 2018, 72ff.). Konkret wurde auch untersucht, wer mit wem welche Angebote nutzt. Zusätzlich wurde der Kontakt zu allen relevanten Institutionen der Gemeinde analysiert und in Beziehung gestellt (ebd., 73 und Roleder, Weyel 2019).

Eine qualitativ orientierte **Netzwerkperspektive.** Während die formale Netzwerkanalyse mittels der oben beschriebene Befragung und mathematischer Algorithmen ein Gesamtnetzwerk visualisiert und interpretiert, versucht die qualitative Netzwerkanalyse mittels qualitativer Interviews und darin integrierter Visualisierungstechniken (beispielsweise Netzwerkkarten) die Netzwerke und das Netzwerkhandeln der Mitglieder der evangelischen Kirche zu verstehen. Mit Netzwerkhandeln ist hier gemeint, dass diese Analyse vor allem versucht zu erkennen, wie die einzelnen Menschen bei der Entstehung und Nutzung von Angeboten im Rahmen der Institution und Organisation evangelische Kirche interagieren und welche Netzwerkbezüge sich daraus für die Menschen und auch die Institution und Organisation Kirche ergeben. Beide methodischen Perspektiven einer Netzwerkanalyse ergänzen sich.

Eine individualisierungstheoretisch und sozialpsychologisch inspirierte qualitative Netzwerkforschung ist vor allem für das Verstehen von Bindung und Engagement hilfreich. Sie zeigt, dass sich die Beziehungsnetze der Menschen nicht einfach auflösen und an ihre Stelle die atomisierten Subjekte treten. Wir haben es nicht mit einem Verlust, sondern mit einem „Formwandel sozialer Integration" (Habermas 1998) zu tun. „Die Beziehungsmuster sind nicht (mehr) in starrfixierten Rollen kodifiziert, die – wie bei den klassischen Geschlechterrollen – wie Zahnräder ineinandergreifen. Die empirische Netzwerkforschung hat in den letzten Jahrzehnten sich intensiv damit beschäftigt wie dichte und schwache (lose) Netzwerkbeziehungen zusammenwirken und vor allem welche Potenziale vor allem in den sog. schwachen Beziehungen stecken." (Keupp 2008, 6)

1.3 *Ausgewählte zentrale Begriffe/Konzepte und Erklärungsmuster aus der Netzwerkforschung*

Im Folgenden soll kurz auf einige der wichtigsten Begriffe und Erklärungskonzepte der Netzwerkforschung eingegangen werden. Diese Begriffe und Konzepte helfen die sozialen Beziehungen der Menschen als Netzwerk zu erkennen und zu verstehen.

Knoten, Kanten und Cluster. Alle Menschen verfügen über unterschiedlich viele Beziehungen zu anderen Menschen. Diese Beziehungsgeflechte sind nicht zu sehen, sondern müssen über verschiedene Formen der Visualisierung erst erkennbar gemacht werden. Dabei erscheinen die Menschen selbst als Knoten und die Beziehungen zu anderen als Linien (Kanten). Menschen leben dabei in dynamischen Beziehungsgeflechten (Clustern), die wiederum über verschiedene Beziehungstypen mit anderen Clustern verbunden sind. Diese Eigenart der Verknüpfung führt dazu, dass die scheinbar unendliche große Welt mit inzwischen über 8 Milliarden Menschen viel enger verknüpft ist, als man annehmen würde. Die These der „Small Word“ geht beispielsweise davon aus, dass es idealtypisch nur sechs Verknüpfungsschritte braucht um von einer Person zu einer x-beliebigen anderen Person zu kommen (Buchanan 2002).

In der Netzwerkforschung unterscheidet man zwischen verschiedenen Beziehungstypen. Die folgenreichste Unterscheidung ist jene zwischen **starken und schwachen Beziehungen.**[7] Granovetter war es, der vor allem den Stellenwert der schwachen Beziehungen (weak ties) erkannt hat. Er spricht von der Stärke schwacher Beziehungen (Granovetter 1973). Nicht allein die dichten, engmaschigen Netzwerke verhelfen dem Individuum zu erfolgreichem Handeln. Geht es um das Knüpfen von neuen Beziehungen oder/und um neue Informationen sind die „weak ties“ den starken Netzwerkbindungen oftmals überlegen. Mit ihnen gelingt es auch „größere Entfernungen“ zu überbrücken. Zudem kann eine Person eine Vielzahl von weak ties unterhalten, während die strong ties eher begrenzt sind. In diesen herrschen nach Granovetter Vertrauen, Solidarität und Verbindlichkeit (vgl. Häußling 2010, 74). Und die „strong ties“ brauchen erheblich mehr Zeit um sie gut zu pflegen. Auch der amerikanische Religionssoziologe Robert Wuthnow (2002) wies darauf hin, dass sich die Bezüge von Menschen heute viel weniger in festen institutionellen Mustern abbilden lassen, sondern eher netzwerkartige „loose connections" bilden.

7 Auch Prof. Bedford-Strohm in seinem Vorwort und Thomas Popp in den konzeptionellen Überlegungen im folgenden Abschnitt gehen auf den Stellenwert dieser Unterscheidung näher ein.

Der Blick auf diese „losen Beziehungsmuster" kann für die Analyse kirchlicher Bindungen genutzt und in Verbindung mit veränderten Nähe-Distanz-Bedürfnissen gebracht werden. Ähnliches gilt auch für andere Erkenntnisse der Netzwerkforschung. So konnte Wellman (1979) zeigen, wie sich die Netzwerke von vormals engen, traditional und lokal gebundene Gemeinschaften zu weitmaschigen Netzwerken mit höherem Wechsel an Personen verändert haben. Diese Veränderung geht interessanterweise nicht einher mit einem Verlust an Solidarität und Unterstützungspotenzialen (Straus 2002).

Sozialkapital. Die Netzwerkbezüge einer Person verkörpern ihr jeweiliges Sozialkapital. Hinter diesem Begriff[8] steht die einfache Annahme, dass Investitionen in soziale Beziehungen einen Nutzen erwarten lassen (Henning 2010, 177ff.) und gewisse Gegenseitigkeitserwartungen beinhalten. Dabei geht es um ganz unterschiedliche Dimensionen (Information, Einfluss, Anerkennung und Identität, Unterstützung, ...). Man kann auch verschiedene Kapitalien unterscheiden. Das Bonding Kapital verkörpert überwiegend, das auf dichten Verflechtungen und starken Beziehungen basierende Netzwerkgeflecht. Im Unterschied dazu markiert das Bridging Kapital die eher schwachen Beziehungen und auf strukturellen Löchern beruhende Beziehungen (vgl. Wald 2010, 631).

Mikrokultur und Netzwerk. In plural aufgestellten Gesellschaften gibt es in Institutionen und Gemeinschaften oft viele unterschiedliche Mikrokulturen. Jede dieser Mikrokulturen zeichnet sich durch Übereinstimmungen bei Einstellungen, Präferenzen, Stilen, geteilten Alltagsritualen und Glaubensweisen aus. Es ist normal, dass eine Person oft mehreren Mikrokulturen angehören. Dies hat zur Folge, dass diese Person einerseits mehrere Kulturen kennenlernt und andererseits eine Brücke zwischen diesen bilden kann.

Egozentrierte Netzwerke. Gemeint ist ein Netzwerk, in dessen Mittelpunkt nur eine Person steht. Egozentrierte Netzwerkkarten, wie sie in diesem Buch verwendet werden, repräsentieren die sozialen Beziehungen, die eine Person zu einem bestimmten Zeitpunkt hat.

Brückenbauer sind Schlüsselpersonen, die verschiedene Mikrokulturen miteinander verknüpfen. Diese sozialen Brückenbauer helfen beispielsweise sowohl innerkirchliche Beziehungen zwischen verschiedenen Gruppen herzustellen, als auch Brücken außerhalb der Kirche herzustellen. Sie verknüpfen Kontakte, Inhalte und Botschaften.

---

8 Der Begriff des Sozialkapitals hat eine lange Tradition. Angefangen von Bourdieu finden sich heute eine Vielzahl von Autor*innen und Studien (vgl. Henning 2010, 177ff.).

Strukturelle und funktionale Analyseperspektiven. Netzwerke lassen sich unter einer strukturellen Perspektive analysieren. Dabei werden Parameter wie beispielsweise die Größe, die Dichte, die Multiplexität und die typologische Struktur eines Netzwerks analysiert. Die funktionale Perspektive untersucht dann, welche Leistungen in dieser Struktur möglich sind bzw. realisiert werden. Analysekategorien sind hier die Form der (instrumentellen, affektiven, kognitiven) Unterstützung, die Rolle bei der Entwicklung von Identität und die Vermittlung von sozialen Kontakte bzw. der Entstehung von Gemeinschaft(en). Netzwerkanalysen versuchen zudem zu verstehen wie ein Netzwerk durch Werte, Loyalität, Zuneigung, Vertrauen, Interessen, Rituale und Machtbalancen charakterisiert werden kann.

Diese Auswahl an Begriffen und Konzepten orientiert sich an dem, was für das Verständnis der folgenden Überlegungen wichtig ist. Sie repräsentiert nur eine kleine Auswahl dessen, was die Netzwerkforschung heute anbietet. Die Netzwerkforschung hat sich inzwischen von einer einfachen, fast schlicht zu nennenden Grundannahme (Knoten, Kanten,...) zu einem hochkomplexen vielfältigem Konzept und Analysewerkzeug entwickelt.

Wir werden im Folgenden die Netzwerkfrage mit zwei weiteren Fragen ergänzen. Alle drei stehen für die sozialpsychologische Perspektive, die wir in diesem Buch einnehmen.

2 Die Bindungsfrage: Veränderung von Bindungserfahrungen in einer individualisierten Gesellschaft

Die Sozialwissenschaften sind sich in den letzten Jahrzehnten einig geworden: Unsere westlichen Industriegesellschaften haben sich zu individualisierten Gesellschaften entwickelt. „Diese Entwicklung hat auf alle traditionsmächtigen gesellschaftlichen Institutionen Auswirkungen: Gewerkschaften, Parteien und Kirchen" (Keupp et al. 2013, 52). Für die Einzelnen bringt das in einem viel höheren Maße als früher die Freiheit mit sich, ihr Leben selbst gestalten zu können. Gleichzeitig gibt es weniger Orientierung an für alle geltenden Normen und Traditionen. Gerade an der Ausfransung des Normalen – der „normalen" Familie, des „normalen" Lebens, einer „normalen" Arbeitsbiographie, einer „normalen" Sexualität – zeigt sich, wie offen und gesellschaftlich möglich individuelle Selbstentwürfe geworden sind. Individualisierung führt zu einer Auflösung von Selbstverständlichkeiten, die jahrhundertelang gegolten haben. Sie führt jedoch nicht unbedingt zu einer Auflösung von Bindungen. Bindungsangebote bleiben immer dann attraktiv, wenn sie mit dem (aktuellen) Lebensprojekt des Individuums harmonieren. Geht diese Passung verloren, werden auch die Bindungen brüchig und instabil.

Wie sich heute am Beispiel der Volksparteien zeigen lässt, können diese Anbieter institutionalisierter Bindungsformen Mitgliedschaft nur noch mühsam auf Dauer stellen. Die tradierten Angebote an eine bestimmte Klientel greifen nicht mehr als selbstverständlicher Bindungsklebstoff. Das erschwert die Bindungsarbeit und stürzt die Parteien in einen Dauerdiskurs über die Anpassung ihrer Angebotspalette und ihrer theoretischen bzw. ideologischen Fundierung. Den beiden großen christlichen Kirchen in Deutschland geht es nicht viel anders. Dabei sind ihre Wahrnehmungen durchaus ambivalent zu nennen (vgl. Hermelink, Latzel 2008). Die Kirchen erleben einerseits, dass viele Mitglieder die Erfahrung suchen, wie es sich „ohne Kirche" lebt. Die genannten Gründe dafür sind vielfältig. Sie sind manchmal pragmatisch-fiskalischer Art oder beziehen sich auf die Positionierung kirchlicher Stellen im gesellschaftspolitischen Diskurs. Zu einer Entfremdung von der Kirche, unabhängig ob evangelische oder katholische Kirche, haben auch die Skandale der letzten Zeit beigetragen (vgl. z. B. Keupp et al. 2017). Eine neue Studie, die das Erzbistum Essen in Auftrag gegeben hat, konstatiert in ihrem Fazit eine erhebliche Entfremdung zwischen dem einzelnen Menschen und der Kirche insgesamt oder/und auch der konkreten Gemeinde vor Ort (Riegel et al. 2018). Andererseits gibt es Hinweise für vielerlei spirituelle Suchprozesse von Menschen. Es gibt nach wie vor einen hohen Bedarf an Lebenssinn und ethischer Orientierung und damit das Bedürfnis nach entsprechenden Gemeinschaften mit anderen, kurz für vieles, wofür Kirche „eigentlich" steht. So ist auch mit dem Kirchenaustritt nicht unbedingt ein Glaubensverlust verbunden (ebd.).

Die lokalen Kirchengemeinden erleben die Auflösung von Milieus besonders schmerzhaft. Selbstverständliche, tradierte Formen von Aktivitäten werden nicht mehr in gleicher Form wie früher angenommen. Die Bedürfnisse der älteren Generation, deren Kirchenerfahrung noch traditionell geprägt ist, und die einer jungen Generation, die in ihren Lebensformen und in ihrer Sinnsuche pluralisiert und wenig greifbar ist, scheinen unvereinbar. Junge Menschen zeigen zudem nicht selten eine irritierende Mischung aus einem auf Eigeninitiative insistierenden Mitgestaltungswillen und einer anspruchsvoll-fordernden Kundenhaltung. In der Folge wird es schwieriger, auch den Nachwuchs für das ehrenamtliche Engagement zu gewinnen. Die verbleibenden Engagierten werden umso mehr belastet. Wie sich diese skizzierten Trends in den Kirchengemeinden vor Ort konkretisieren, bedarf einer lokalen Überprüfung. Zu unterschiedlich sind die Gemeinden, zu verschieden sind ihre historischen, sozialen und kulturellen Erbschaften und Wurzeln, zu wenig generalisierbar ist die lokale Auswirkung von gesellschaftlichen Individualisierungstrends, zu unterschiedlich können die lokalen Angebote für individuelle spirituelle Erfahrung und Lebenssinn sein.

Im Folgenden betrachten wir diese Frage der Bindungskraft im Zeichen der Individualisierung aus drei Perspektiven: Zum Ersten im historischen Vergleich, der die Veränderungen der Bindungserfahrungen deutlich macht. Zum Zweiten aus der Sicht des Subjekts mit seinen Bindungserwartungen und zum Dritten aus der Sicht der Gemeinde mit ihren Bindungsangeboten.

2.1 Vom Verlust der Selbstverständlichkeit: eine historische Perspektive

Geht man in die Zeit nach dem Zweiten Weltkrieg zurück war der Weg in einen religiösen Alltag von vielen Selbstverständlichkeiten geprägt. Die erste ist die Taufe. Der allergrößte Teil der Christen vererbte über diese Kasualie die Religionszugehörigkeit an die nächste Generation. Sie wird damit ohne eine eigene Entscheidung zum Teil der personalen Identität und jede*r Getaufte wird Teil einer konkreten Glaubensgemeinschaft, die die Eltern gewählt haben. Es ist zumeist diejenige, die die Eltern selbst hatten oder auf die sie sich – bei einer konfessionell gemischten Ehe – geeinigt haben. Man erlebt in den ersten Lebensjahren die religiösen Rituale der Eltern: Beispielsweise das Tischgebet, das Beten vor dem Einschlafen, den sonntäglichen Kirchgang und den Rückgriff auf kirchliche Regeln, wenn es um die Frage von richtigem und falschem Handeln geht. Noch bevor bei Kindern das bewusste Erinnern einsetzt, machen sie eine große Zahl alltäglicher Erfahrungen, die aus glaubensgeprägten Handlungen ihrer Eltern hervorgehen. Diese Erfahrungen werden zu einem identitätsbezogenen Fundament, ob und wie intensiv man sich zu einer Glaubensgemeinschaft zugehörig fühlt. In der späteren Kindheit und Jugend werden Religionsunterricht, die kirchlichen Kinder- oder/und Jugendgruppen, Zeltlager, Musikgemeinschaften (wie Chöre, ...) und die Konfirmation zu weiteren Bausteinen der Alltagserfahrung und auch der individuellen Bindungsgeschichte. Zwar haben auch in diesen Jahren bis Mitte der 1960er Jahre die Intensität der Rituale in den Elternhäusern stark variiert, aber auch von jenen, die beispielsweise nicht sonntäglich in die Kirche gingen oder vor dem Zubettgehen gebetet haben, wurde der Sinn dieser Rituale nicht wirklich in Frage gestellt.

Beschreibt man die weitere historische Entwicklung kann man zwar markante Entwicklungen benennen, beispielsweise die gesellschaftliche Kritik der 68er Bewegung am „Muff der Talare“, die mittelbar auch die der Kirchvertreter betraf. Letztlich war es aber ein schleichender Prozess der Individualisierung und Enttraditionalisierung, der diese frühe Sozialisation der Kinder durch ihre Eltern immer unverbindlicher werden ließ. Zwar blieb die äußere Zugehörigkeitskonstruktion (über die Taufe und Konfirmation) weitgehend unverändert, der gelebte Alltag und die religiösen Sozialisationsleistungen der Eltern wurden aber immer weniger und inhaltsentleerter.

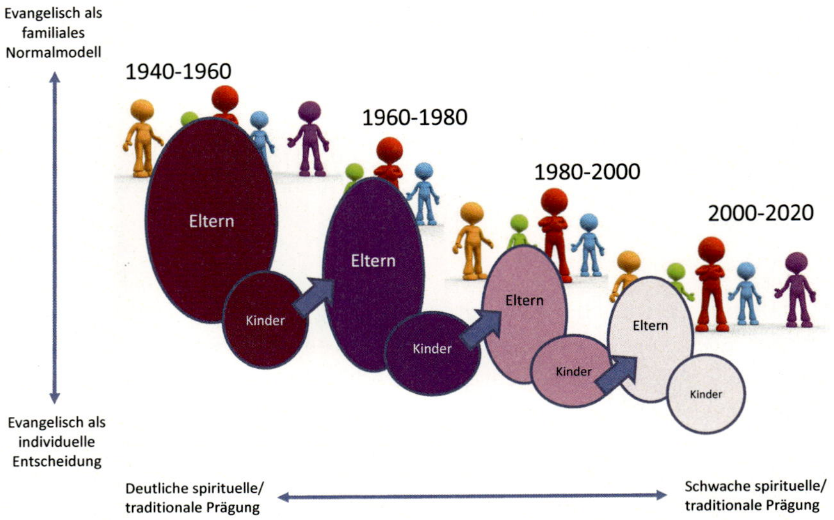

Abbildung 3: Säkularisierungstendenzen in der Eltern-Kind Beziehung

Dies führt zu einem kleinen Paradox. Zwar kommen die Kirchenmitgliedsuntersuchungen (KMU) der EKD regelmäßig zu dem Schluss einer hohen Bindungskraft der Kirchen für die (verbliebenen) Mitglieder. So geben lange Zeit rund 70% an, sich der Kirche ziemlich bis sehr verbunden zu fühlen. Und für die Mehrzahl kommt ein Kirchenaustritt nicht in Frage (Kretzschmar 2012, 155f). Allerdings kann man die These wagen, dass dieses Gefühl einer hohen Verbundenheit nur noch teilweise mit dem zu tun hat, was in den 1950er Jahren an konkreter, inhaltsbezogener Verbundenheit gemessen worden wäre. Wie die Abbildung verdeutlichen soll, nimmt die Weitergabe dieser kirchlich geprägten Selbstverständlichkeiten von jeder Eltern- zur Kindergeneration langsam aber stetig ab. War es beispielsweise noch in den 50er Jahren selbstverständlich, dass ein evangelischer Christ einmal in der Woche einen Gottesdienst besucht, Kinder evangelischer Eltern getauft und konfirmiert werden und man später auch kirchlich heiratet, so haben in den 70er Jahren Eltern ihre Kinder zwar weiter getauft, aber beispielsweise den Gottesdienstbesuch am Sonntag nicht mehr als verbindlich vorgegeben. Nicht zuletzt, weil viele evangelische Eltern ihn selbst nicht mehr praktizieren. Zwar sind Konfirmationen noch die Regel, aber die Heirat und die Beerdigung wird zu einem Entscheidungsprozess, der immer häufiger gegen einen kirchlichen Rahmen ausfällt. Die EKD konstatiert schon in der V. Mitgliederbefragung einen „Traditionsabbruch“ zur nächsten Generation. „Die Generationsweitergabe des Evangeliums gelingt zunehmend weniger, mitunter muss man die Sorge haben, dass sie schon unterbrochen ist.“ (EKD 2014, S. 132)

2.2 „Mein" Weg in die Gemeinde: Die Sicht des Einzelnen

Die meisten evangelischen Christen in Deutschland werden auch heute noch in die Kirche „hineingeboren" (vgl. Latzel 2008, 14 f.). Dies bedeutet zunächst nur, dass die Neugeborenen durch die Entscheidung der Eltern für die Taufe in die protestantische Kirche aufgenommen werden. Diese erste Kasualienerfahrung gewährleistet jedoch noch nicht, dass die Kinder in ihrer Kirchengemeinde auch „ankommen". Ob dies gelingt, hängt von vielen Faktoren ab.

Da sind zunächst wieder die Eltern und deren Bezug zur lokalen Kirchengemeinde, aber auch die weiteren Personen des kindlichen Umfeldes – Verwandte, Nachbarn, Spielgefährten – spielen eine Rolle. Kommt in der Kommunikation mit diesen und in deren Alltagspraxen die Institution Kirche bzw. der Glaube und die daraus abgeleiteten Rituale noch vor? Eine Rolle spielen auch die Angebote der Kirchengemeinde, zu der man gehört. Orientieren sie sich an den lebensphasischen Bedürfnissen der Eltern und Kinder? Gab es eine Krabbelgruppe in der Gemeinde, einen evangelischen Kindergarten, Treffpunkte für Mütter (und Väter)? Wie attraktiv waren die Kinder- und Jugendgruppen und die kirchlich geprägten Freizeiten? Welche Angebote existieren für junge Erwachsene im Übergang zu Beruf und Familie? Neben den Angeboten als solchen spielt natürlich auch eine wesentliche Rolle, wer diese Angebote durchführt und leitet. Hier spielt auch die Frage des Charismas eine nicht unwichtige Rolle. Und nicht zuletzt ist es auch von Bedeutung, wer aus einem (meinem) Netzwerk diese Angebote nutzt bzw. wie diese in meinem Netzwerk bewertet werden.

Wie diese knappen Ausführungen zeigen, findet Bindungserfahrung auf verschiedenen Ebenen statt. Von analytischem Interesse sind die Ebene der Institution Kirche, die Ebene der Kirchengemeinde und die Ebene der dort vorhandenen Netzwerke. Man kann sich vorstellen, dass es bei dieser Komplexität sowohl zu positiven Verstärkungseffekten kommen kann, als auch zu konflikthaften Erfahrungsmischungen, wenn z. B. Angebote als nur teils attraktiv, Personen aber als interessant und sympathisch, die Gemeinde und Gemeinschaft als ‚toll', aber die Predigten als abgehoben und die Kirchensteuer als zu hoch erlebt werden. Hier sind alle Erfahrungskombinationen denkbar.

Unterschiede könnten sich auch zwischen einer ‚Diasporasituation' und einer Kerngemeinde ergeben. Im ersten Fall dürften Bindungserfahrungen zur Kirchengemeinde eher ‚privat' geprägt sein, im zweiten Fall sind Bindungserfahrungen privat und durch eine öffentliche Erfahrung geprägt (hier sind eigentlich alle evangelisch). In ganz unterschiedlichen lokalen Erfahrungsräumen stößt man in diesem Fall auf viele oder wenig Gleichgesinnte. In einer Diasporasituation kann das kirchengemeindliche Leben wiederum besonders intensiv und positiv erfahren werden („wir halten zusammen").

Die Erfahrungsräume und Erfahrungen prägen, sie stellen jedoch keinen Automatismus dar. In jeder Lebenssituation, in jedem biografischen Abschnitt ergeben sich auch neue oder differenzierte Bedürfnisse nach Bindung und Lebenssinn. Ob und wie Bindungen bestehen bleiben, ausgebaut, zurückgestellt oder verändert werden, hängt von vielen, meist komplexen biografischen Umständen ab. Die Bindung an die Kirchengemeinde hat in jedem Fall eine individuelle biografisch geprägte Vorgeschichte (vgl. Domsgen 2008) und sie verläuft nicht als Kontinuum, d. h. sie kann im Laufe einer Biografie variieren. Bindungen an die Kirche können stärker und schwächer werden oder sich auch völlig lösen. Das muss nicht immer etwas mit Kirchenferne zu tun haben. Manchmal gibt es einfach andere Lebensaufgaben, die so viel Zeit und Energie benötigen, dass für anderes keine Zeit bleibt.

Bindungen entstehen entlang von thematischen oder/und personellen Bezügen. Letztere haben viel mit Prozessen sozialer Verortung zu tun, in denen man mit wichtigen Anderen für eine bestimmte Zeit einen gemeinsamen Weg geht. Entweder weil diese*r wichtige Andere einen gefragt hat oder man selbst der-/diejenige war, die diese andere Person mit in einer Gruppe bzw. einem Kontext dabeihaben wollte. Der Mensch als soziales Wesen bevorzugt es gemeinsam, d. h. mit Personen des eigenen Netzwerks aktiv zu werden bzw. sich zu engagieren. Thematisch spielen im kirchlichen Kontext drei Erfahrungsräume bzw. Motivlagen eine zentrale Rolle.

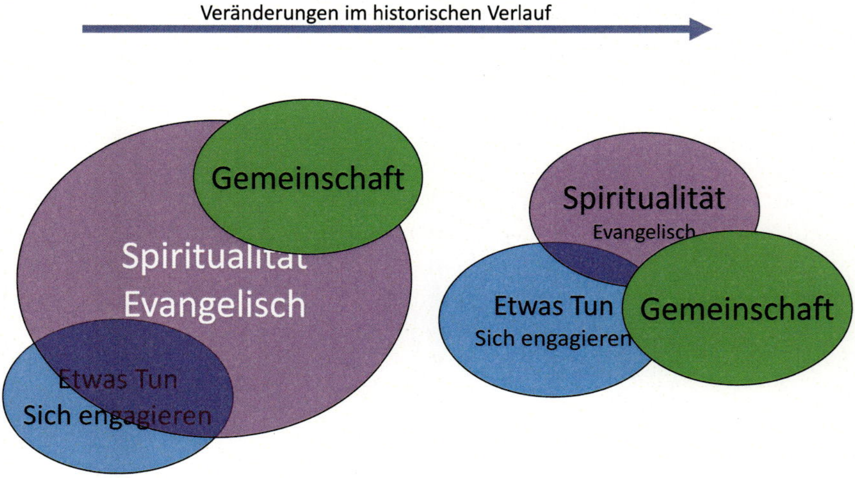

Abbildung 4: Veränderung in den Motivlagen der Bindung an die evangelische Kirche

Für die Analyse der Stärke und Form der Bindung von Kirchenmitgliedern an die Kirchengemeinde halten wir diese Faktoren der Motivlagen und die konkreten persönlichen Erfahrungen für besonders ertragreich. Das Ausmaß der Kirchenbindung kann als eine Resultante aus beiden dargestellt werden.

Aus der Forschung zum bürgerschaftlichen Engagement wissen wir, dass die Engagement-Motive individuell höchst unterschiedlich sind. Insbesondere hat sich auch gezeigt, dass schon allein die Trias „Sinnsuche – praktisches Tun – Zusammensein mit Freunden" ein Motivationsspektrum aufspannt, das die Einzelnen höchst unterschiedlich ausbuchstabieren (Simonson et al. 2017). Wir unterscheiden drei Motivlagen:

- Die institutionell-spirituelle Dimension: Geht es jemandem bei seinen Aktivitäten/seinem Engagement primär um die evangelischen Glaubensinhalte und die daraus resultierende spirituell geprägte Glaubenspraxis?
- Die gemeinschaftliche/gemeindliche Dimension: Geht es jemandem bei seinen Aktivitäten/seinem Engagement primär um die Erfahrung von Gemeinschaft bzw. die Teilhabe und Gestaltung von gemeindlichem Leben?
- Die engagementbezogene Dimension: Geht es jemandem bei seinem Engagement primär um das Tun, d. h. sich über seine/ihre Tätigkeit und die Verantwortungsübernahme zu erfahren?

Für die Praxis ist davon auszugehen, dass diese Motive als individuell gestaltetes Bündel auftreten. Nur höchst selten werden sie in „Reinkultur" und trennscharf zu finden sein. Anders als früher werden sie jedoch nicht in weitgehender Deckungsgleichheit motivieren. Es gibt nicht wenige (immer mehr?) Personen, die das Erleben von Gemeinschaft im evangelischen Kontext suchen und schätzen, obwohl die spirituelle Bindung (Verbundenheit zur Institution Kirche) eher schwächer ausgeprägt ist. Beispiele finden wir in Kapitel III am Beispiel der Chöre. Ähnliches gilt auch für spirituell eher schwach gebundene Engagierte, die sich für eine Sache einsetzen und Verantwortung übernehmen, ohne dies mit den klassischen Ritualen (Sonntagsgottesdienst) zu verknüpfen. Beispiele sind auch Eltern, die ihre Kinder in einer evangelischen Kindertagestätte haben und sich für diesen Lebensabschnitt in einer Gemeinde aktiv einbringen bzw. engagieren. Umgekehrt gibt es auch Menschen, denen der Glaube (die Institution Kirche) ein wichtiger Halt ist, die diesen aber für sich alleine, d. h. ohne Beteiligung und Engagement am Gemeindeleben praktizieren. Unabhängig wo das zentrale Motiv liegt, besteht aber sehr oft auch die Chance das Bindungspotenzial der anderen Motive kennen und schätzen zu lernen.

2.3 *Die Sicht der Kirchengemeinde: Der Weg zu „uns"*

Jede Bindungssozialisation der Einzelnen ist geprägt von diesen Chancen vielfältiger biografischer Erfahrungen des „In-der-Kirche-Seins". Aber diese Gemeinschaftserfahrung ist nicht von Dauer, sie muss immer wieder neu hergestellt werden. Es hilft dabei, nicht nur die Glaubensdimension und die damit verbundenen Kasualien und Rituale zu betrachten. Denn eine Kirchengemeinde ist viel mehr. Sie bietet Zusammensein und Kontakt mit anderen, das Gemeinschaftserleben im Tun. Und schließlich auch noch die Erfahrung der Institution Kirche, so wie sie in ihrer Präsenz im lokalen Leben erfahrbar ist. Wie sehr dabei der Glaube im Vordergrund steht, kann sehr unterschiedlich sein. All diese Erfahrungen können anregen, gleichgültig lassen oder abstoßen. Und sie können auf verschiedenen Ebenen durchaus unterschiedlich wirken. Subjekte können sich von der Organisation Kirche distanzieren, sich im Glauben aber zuhause fühlen – und umgekehrt.

Aus der Perspektive einer spezifischen Kirchengemeinde lassen sich ihre Mitglieder zunächst danach unterscheiden, ob sie in der Gemeinde geboren und getauft sind, ob sie eine evangelische Sozialisation in dieser Gemeinde erhalten haben, oder ob sie zugezogen sind. Die Zugehörigkeit zur protestantischen Religionsgemeinschaft kann identitätsbildend sein. Aber neben der Grundorientierung gehört auch eine lokale gemeindliche soziale Praxis dazu. [9]Wesentlich sind dafür die spezifischen Personen, der/die Pfarrer*in, der/die Diakon*in, die Kirchenvorständ*innen etc. Auch wenn der Glaube universell und „transportierbar" sein mag, so ist die Glaubenspraxis doch lokal, wird Kirche als Institution lokal erlebt und ist Gemeinde primär eine lokale und personale Erfahrung. Für eine Analyse der Bindung an die Kirchengemeinde ist es wichtig, die verschiedenen Formen der Zugehörigkeit zu unterscheiden und dort deren Ausprägung zu erfassen. Unterscheiden lassen sich:

- Die passiven Mitglieder, die formal zur Gemeinde gehören, aber keine Angebote dieser, ihrer Gemeinde nutzen. Ein Teil dieser Gruppe nutzt andere regionale oder überregionale Angebote der evangelischen Kirche oder/und praktiziert in einem privaten Rahmen ihren Glauben. Ein anderer Teil, den wir hier die Distanzierten nennen, nutzt keine Angebote und hat auch in ihrem Alltagshandeln keinen/kaum (mehr) einen Bezug zu religiösem Handeln.
- Die Nutzer*innen von gemeindebezogenen Angeboten, die in unterschiedlichem Umfang Angebote ihrer (Kirchen-)Gemeinde mehr oder minder regelmäßig wahrnehmen.
- Engagierte, die nicht nur Angebote wahrnehmen, sondern diese auch verantwortlich mitgestalten

Wenn der Glaube und die Sozialisation durch das Elternhaus nicht mehr allein ausreichen, sind es vor allem die durch die jeweiligen Angebote definierten Erfahrungsräume, die Bindungserlebnisse ermöglichen. Entscheidend – im

9 So stand die Kirchenmitgliedschaft als soziale Praxis im Mittelpunkt der V. Mitgliederbefragung der EKD (EKD 2014).

wahrsten Sinne des Wortes – aber sind die Einzelnen und ihr Netzwerk. Bindungen werden als positiv erfahren, wenn man sie als sinnhaft für das eigene Leben und die eigene Identität und als Ausdruck des Vertrauens mit und durch relevante Andere erlebt und dort Anerkennung als Person erhält.

3 Die Engagementfrage und die Bedeutung des Engagements für die Zivilgesellschaft

Über zwei Millionen Menschen engagieren sich in der evangelischen Kirche. Dreiviertel dieser Personen sagen, dass sie dies in evangelischen Gemeinden tun (Seidelmann 2012). In Bayern liegt die Zahl bei 155 000 Engagierten.[10] Auf jede hauptamtliche Arbeitskraft kommen danach etwa fünf Ehrenamtliche, die von der Gemeindeleitung (Kirchenvorstand) über Besuchsdienste, die Redaktion des Gemeindeblattes, bis zur Betreuung der Gruppen und Kreise unverzichtbare Arbeit leisten (EKD 2014, 19). Im deutschen Durchschnitt ist die Zahl der freiwillig Engagierten in den Kirchen in der Zeit von 1999 bis 2004 um 0,5 Prozentpunkte gewachsen. Dabei lag die stärkste Zunahme bei den 14- bis 30-Jährigen (2,5 Prozentpunkte) und bei den 46- bis 65-Jährigen (3 Prozentpunkte). Das Engagement in Kirchen ist nach dem Sport und dem Bereich Kindergarten und Schule der drittgrößte Engagementbereich in Deutschland.

Auffallend an den kirchlich Engagierten ist der hohe Frauenanteil, der größere Anteil an höher Gebildeten und Studierten sowie das höhere Durchschnittsalter, das bei den Freiwilligen in der Kirche mit 49,4 Jahren um vier Jahre über dem Durchschnitt in anderen Engagementfeldern liegt. Engagierte in der Kirche sind zu größeren Teilen schon sehr lange tätig. Nach einer Untersuchung der Evangelisch-Lutherischen Kirche in Bayern waren 22,2 Prozent der Befragten seit 20 Jahren engagiert. Vor allem in Leitungsaufgaben wenden Freiwillige in der Kirche viel Zeit auf – nämlich zwischen neun und zwanzig Stunden. Das führt einerseits zu Gewinn an Kompetenz und Ansehen, kann andererseits – angesichts wachsender Anforderungen an die „Professionalität" der Ehrenamtlichen – aber auch überfordern (Grosse 2005).

Der besondere Stellenwert der Engagierten in der Evangelischen Kirche. „Die Kirche wäre arm ohne die, die in ihr ehrenamtlich tätig sind." (Brummer & Freund 2008, 351) Nachdem die evangelischen Kirchengemeinden qua Organisationsform auf ehrenamtlicher Tätigkeit gründen – ehrenamtliche Kirchenvorstände sind das eigentliche Steuerungsgremium vor Ort – hat Engagement in der

---

10 Seidelmann 2012, 8ff. und https://www.bayern-evangelisch.de/engagement-vor-ort/ehrenamt.php (abgerufen Mai 2019).

Kirche neben der karitativen Betätigung auch eine starke verwaltende und steuernde Komponente. Diese klassischen Ehrenämter liegen quer zu den Veränderungen, die die Freiwilligensurveys konstatieren (Rosenbladt 2000; Gensicke et al. 2006; Simonson et.al 2017). Für den vierten Freiwilligensurvey liegt eine Sonderauswertung für den Bereich der Evangelischen Kirche vor (Sinnemann, 2017). Das Engagement in Deutschland ist gestiegen: Während der Anteil der Engagierten im Jahr 2009 noch bei 35,9% lag, gaben 2014 43,6% der Wohnbevölkerung ab 14 Jahren an, ein freiwilliges Engagement auszuüben.[11] Die Teilgruppe der Evangelischen ist im Vergleich zu allen Befragten überdurchschnittlich engagiert. Fast jede*r zweite Evangelische übernimmt mindestens eine freiwillige Tätigkeit in und außerhalb der evangelischen Kirche (Ahrens 2017). Das Engagement in der Kirche findet nicht in einem geschlossenen Raum statt, sondern wird beeinflusst durch die gesellschaftlichen Veränderungen des Engagements. Diese machen nicht Halt vor den Toren der evangelischen Kirche. Deshalb soll in einem Exkurs kurz auf die wichtigsten Entwicklungen und Debatten um das zivilgesellschaftliche Engagement eingegangen werden.

EXKURS – Entwicklungen des freiwilligen Engagements

Die Erwartungen der Engagierten haben sich verändert und pluralisiert. In der allgemeinen Diskussion um das bürgerschaftliche Engagement werden vier qualitative Veränderungen konstatiert:

– Die klassisch altruistische Haltung (etwas für andere tun) verliert an normativer Kraft. Nun tritt auch der eigene Nutzen und Spaß (etwas für mich tun) stärker in den Vordergrund. Heute dominiert eine enge Verbindung von Eigensinn (Spaß, Nutzen für mich) und Gemeinsinn (Nutzen für andere).

– In den Erwartungen der Engagierten spiegeln sich Veränderungen der Arbeitsorientierungen wider. Stärker als früher erwarten die Engagierten die Möglichkeit zu selbständigem, eigenverantwortlichem Tun, Tätigkeiten im Team und die Möglichkeit sich weiterzubilden.

11 Allerdings wurde das empirische Vorgehen mit dem vierten Freiwilligensurvey verändert und ein etwas erweiterter Engagementbegriff verwandt. Ein Beispiel: Nun zählen alle Mitglieder eines kirchlichen Chors zur Gruppe der Engagierten. In dem in Kapitel III verwandten Engagementbegriff wird ein engeres Verständnis gewählt. Zum Beispiel zählen nicht alle Mitglieder eines Chors zu den Engagierten, sondern nur jene, die die Hauptamtlichem bei der Durchführung eines Chors unterstützen.

- Neben das kontinuierliche und langfristig angelegte Engagement tritt das befristete, kürzere Engagement. Wichtiger als Kontinuität ist die biografische Passung. Diese kann ein Engagement auf Dauer möglich machen, es aber auch projektförmig begreifen.

- Die Milieubindung nimmt ab und traditionelle Zugangswege werden heute zunehmend durch individualisierte und netzförmige ergänzt bzw. teilweise auch ersetzt.

Neues Grundverständnis im Umgang mit den Freiwilligen. Größere Freiheitsgrade gewähren eine selbstverantwortete Durchführung des Engagements, das den Stellenwert der Arbeit für andere verändert, das Selbstbewusstsein stärkt und eine individuellere Passung zur eigenen Lebensgestaltung und -biografie erlaubt. Es gilt, heterogene Personengruppen zu werben und zu binden. Das macht ein modernes Freiwilligenmanagement nötig, z. B. in Form von Freiwilligenzentren und -agenturen, regionalen und überregionalen Vernetzungen der Engagementorganisationen.

Freiwillige Tätigkeiten der Bürger sichern das Gemeinwesen. Die intensive öffentliche Debatte um das Engagement und die empirischen Analysen belegen eindrucksvoll, dass es heute nahezu keinen gesellschaftlichen Bereich mehr gibt, der ohne Ehrenamtliche, freiwillig Tätige bzw. bürgerschaftlich Engagierte auskommt. Viele notwendigen Dienst- und Sicherheitsleistungen (beispielsweise Feuerwehr) und weite Bereiche des geselligen, gesellschaftlichen Lebens sind ohne Engagierte undenkbar.

(Umstrittene) neue Erwartungen an das Engagement. Das Interesse am Engagement von Freiwilligen basiert heute auch in dem Wissen, dass Individualisierungs- und Globalisierungsfolgen sich nicht einfach mehr mit den Politikformen des „fürsorglichen" oder „obrigkeitlichen Staates" bewältigen lassen, sondern eher zunehmend mehr Eigeninitiative und Mitwirkungsformen der Bürgerinnen und Bürger erfordern (Keupp 2008). Dies hat mit dem Vertrauensverlust in staatliche Instanzen ebenso zu tun wie mit der neuen Komplexität globalisierter Prozesse, die sich auch im kleinen lokalen Kontext niederschlagen. Vor allem aber sind es die sozialen, gemeinschaftsbezogenen Aufgaben, aus denen sich der Staat aus Kostengründen zurückzieht und die „nur" mit der Zeit und den freiwilligen Tätigkeiten der Bürger*innen aufrechterhalten werden. Gerade zu Letzterem werden besorgte Debatten geführt, die das Engagement als Erfüllungsgehilfen verfehlter staatlicher Politik sehen.

Neues Leitbild Zivilgesellschaft. Auf theoretischer Ebene wurde das Engagement zudem mit verschiedenen weitreichenden Diskursen verknüpft, theoretisch aufgewertet und zugleich mit weiteren Erwartungen/Hoffnungen konfrontiert. Heiner Keupp sieht neben dem bereits erwähnten Gemeinwohldiskurs enge Bezüge zu drei weiteren Diskursen:

- Der Demokratiediskurs: Die Zivilgesellschaft wird entdeckt und als das „Herz" oder die „Seele" der demokratischen Gesellschaft betrachtet. Sie besteht aus dem Engagement der Bürger*innen. Sie mischen sich ein und machen öffentliche Anliegen zu ihren eigenen.

- Der Diskurs sozialer Sicherung: Wie stellen Gesellschaften die Absicherung vor den Folgen existentieller Risiken und Bedrohungen sicher, ohne dass Menschen zu Objekten „fürsorglicher Belagerung" gemacht werden oder zu passiven Dienstleistungsempfänger*innen?

- Der Tätigkeitsdiskurs: Tätigkeit im Sinne von Erwerbsarbeit ist das zentrale Medium der Identitätsentwicklung der Moderne gewesen. Wenn aber die Erwerbsarbeit nicht für alle Menschen eine Verankerungsmöglichkeit schafft, wie soll dann im positiven Sinne Identität geschaffen werden? Die Idee der Tätigkeitsgesellschaft zeigt viele sinnvolle gesellschaftliche Aktivitätsfelder auf, die sich nicht auf Erwerbsarbeit reduzieren lassen (Keupp et al. 2013; Keupp 2008).

Für Keupp verknüpfen diese Diskurse das Engagement eng mit jenem um die Zivilgesellschaft.

> „Bürgerschaftliches Engagement ist vom Leitbild einer Zivilgesellschaft geprägt, in der Selbstbestimmung, Partizipation und soziale Fairness die Grundpfeiler sind. Bürgerinnen und Bürger sind in ihren Wünschen nach Mitgestaltung ihrer eigenen Angelegenheiten ernst zu nehmen. Sie wollen weder als „Kinder in Not", als Objekte staatlicher Kontrolle, noch als bloße Konsument/innen öffentlicher Dienstleistungen angesehen werden. Staatliche Aktivitäten sollen soziale Dienste und Leistungen nicht einfach zur Verfügung stellen, sondern sich darum bemühen, eine Infrastruktur zu schaffen, die von der Philosophie des Empowerments geprägt ist." (Keupp 2001, 15)

Beispiel Flüchtlingshilfe. Ein eindrucksvolles Zeugnis bürgerschaftlichen Engagements und der Engagementbereitschaft der Bevölkerung zeigte sich in der Flüchtlingshilfe. Nach einer repräsentativen Erhebung des Instituts für Demoskopie Allensbach hat sich seit 2015 jede*r Zweite (55% der Bevölkerung) in irgendeiner Weise in der Flüchtlingshilfe engagiert (Bundesministerium für Frauen, Senioren und Familie 2017, 9). Die Engagierten in der Flüchtlingshilfe unterschieden sich in verschiedenen Merkmalen vom Durchschnitt der Engagierten insgesamt: Sie sind (noch) gebildeter, verfügen über ein höheres Einkommen, sie leisten die Hilfe aus eigenem Antrieb und „auf eigene Faust“, d. h. sie sind häufig nicht in Helferkreisen organisiert und sie gehören zu einem höheren Anteil einer Kirche oder Religionsgemeinschaft an (73% der Flüchtlingshelfer*innen gegenüber 67% von allen Engagierten und 64% der Bevölkerungsumfrage) (Bundesministerium für Frauen, Senioren und Familie 2017, 21). Gleichzeitig zeigt das Beispiel die mit dem Engagement-Diskurs verbundenen Ambivalenzen und Widersprüche noch einmal deutlich. Die Flüchtlingshilfe war vor allem von 2016 an auf die freiwilligen Tätigkeiten der Bürger*innen angewiesen. Die Zivilgesellschaft hatte das Heft in der Hand, stieß aber bald an die Grenzen, da sie weder Ressourcen noch Unterstützung durch ordnende Strukturen bekam. Zudem widersprachen ordnungspolitische Vorgaben den Erfordernissen vor Ort.

Wir werden in Kapitel III u. a. auch untersuchen, inwieweit diese Entwicklungen auch bei den evangelisch Engagierten in den elf Gemeinden angekommen sind. Auch wenn die Veränderungen des Engagements die traditionalen Bindungen an Organisationen eher reduzieren, bedeutet dies nicht, dass über das Engagement keine Bindungen entstehen. Die Wissenschaft weist heute immer wieder darauf hin, dass viele Engagierte soziale Erwartungen haben, d. h. über Engagement auch andere Menschen kennenlernen bzw. in Kommunikationsprozesse eingebunden sein wollen. Und die Studien (Düx et al. 2008) zeigen, dass über das freiwillige Engagement Menschen viele Fähigkeiten und Kompetenzen erwerben, die auch engere Bindungen und ein längeres Engagement fördern. Empirische Studien (Religionsmonitor, Kirche empirisch, Freiwilligensurveys) weisen, wie zu erwarten, darauf hin, dass Engagement in der Kirche und kirchlichen Organisationen mit einer starken Verbundenheit zur Kirche zu tun hat. Immerhin jeder zweite freiwillig Engagierte in Deutschland ist nach den Angaben des Freiwilligensurvey der Kirche „stark“ bzw. „mittel“ verbunden (Grosse 2005). Die Evangelische Kirche steht damit vor einer Parallelbewegung. Während mit den Engagierten als Gruppe der mit der Kirche besonders stark verbundenen evangelischen Christen kontinuierlich wächst, sinkt gleichzeitig die der Mitglieder und aktiven Nutzer*innen kirchlicher Angebote. Warum wird sie für die einen so attraktiv, dass diese viel Zeit und Engagement aufbringen, und verliert bei den anderen ihre Bindungskraft? Wie dramatisch ist dieser Verlust? Können die Kirchen noch dagegen steuern? Und wenn ja, welche Möglichkeiten gibt es, diese Folgen der Säkularisierung so zu bewältigen, dass daraus neue spannende Herausforderungen für die evangelischen Gemeinden entstehen?

4 Die Netzwerkperspektive aus theologischer Sicht (Thomas Popp)

Der Begriff des Netzwerks ist von hoher interdisziplinärer bzw. interdiskursiver sowie gesellschaftlicher Bedeutung. Er führt in die weite Welt der wissenschaftlichen Forschung. Viele Disziplinen verwenden ihn aus ihrer jeweiligen fachspezifischen Perspektive. Die Theologie tut gut daran, sich am akademisch und gesellschaftlich vitalen Netzwerkdiskurs zu beteiligen und im Dialog mit anderen Wirklichkeitsdeutungen ihr eigenes Profil und ihre Anschlussfähigkeit zu zeigen.

Die Theologie ist eine vielseitige Wissenschaft. Sie umfasst exegetische, historische, systematische sowie praktische Disziplinen und ist darin wiederum mit vielen anderen Wissenschaften vernetzt. Exponierte Referenzwissenschaften für die sich forschungsgeschichtlich noch in den Anfängen befindende theologische Reflexion der Netzwerkperspektive sind Soziologie, Gemeindepsychologie und Sozialphilosophie.

In diesem zu Beginn intonierten Kontext beleuchtet der folgende Beitrag die Netzwerkperspektive aus theologischer Sicht, indem er deren Relevanz in den Disziplinen der Theologie am Beispiel der Bibelwissenschaften und der Praktischen Theologie schlaglichtartig vor Augen führt.[12] Diese Auswahl ist dadurch bedingt, dass ich vor allem in diesen beiden Disziplinen fündig geworden bin (siehe 2.1), was wiederum mit meiner wissenschaftlichen Verortung im Neuen Testament und der Praktischen Theologie (Schwerpunkt Diakoniewissenschaft) zusammenhängt.

4.1 *Einblick: Interdisziplinäre Impulse*

4.1.1 Begriffsklärung im Kontakt mit Soziologie und Gemeindepsychologie

Der Begriff bzw. die Metapher des Netzwerks mit seinen vielfältigen Verwendungszusammenhängen ist sehr interpretationsoffen und daher auch präzisierungsbedürftig. Es scheint so, dass mittlerweile alles durch die ‚Netzwerkbrille'

[12] Klassische Disziplinen der Theologie sind Altes Testament, Neues Testament, Kirchengeschichte, Systematische Theologie (Dogmatik/Ethik) und Praktische Theologie. Zusätzlich werden etwa Religionswissenschaft und Ökumenische Theologie angeboten.

gesehen wird.[13] Der Netzwerkbegriff wird allerdings erst durch seine Näherbestimmung aussagekräftig. Von daher verwundert es, dass dieser Begriff im theologischen Diskurs sowie im Kontext Kirche oft ohne nähere Definition gebraucht wird und so gefährdet ist, als modisches Zauberwort unscharf zu werden.[14]

Für eine begriffliche und inhaltliche Klärung sind theologisch und kirchentheoretisch die Soziologie und die Gemeindepsychologie besonders bedeutsam.[15] In inkarnatorischer Perspektive gewinnt Glaube an den menschgewordenen Gott in der Lebenswirklichkeit konkrete. Diese Gestaltwerdung ist im theologischen Nachdenken im interdisziplinären Gespräch mit der Soziologie zu reflektieren.

Die Soziologin Dorothea Jansen definiert soziales Netzwerk so:

> „Ein Geflecht von sozialen Beziehungen, in das der Einzelne, Gruppen, kollektive oder korporative Akteure eingebettet sind. Technisch gesehen handelt es sich um ein abgrenzbares Set von Elementen oder Knoten, für die eine oder mehrere soziale Beziehungen untersucht werden."[16]

Netzwerk lässt sich als soziales Netzwerk anhand der Wesensmerkmale eines funktionierenden Netzwerks begrifflich näher bestimmen.[17] Aus gemeindepsychologischer Sicht gibt es u. a. folgende drei Schlüsselkategorien sozialer Verortung:[18]

1. Zugehörigkeit (Heimat und regionale Verortung)
2. (soziales) Vertrauen
3. Anerkennung

---

13 Vgl. Straus, 2002, 99; Eder, 2012, 19; zu ‚Netzwerk' als Metapher und heuristischer Figur vgl. Merle, 2019, 89—96.

14 Vgl. de Vries, 2012, 86; Lames, 2015, 345; Böckel, 2015, 19f.; Schlegel, 2012, 20f.; Zimmermann, 2009, 153; Weyel, 2013, 157f.

15 Zum Verhältnis von Soziologie und Theologie vgl. Kunz/Schlag, 2014, 14—16; zur methodologischen Relationsbestimmung zwischen Soziologie und Theologie im Sinne wechselseitiger kritischer Integration vgl. Bedford-Strohm, 1999, 34—42; zur Relevanz der Gemeindepsychologie für die Netzwerkperspektive vgl. nur Straus, 2002; zur Relationalen Soziologie als Leitdisziplin für die Netzwerkforschung vgl. nur Häußling, 2015, 346; zur Relationalen Soziologie als Referenztheorie für die Kirchentheorie vgl. nur Weyel/Hermelink/Grubauer, 2015, 435f.; Weyel, 2013, 157f.

16 Jansen, 2006, 207; vgl. auch Straus, 2002, 245f.; Eder, 2012, 19f.; zum Netzwerkbegriff in der Soziologie vgl. a.a.O., 78—80; Lames, 2015, 346—348; Häußling, 2015, 344 f.

17 Vgl. Eder, 2007, 258.

18 Vgl. Straus, 2002, 116—157, 168—170, 181f., 246f. Auch in diesem Kontext ist Charles Taylor ein wichtiger Gewährsmann: Er gehört mit Axel Honneth zu den bekanntesten Anerkennungstheoretikern der Gegenwart; vgl. dazu a.a.O., 147—157; Popp, 2010, 42-50.

Sie werden durch Netzwerke aus menschlichen und nicht-menschlichen Bezügen (Tiere, Dinge) gegeben. Diese Gabe funktionierender Netzwerke bedeutet Gewinn für alle Beteiligte.[19]

Netzwerke haben fließende Grenzen, vereinen grenzüberschreitend lokale und globale Bezüge sowie face-to-face- und virtuelle Kontakte. Oftmals ist es so, dass eher schwache Beziehungsstrukturen den Beteiligten mehr Vorteile eröffnen als eng geknüpfte Beziehungsnetze.[20] Deshalb können Netzwerke mit ihren losen Verbindungen und weitläufigen Maschen bei aller Überlappung nicht mit in der Regel engmaschigeren Gruppen, Bewegungen und Gemeinschaften gleichgesetzt werden.[21]

Netzwerke tendieren zur Dezentrierung. Das heißt nicht, dass es in ihnen keine exponierten Positionen gibt oder Macht unbedeutend ist, sondern dass sie „keinen hierarchischen Aufbau haben, der Informations- und Entscheidungsabläufe über einen top-down-Ablauf regelt“[22]. Darin unterscheiden sie sich von Organisationen, die en gros in geschlossenen Grenzen agieren, einen institutionell definierten Zugang haben, über zentrierte Entscheidungsstrukturen und vertikale Steuerung verfügen.[23]

Diese Unterscheidung bedeutet nicht, dass Netzwerke einfach eine dritte Struktur neben Institution und Organisation darstellen. Es gibt auch Zwischenformen. Das indiziert folgende Typisierung sozialer Netzwerke:[24]

1. egozentriertes Netzwerk
2. Gruppennetzwerk
3. Organisationsnetzwerk

Im Unterschied zu weniger strukturierten, auf persönliche Kontakte konzentrierten informellen Netzwerken haben organisationale Netzwerke aufgrund der Über- und Unterordnungen in den Beziehungen sowie der Ausrichtung der Interaktionen auf den Organisationsauftrag formellen Charakter.[25]

---

19 Vgl. Eder, 2007, 265.

20 Zur Stärke schwacher Beziehungen vgl. Bedford-Strohm, 1999, 160f.; Straus, 2002, 98f.; ders., 2009, 4; Jansen, 2006, 210; Czachesz, 2011a, 263f.; ders., 2011b, 134—142; Häußling, 2015, 345f.

21 Vgl. dazu mit Blick auf die kirchliche Hybridstruktur Schlegel, 2012, 20—23; s. dazu 2.3.1.

22 Straus, 2002, 247; zur Dezentralisierung vgl. auch Lames, 2015, 357; zum Netzwerk als polyzentrischem Konstrukt vgl. auch Eder, 2012, 19; Schlegel, 2012, 23; zum Thema der Macht in Netzwerken vgl. auch Baumgard, 2005, 256—261.

23 Vgl. Straus, 2009, 4.

24 Vgl. Straus/Höfer, 2005, 471; im Anschluss Eder, 2012, 79f.; im Anschluss an Eder Lames, 2015, 348; zum egozentrierten Netzwerk vgl. auch Duling, 2002, 149f.

25 Zur Unterscheidung von informellen und formellen Netzwerken vgl. mit Bezug auf den Kontext Kirche Lames, 2015, 348—350.

Durch die Ausbalancierung der widersprüchlichen Logiken des Marktes und der Hierarchie ist deren Steuerung sehr anspruchsvoll.[26] Im Unterschied zu Markt und Hierarchie ist Vertrauen der wesentliche Interaktionsmodus.[27] Bezüglich Organisationen – wie auch Institutionen – ist zwischen interner und externer Netzwerkbildung zu unterscheiden.[28] Auch zwischen Organisationen bestehen Netzwerke. Bei solchen interorganisationalen Netzwerken bleiben die Plausibilitäten informell-personaler Netzwerke erhalten. Ausschlaggebend ist die kommunikative Praxis.[29] Von ‚operativen' Netzwerken kann gesprochen werden, wenn wie bei aktiven Gruppen die entscheidende Funktionsweise der Modus aktiven Operierens ist. Bei entsprechender Förderung und Forderung können operative Netzwerke durch ihr Potenzial gemeinsame Ziele trotz heterogener Beteiligungsformen realisieren.[30] Schließlich ist noch die wachsende Bedeutung von sozialen Netzwerken im Bereich von Social Media im Zuge einer fortschreitenden Digitalisierung der Gesellschaft zu beachten.[31] Diese Netzwerkkommunikationen führen in hohem Maße zur virtuell-translokalen Gruppenbildung.[32] Aufs Ganze gesehen, sind Netzwerke

> „weniger eine eigene Sozialform, sondern eine bestimmte Betrachtungsweise des sozialen Miteinanders, eben eine ganzheitliche und eine dezentrale. Diese Betrachtungsweise kann man auf alle Kommunikationsvorgänge anwenden: die innerhalb von Organisationen, zwischen Organisationen, unter dem Dach von Institutionen, zwischen Institutionen und natürlich zwischen Einzelnen und Gruppen und sonstigen Akteuren".[33]

4.1.2 Inspiration im Kontakt mit der Sozialphilosophie

Eine inspirierende und zugleich provozierende Netzwerkbetrachtungsweise bietet der kanadische Philosoph und Politikwissenschaftler Charles Taylor. In seinem monumentalen Werk ‚Ein säkulares Zeitalter' postuliert er als Gegenentwurf zur monströsen, institutionalisierten Wohlfahrtsindustrie das „Netz der

---

26 Vgl. dazu Böckel, 2015, 27—29; ders., 2014, 262—274, 574f, 625, 674; zu Netzwerk und Hierarchie vgl. auch Bartels, 2015, 591—594.

27 Vgl. Böckel, 2014, 251f., 273, 541, 573, 596—600, 620f., 682; Lames, 2015, 357; Bartels, 2015, 592.

28 Vgl. dazu Böckel, 2015, 21f.; Schlegel, 2012, 21f.; zu interorganisationalen Netzwerken vgl. ausführlich Baumgard, 2005, 233¬—268.

29 Vgl. Schlegel, 2012, 22.

30 Vgl. Eder, 2012, 20f.

31 Vgl. nur Nord, 2014, 409—411; Weyel, 2013, 157-169.

32 Vgl. Nord, a.a.O., 411; Weyel, a.a.O., 166—168.

33 Schlegel, 2012, 23; vgl. auch a.a.O., 25, 27. Demzufolge ist zwischen der Netzwerkperspektive im dimensionalen Sinn und Netzwerken im sektoralen Sinn als einem Element im sozialen System zu unterscheiden.

Agape“[34] bzw. das „Netzwerk der Agape“[35]. Der katholische Sozialphilosoph bezieht sich dabei auf die Sicht des Universalgelehrten Ivan Illich (1926–2002).[36]

Illich, Philosoph, Theologe und bis 1969 katholischer Priester, sieht in der westlichen Moderne eine Mutation des Christentums, mehr noch: einen Verrat am christlichen Glauben.[37] Das Neue Testament erzählt davon, wie mit der Fleischwerdung Gottes etwas radikal Neues in der Welt erscheint: „Ich glaube, dass die Inkarnation ein überraschendes und gänzlich neues Erblühen von Liebe und Erkenntnis möglich macht.“[38] Dieses Novum illustriert Illich mit der Parabel des Samariters (Lukas 10, 25—37).[39] Neu ist die von den damaligen kulturellen und religiösen Regeln und Grenzziehungen ungehinderte Freiheit, mit der der Samariter reagiert. Er ist durch den Anblick des verwundeten Menschen in seinem Innersten berührt, handelt durch die berührende Beziehung zu ihm in der in Jesus Christus offenbarten göttlichen Agape (Liebe) und verlängert so die Inkarnation.[40]

Diese individuelle Freiheit wurde mit der staatlichen Etablierung des Christentums im frühen 4. Jahrhundert pervertiert, als die Bischöfe die Macht von richterlichen Beamten bekamen und die Kirche durch die Schaffung wohltätiger Organisationen Gnade auf Abruf produzierte. Auf diese Weise wurde überraschend unvorhersehbare individuelle Zuwendung mit dem Blick für die Einzigartigkeit des Nächsten zur Massenware.[41] Dieser Versuch, durch Institutionalisierung die neue Liebe zu verwalten, war deshalb böse, weil Macht, Organisation, Management, Manipulation und das Gesetz eingesetzt wurden, um etwas zu gewährleisten, das nur die freie Entscheidung von Individuen sein kann, „die die Einladung annahmen, in jedem, den sie dazu ausersehen, das Antlitz Christi wahrzunehmen“[42]. Taylor sieht nicht nur seine Vorstellung von Säkularisierung in Übereinstimmung mit Illich, sondern nimmt auch dessen Deutung der Parabel

---

34 Taylor, 2012, 273; vgl. auch ders., 2006, 12 („Netzwerk aus Agape“).

35 Taylor, 2012, 1223—1227. Taylor definiert Agape im christlichen Sinn als „die Liebe Gottes zu uns, an der wir durch seine Kraft teilhaben können“ (a.a.O., 45).

36 Taylor, 2006, 11—14; ders., 2012, 272f., 480f., 1219—1231; zum Rekurs auf Illich vgl. auch ders., 2011, 858—861; zur Verbindung von Taylor und Illich vgl. Lehmann, 2011, 327—349; Klevesath/Reese-Schäfer, 2011, 460f.; Kühnlein, 2011, 398f., 443f.

37 Vgl. dazu Illich, 2006; zu Illichs Biografie und Denken vgl. Kaller-Dietrich, 2007; Cayley, 2006, 21—67; zu Illichs Hypothese der modernen Gesellschaft als Mutation des Christentums bzw. Perversion des christlichen Glaubens vgl. Kaller-Dietrich, a.a.O., 185—191; Cayley, a.a.O., 50—67; Taylor, 2006, 1219—1231.

38 Illich, 2006, 71; vgl. auch a.a.O., 132 f., 138, 201f., 239f.

39 Vgl. Illich, 2006, 74—78, 88, 113, 203, 208—210, 223, 225, 231—233, 248, 253; vgl. dazu Cayley, 2006, 52—60, 66; Taylor, 2006, 11—13; ders., 2012, 272f., 1220—1222, 1227f.; Kühnlein, 2011, 399, 435—438.

40 Zur Fortsetzung der Fleischwerdung durch das Tun des Samariters vgl. Illich, 2006, 232; zur Fortdauer der Schöpfung durch die Inkarnation vgl. a.a.O., 240.

41 Vgl. Illich, 2006, 78—89, 211; vgl. dazu Cayley, 2006, 56—60; Taylor, 2006, 1223-1231.

42 Illich, 2006, 81.

des barmherzigen Samariters auf und wendet sie auf sein Verständnis von Kirche an:

> „Die Inkarnation, die Fleischwerdung Gottes breitet sich durch solche neuen Verbindungen wie die zwischen dem Samariter und dem Juden zu einem Netzwerk aus, das wir Kirche nennen. Aber dies ist ein Netz, keine nach Kategorien geordnete Gruppierung; also ein Geflecht von Beziehungen, das einzelne, einzigartige, fleischliche Menschen untereinander verbindet."[43]

Für dieses Netzwerk der Agape ist Kontingenz ausschlaggebend. Die Samariterparabel veranschaulicht, dass das Agape-Netzwerk die durch das Bauchgefühl der Barmherzigkeit ausgelöste Reaktion auf eine bestimmte Person, auf diesen Menschen, an die erste Stelle setzt.[44] Dieser zufällige Augenblick des bauchgesteuerten Einfühlens in die Lage des anderen ist für die Genese von Netzwerken unabdingbar. Der in der Samariterparabel zur Sprache kommende Zufall, der durch Verkörperung zustande kommenden Liebe, lässt sich nicht auf eine allgemeine Regel reduzieren, stellvertretend von Wohlfahrtsbürokratien simulieren oder durch ein Netz der Kontrolle domestizieren.[45] Deshalb sollten wir – so der Illich-Exeget Taylor – den Mittelpunkt unseres spirituellen Lebens „jenseits des Kodex auf einer tieferen Ebene finden, nämlich in Netzwerken der lebendigen Anteilnahme, die dem Kodex nicht geopfert werden dürfen, sondern ihn von Zeit zu Zeit sogar untergraben müssen".[46]

Damit ist Taylor zufolge auch der dynamische Charakter von Kirche beschrieben: Sie entwickelt sich zu einem Netzwerk immer wieder verschiedener, grenzüberschreitender Agape-Beziehungen.[47] Werden diese gemeinschaftsstiftenden Beziehungen institutionalisiert, wird der Geist abgewürgt.[48] Freilich weiß auch Taylor, dass wir nicht ohne Kodizes leben können. Gerade deshalb

> „ist es äußerst wichtig zu erkennen, dass das nicht schon alles ist und dass diese Welt in vielerlei Hinsicht entmenschlichend und entfremdend ist, dass sie häufig Dilemmata hervorbringt, die sie nicht sehen kann, und dass sie in ihrem Voranschreiten mit großer Rücksichtslosigkeit und Grausamkeit handelt".[49]

Taylors im Anschluss an Illich entworfenes Agape-Netzwerkverständnis ist insbesondere für den philosophischen und theologischen Netzwerk-Diskurs ein starker Impuls.[50]

---

43 Taylor, 2006, 12; vgl. ders., 2006, 480, 1222f.

44 Vgl. Taylor, 2006, 12; ders., 2006, 1227f.; zum ‚Bauchgefühl' vgl. auch a.a.O., 924.

45 Vgl. Taylor, 2006, 12f.; ders., 2006, 1225—1228; vgl. dazu Kühnlein, 2011, 437 mit Anm. 133.

46 Taylor, 2006, 1229; vgl. ders., Vorwort, 14.

47 Vgl. Taylor, 2006, 480f., 1222f.

48 Vgl. a.a.O., 1223.

49 A.a.O., 1129.

50 Zur philosophischen Auseinandersetzung mit Taylors Bezug auf den christlichen Agape-Begriff vgl. exemplarisch Kühnlein, 2011, 434—445; zu den möglichen Verkehrungen und

4.2 *Durchblick: Die Netzwerkperspektive in der Theologie*

4.2.1 Auftakt: Forschungsgeschichtlicher Blick

Lexikonartikel sind auch forschungsgeschichtlich betrachtet Seismografen der Bedeutung von Begriffen. Dass der Netzwerkbegriff in der Theologie noch keine lange Tradition hat, belegt ein Blick in die einschlägige Lexikonliteratur. In der ‚Theologischen Realenzyklopädie' (TRE), der ‚Religion in Geschichte und Gegenwart' (RGG[4]) und dem ‚Evangelischen Kirchenlexikon' (EKL[3]) findet sich kein Artikel ‚Netzwerk'. Eine Ausnahme stellt das ‚Lexikon für Theologie und Kirche' (ThLK[3]) dar. Der 1998 veröffentlichte siebte Band enthält einen Artikel zu ‚Netzwerk' mit einem kurzen Einblick in die soziale Netzwerkforschung, allerdings ohne theologische Perspektiven.[51]

Bis jetzt gibt es noch keine umfassende ekklesiologische oder kybernetische Aufarbeitung zum Netzwerkbegriff aus evangelischer Sicht.[52] Eine der Pionierarbeiten der punktuellen wissenschaftlichen Rezeption der Netzwerktheorie in Verbindung mit systemischem Denken in den Gemeindeentwicklungsdiskurs dürfte Günter Breitenbachs 1994 erschienene Dissertationsschrift ‚Gemeinde leiten. Eine praktisch-theologische Kybernetik' gewesen sein.[53] Die Wahrnehmung von Gemeinde im Kontext einer umfassenden Netzwerkperspektive eröffnet den Blick für die Gestaltbarkeit ihrer Organisation als Netzwerk.[54]

Heinrich Bedford-Strohm thematisiert das Konzept sozialer Netzwerke in seiner 1999 veröffentlichten Habilitationsschrift ‚Gemeinschaft aus kommunikativer Freiheit. Sozialer Zusammenhalt in der modernen Gesellschaft. Ein theologischer Beitrag'. In seinen soziologischen Überlegungen bezieht er sich auch auf das Netzwerkkonzept mit starken und schwachen Beziehungen als Grundlage ei-

---

Grenzen des Agape-Netzwerks vgl. a.a.O., 442—445; ders., 2008, 267f.; zur theologischen Auseinandersetzung mit Taylors These der Entstehung der Moderne aus dem verfälschten Christentum unter Einbeziehung des Agape-Netzwerkverständnisses vgl. exemplarisch Lehmann, 2011, 327—349; zur positiven Rezeption von Taylors Entwurf eines Agape-Netzwerks vgl. Noormann, 2014, 303f.

51 Vgl. Fuchs, 2008, 749.

52 Vgl. Nord, 2014, 414; zu ersten Beiträgen vgl. a.a.O., 414f.

53 Vgl. Breitenbach, 1994, 179—182; vgl. dazu Böckel, 2014, 225—227; zum systemischen Denken im Blick auf Gemeinde als vernetztes System im Rekurs auf Günter Breitenbach und Herbert Lindner vgl. Zimmermann, 2009, 62f., 69.

54 Vgl. Breitenbach, a.a.O., 182.

nes den Bedingungen einer modernen pluralistischen Gesellschaft angemessenen Gemeinschaftsbegriffes.[55] Auch in seinen theologisch-ethischen Überlegungen nimmt Bedford-Strohm den Netzwerkbegriff auf: Die Leidenschaft für Gerechtigkeit kommt etwa in ökumenischen Netzwerken zum Ausdruck, die sich für weltweite Solidarität einsetzen.[56] Zu guter Letzt rekurriert Bedford-Strohm in seinem Ausblick ‚Öffentliche Kirche in der Zivilgesellschaft' in seiner dritten und vierten These auf die Netzwerkperspektive: Kirche birgt zum einen ein weit verzweigtes Netzwerk an Gemeinschaften mit zivilgesellschaftlichem Potential (z. B. Initiativgruppen zu Umwelt- oder Friedensfragen, Kirchenasyl gewährende Gemeinden, Synoden mit Stellungnahmen zu bestimmten öffentlichen Themen), zum andern bietet sie ein global organisiertes und orientiertes Netzwerk von Gemeinschaften.[57]

Ein erstes monografisches Leuchtfeuer war Holger Baumgardts 2005 publizierte Dissertationsschrift ‚Kirche in der Netzwerkgesellschaft. Gesellschaftsdiakonie als Herausforderung der Kirche'. 2012 erschien Helmut Eders wegweisende Dissertationsschrift ‚Kirche als pastorales Netzwerk. Chancen und Konsequenzen einer operativen Kirchenkonzeption'.[58] Eder wirft auch einen erhellenden Netzwerkblick auf die Gemeindewerdung in frühchristlicher Zeit.[59] Bereits 2002 erschien Dennis C. Dulings innovativer Aufsatz ‚Die Jesusbewegung und die Netzwerkanalyse'[60]. Duling blickt mit den Modellen des räumlich und personal bestimmten Netzwerks auf Gerd Theißens These von den Wandercharismatikern und ihren örtlichen Sympathisanten, um den geografischen und sozialen Kontext Jesu vornehmlich im Raum des Sees von Galiläa begrifflich zu fassen.[61] Seine Reflexionen und Illustrationen markierten den „Beginn einer spannenden Forschungsarbeit".[62] 2011 legte der Neutestamentler István Czachesz seine luziden Überlegungen zur urchristlichen Sozialstruktur und Ausbreitungsdynamik im Rekurs auf das Modell sozialer Netzwerke vor. Er bezieht sich dabei u. a. auf die 1996 erschienene und 1997 ins Deutsche übersetzte bahnbrechende Arbeit

55 Vgl. Bedford-Strohm, 1999, 158—163, 175f., 180—184, 368; vgl. auch ders., 2012, 18—29; zu den starken und schwachen Beziehungen s. ferner 1.1.

56 Vgl. Bedford-Strohm, 1999, 377.

57 Vgl. a.a.O., 456; zur Netzwerkperspektive im Kontext öffentlicher Kirche vgl. auch Merle, 2019.

58 Zu Eders und Baumgards Konzeption sowie weiteren netzwerkorientierten ekklesiologischen Ansätzen (v. a. Isolde Karle, Wolfgang Nethöfel und Johannes Zimmermann) vgl. Bartels, 2015, 594—602.

59 Vgl. Eder, 2012, 138—147.

60 Die Entdeckung dieser Pionierleistung der Rezeption der Netzwerkforschung in der neutestamentlichen Forschung verdanke ich Pock, 2006, 79, Anm. 32; zum Verweis auf Dulings Anwendung der sozialen Netzwerktheorie auf das Neue Testament vgl. auch Czachesz, 2011b, 133; ders., 2011a, 263 Anm. 15. Czachesz verweist zudem, ebd., auf Gosnell, 2000, 135—143.

61 Vgl. Duling, 2002, 135.

62 A.a.O., 157.

des amerikanischen Religionssoziologen Rodney Stark ‚Der Aufstieg des Christentums. Neue Erkenntnisse aus soziologischer Sicht'.[63]

Im Unterschied zur relativen späten Rezeption der Netzwerkforschung in der neutestamentlichen Wissenschaft fand Paulus als vermutlich „erster ‚Netzwerker' der Menschheitsgeschichte"[64] schon 2005 im sozial- und wirtschaftswissenschaftlichen Kontext Beachtung. Heinz K. Stahl sieht in der Strategie des Völkerapostels, lokale Netzwerke zu generieren und sie durch Mitarbeitende zu verbinden, im Jargon der Kognitionswissenschaft den Versuch, „auf möglichst viele Rückkoppelungsschleifen zu achten, um so eine ‚rekurrente' Netzwerkarchitektur entstehen zu lassen"[65]. Rainer Dillmann sieht zwar bereits 2003 die sichtbare Einheit der Kirche durch ein „komplexes, kommunikatives Netzwerk"[66] eigenständiger Ortskirchen garantiert, bezieht sich dabei aber nicht auf die Netzwerkforschung. Ebenso verortet Manfred Josuttis schon 2000 die „Seelsorge im energetischen Netzwerk der Ortsgemeinde"[67] ohne Netzwerkforschungsbezug. Im Rekurs auf die von Alexander Lowen entwickelte Bio-Energetik kommt Josuttis zu dem Ergebnis, dass im energetischen Netzwerk der Ortsgemeinde zahlreiche, mit Machtaspekten verknüpfte und daher im Gefahr des Missbrauchs stehende „Ströme des göttlichen Geistes, der zwischenmenschlichen Freundlichkeit, der monetären Unterstützung"[68] fließen.

In den letzten Jahren ist eine intensivere theologische Beschäftigung mit der Netzwerkperspektive zu konstatieren. Das dokumentieren etwa mit mehreren Beiträgen zur Kirche als und im Netzwerk das 2014 von Ralph Kunz und Thomas Schlag herausgegebene ‚Handbuch für Kirchen- und Gemeindeentwicklung'[69] und der 2015 von Gundo Lames u. a. herausgegebene Sammelband ‚Kirchenentwicklung. Ansätze – Konzepte – Praxis – Perspektiven'[70] sowie Holger Böckels 2014 veröffentlichte voluminöse Habilitationsschrift ‚Führen und Leiten. Dimensionen eines evangelischen Führungsverständnisses', die u. a. die Netzwerkperspektive führungstheoretisch anvisiert. Diese drei Bände belegen beeindruckend, dass die Netzwerkperspektive auch aus theologischer Sicht zunehmend Aufmerksamkeit auf sich zieht.

Die empirisch-soziologisch und theologisch begründete Leitperspektive der 2015 von Heinrich Bedford-Strohm und Volker Jung herausgegebenen fünften

---

63 Vgl. Czachesz, 2011a, 265, 268; zu Starks Bezugnahme auf das Modell sozialer Netzwerke im Blick auf die Ausbreitung des Christentums vgl. nur ders., 1997, 64f.,71—78, 83—109, 133; Zimmermann, 2009, 479.

64 Stahl, 2005, 5.

65 A.a.O., 6.

66 Dillmann, 2003, 63.

67 Josuttis, 2000, 117; vgl. dazu Zimmermann, 2009, 277f.; zur seelsorglichen Relevanz der Gemeinde als sozialem Netzwerk vgl. auch a.a.O., 284—286, 294, 300, 310f.; Jakob/Laepple, 2014, 107—119.

68 Josuttis, 2000, 125; zum Bezug auf Lowen vgl. a.a.O., 123.

69 Vgl. nur Eurich, 2014, 261—268; Liedke, 2014, 300—308; Nord, 2014, 409—415.

70 Vgl. nur Lames, 2015, 345—359; Lohmann, 2015, 503—520; Dessoy, 2015, 655—667.

EKD-Erhebung über Kirchenmitgliedschaft bündelt sich in dem Titel ‚Vernetzte Vielfalt'[71]. Diese Untersuchung hat im Rückgriff auf die sozialwissenschaftliche Methodik der Netzwerkanalyse die sozialen Netzwerke religiös-kirchlicher Praxis erfragt.[72] Das Kapitel ‚Netzwerkerhebung' umfasst nach einführenden Hinweisen eine Einführung in die Methoden der Netzwerkanalyse, ein Glossar und einen Methodenbericht, netzwerkanalytische Auswertungen der religiösen und sozialen Beziehungen in einer Kirchengemeinde, drei Beispielauswertungen zu Gemeinde in netzwerkanalytischer Perspektive, kirchentheoretische Konsequenzen der Netzwerkforschung und einen Kommentar zu den Konturen religiöser Aktivität.[73] Aus dem diakoniewissenschaftlichen Diskurs ist exemplarisch Michael Bartels 2015 veröffentlichte Dissertation ‚diakonisches profil & universal design. Diakonie zwischen Verkirchlichung und Verweltlichung des Christentums' anzuführen. Die von einem Praxisbeispiel eines diakonischen Trägers in Ostdeutschland ausgehende multiperspektivisch-induktiv bearbeitete Forschungsfrage lautet:

> „Welche Implikationen (bewusste und unbewusste Entscheidungen bzw. Konsequenzen zukünftiger Entwicklungen) sind im Blick auf die konkrete Organisation darin enthalten, wenn diakonische Träger ihre Angebote (auch Bereiche, Teilangebote etc.) bewusst nicht als Diakonie bezeichnen?"[74]

Für die Beantwortung wird bündelnd der Gedanke der Hybridität ins Spiel gebracht, indem Bartels fragt, welche Kennzeichen das Netzwerk des hybriden kirchlich-kulturchristlichen Feldes als zukünftige Sozialgestalt für die christliche Religion unter Einbeziehung von Kirche und Diakonie zu erkennen gibt.[75]

Der blitzlichtartige forschungsgeschichtliche Blick hat gezeigt: Nicht nur die gegenwärtige Situation von Kirche und Diakonie lässt sich aus der Netzwerkperspektive aufschlussreich betrachten, sondern auch die Gründungsurkunde des christlichen Glaubens.

4.2.2 Bibelwissenschaftlicher Blick: Altes und Neues Testament

Altes Testament. Meine bisherige Recherche in der alttestamentlichen Forschung hat noch keine explizite Rezeption des wissenschaftlichen Netzwerkdiskurses ergeben. Dieser hermeneutische Ansatz wäre durchaus naheliegend, lässt

71 Vgl. Hermelink/Weyel, 2015, 22.
72 Vgl. a.a.O., 22 f.; zur methodischen Anlage der Gesamtnetzwerkerhebung vgl. a.a.O., 26–28.
73 Vgl. Bedford-Strohm/Jung (Hg.), 2015, 339–446.
74 Bartels, 2015, 33.
75 Vgl. a.a.O., 575–624; s. dazu 2.3.2.

sich doch die Bibel von Beginn an als Buch verdichteter Netzwerkerfahrungen lesen, wie folgendes Florilegium zeigt:

Vor allem präludiert der Schöpfungshymnus Gen 1, 1—2, 4a das netzwerkförmige Muster des lebensförderlichen Beziehungsdreiecks Gott – Mensch – Mitwelt. Der Mensch ist wesentlich Beziehung: zu Gott, zum Mitmensch, zur Natur.[76] Man könnte ihn nahezu als Netzwerkwesen bestimmen. Lebendigsein bedeutet daher, in unterschiedlichen Beziehungs- bzw. Netzwerkkonstellationen mit anderen zu existieren.[77] In Entsprechung zur Gottebenbildlichkeit des Menschen (Gen 1, 27) ist auch Gott ein Beziehungswesen: Seine Beziehung zur Schöpfung lässt sich als ein Netzwerk ein- und wechselseitiger Beziehungen der Liebe betrachten.[78] In dem von ihm geschaffenen Schöpfungsnetzwerk ist der Mensch in ein sorgfältig strukturiertes Geflecht von menschlichen und nicht-menschlichen Bezügen (Pflanzen- und Tierwelt) eingebettet. Diese vorbehaltlos anerkennende göttliche Bejahung der Kreatur wird in Gen 1 dadurch auf den Begriff gebracht, „dass von jedem Stadium der Schöpfung der gesagt wird: ‚Und Gott sah, dass es gut war.‘ Die Agape ist von einem solchen ‚Gut-Sehen‘ nicht zu trennen“[79]. Diese ursprüngliche Einbettung in das Beziehungsnetzwerk der Agape kann als ‚Heimat‘ bezeichnet werden: Im Garten Eden erfährt der Mensch ohne Kampf Anerkennung.[80] Ausnahmslos alle Menschen sind mit Gott verbunden (vgl. Gen 1, 26f.) und haben – so die Intention der Genesis – ‚Raum für Konvivenz‘[81] (Zusammenleben).

Die Vertreibung aus dem paradiesischen Netz der Anerkennung infolge der Missachtung dieser Agape durch den menschlichen Bruch des göttlichen Gebots (Gen 3) führt zu einer umfassenden Entbettung bzw. Heimatlosigkeit (vgl. 4, 12). Ursprünglich lebensförderliche Beziehungen zerbrechen bzw. werden korrumpiert (vgl. nur Gen 4—11): von Kains Brudermord (Gen 4) bis zum Turmbau zu Babel (Gen 11).[82]

---

76 Zum auf Interdependenzen und Beziehungen abzielenden Wirken Gottes mit Blick auf die Schöpfungsberichte der Genesis vgl. Moltmann, 1993, 17—20, 110f., 193—197, 222—231, 281—290; Zeindler, 2001, 185f., 188f., 270, 328f.; Leibold, 2014, 74, 369.

77 Vgl. Moltmann, a.a.O., 17; Leipold, a.a.O., 74.

78 Vgl. Moltmann, 1993, 28—1, 320.

79 Taylor, 2012b, 891; zur liebenden und bejahenden göttlichen Sicht der Welt und des zu entwickelnden menschlichen Analogons vgl. auch a.a.O., 777—779, 899; vgl. dazu Knapp, 2011, 671f., 679f; ders., 2010, 294f., 300—302; Kühnlein, 2005, 193—195. Entsprechend sieht Söding, 2015, 38, Bejahung als das „Wesen der Agape“; vgl. ferner zur Lebensbejahung durch den Geist als Liebe Moltmann, a.a.O., 271—273, 277f.

80 Zu diesem biblisch-theologischen Heimatverständnis vgl. Moltmann, a.a.O., 19f., 59f., 133f.

81 So der Titel von Steffen Leibolds Arbeit zur Genesis als nachexilischer Erinnerungsfigur.

82 Vgl. Zeindler, 2001, 186, 190f.

Der Mensch, der seine paradiesische Heimat verloren hat, ist verstrickt in ein „Netz der Not“.[83] Die Klagepsalmen bringen auf poetische Weise zum Ausdruck, wie Kreisläufe von Krankheit, (falscher) Anklage, Isolierung/Feinden, Armut und Tod den Beter im Schlamm versinken lassen und wie er durch die Expression dieser multifaktoriellen Not zum Subjekt des Geschehens wird (z. B. Ps 69).[84] Die diakonische Ermöglichung von Klage ist Voraussetzung der oft verbalisierten Erfahrung erneuter Zuwendung Gottes, „durch die der Beter dem Netz der Not, in das er geraten ist, entrissen werden kann“[85]. Er wird wieder eingebettet in das Netz der Liebe, das letztlich stärker ist als das Netz der Not.

In der prophetischen Literatur wird den in das babylonische Exil Weggeführten sogar zugemutet, wohlwollend gegenüber denjenigen eingestellt zu sein, die für den eigenen Untergang und die leidvolle Situation Mitverantwortung tragen. Diese Zumutung kulminiert im Jeremiabuch (Jer 29, 7): Die in Babylonien Exilierten werden animiert, an ihren Wohnorten den Frieden mit den Menschen zu suchen.[86] Sie sollen die fremden Städte auf göttliche Weisung sogar in das unsichtbare Netz ihrer Fürbitte einbeziehen, um als Versöhnte gut miteinander leben zu können. Diese radikale Aufforderung zur Grenzüberschreitung bedeutet: Nur mit den Anderen, nicht gegen sie ist Glück möglich.[87] Dahinter dürfte die schöpfungstheologische Vorstellung eines Schicksalsnetzwerks aller Menschen sowie der nicht auf den palästinischen Bereich begrenzten, sondern globalen göttlichen Wirksamkeit stehen. Auch die biblischen Sozialgesetze sind von diesem Geist beseelt: Sie spannen für Menschen, die sozial schwach und unterprivilegiert sind, ein soziales „Netz der Schutzbestimmungen“.[88] Das dokumentiert paradigmatisch das in Gottes Liebe und Heiligkeit gründende Gebot der Nächsten- und Fremdenliebe (Lev 19, 18, 33f.) und seinen Kontext[89]. Diese Tradition rezipiert mit Nachdruck das Neue Testament.

Neues Testament. Die Bibel ist literarisch und theologisch ein beziehungsreiches Netzwerk. Das Neue Testament ist mit dem Alten Testament vielfach verflochten. Und im Neuen Testament wird nahezu durchgängig auf Paulus und seine Briefe, die ältesten neutestamentlichen Dokumente, Bezug genommen.[90] Der

---

83 Crüsemann, 2008, 65, 67 , 69.

84 Vgl. a.a.O., 66—68.

85 A.a.O., 69.

86 Vgl. dazu Fischer, 2005, 94f.; Schmidt, 2013, 99—101; ders., 2003, 16—24.

87 Nach Fischer, a.a.O., 95, markiert dieses Verlangen Gottes „einen Höhepunkt für die Botschaft der Versöhnung innerhalb des AT“; zum Gedanken der Grenzüberschreitung vgl. Wanke, 2003, 262f.

88 Crüsemann, 2008, 71. Ebenso steuern die biblischen Sozialgesetze durch Wirtschaftsgesetze weiterer Verelendung entgegen; vgl. dazu a.a.O., 71, 75—77; zum sozialen Netz des deuteronomischen Gesetzes vgl. ders., 2003, 30—36.

89 Vgl. Crüsemann, 2008, 72—74, 80—82; zur Nächstenliebe im AT und im Judentum vgl. aus der Fülle der Literatur nur Söding, 2015, 62—96.

90 Vgl. dazu Schnelle, 2015, 509—526.

Völkerapostel zitiert nicht nur das alttestamentliche Liebesgebot Lev 19, 18 (Röm 13, 9; Gal 5, 14), er entwickelt in seinen Schriften eine von der göttlichen Agape getragene Liebesethik.[91] Ansatzpunkt dieser Liebe sind im 1. Thessalonicherbrief, dem ältesten neutestamentlichen Schreiben, zunächst die durch Gründung von Hausgemeinden neu entstandenen Nahbeziehungen.[92] In den folgenden Briefen konzentriert sich Paulus nicht nur auf diese ‚starken' lokalen Beziehungen in Gestalt von Hausgemeinden, er kultiviert auch den Blick für die sich durch sein missionarisches Wirken herausbildenden übergemeindlichen Beziehungen.[93] Die Liebe macht ihm Beine. Er nutzt das internationale Netz der Handelswege, um das Evangelium zu kommunizieren, die Kontakte zu den Gemeinden zu pflegen und sie zu vernetzen.[94]

Diese Vernetzung ist nicht im Alleingang möglich, sondern baut auf das Vertrauen des Apostels zu seinen Mitarbeitenden auf. Durch sie werden die Hausgemeinden zu lokalen Netzwerken mit Städten als Knotenpunkten vernetzt, um durch dieses überörtliche kommunikative Netzwerk das Evangelium wirkungsvoll zu verbreiten.[95] Im lokalen und translokalen Kommunikationsgefüge dieser Gemeinden nimmt Paulus eine Schlüsselstellung ein. Wie die Jesusbewegung kann auch die Paulusbewegung als egozentriertes Netzwerk im mediterranen Raum klassifiziert werden.[96] Paulus ist das Zentrum seines durch ihn bestimmten Netzwerks. Das Netzwerk der Männer und Frauen, mit denen der Apostel familiär bzw. freundschaftlich kooperiert, bietet ebenso wie das durch sie gepflegte Netzwerk der lokal geleiteten Hausgemeinden mit ihren Gemeinschaften und Gottesdiensten die – aus gemeindepsychologischer Sicht zentrale – Trias von Zugehörigkeit, Vertrauen und Anerkennung (vgl. nur Röm 16).[97] Das macht das paulinische Netzwerk nach innen und außen attraktiv. Es ist kein Selbstzweck,

---

91 Vgl. nur Söding, 2015, 243—296.

92 Vgl. a.a.O., 244—250.

93 Zu den übergemeindlichen Beziehungen in den Paulusbriefen vgl. Stenschke, 2009, 36—49.

94 Nach Schnelle, 2015, 561, sind Briefe, Reisen, Mitarbeiter, gegenseitige materielle Unterstützung und eine ausgeprägte Kultur der Gastfreundschaft die fünf Säulen des Haus-Gemeinden-Netzwerks.

95 Zur Kommunikationsstruktur und dem Beziehungsgeflecht der von Paulus gegründeten Gemeinden im Rekurs auf die Kommunikationswissenschaft vgl. Reck, 1991, 158—323; im Anschluss Dillmann, 2003, 58—63; Eder, 2012, 140—147; zu Paulus als Netzwerker vgl. auch Popp, 2014, 67—71; zur Führung und Nutzung örtlicher und überörtlicher Netzwerke durch Paulus vgl. auch Öhler, 2013, 255f.; Frey, 2014, 34, 36; Schnelle, 2015, 249, 488—490, 509; zur überregionalen Vernetzung als besonderem Merkmal der frühchristlichen Gemeinden vgl. ferner Branick, 1989, 22—27; Callam, 2009, 14; Böttrich, 2009, 474f.; Pilhofer, 2002, 209f.; im Anschluss Ebel, 2004, 217; Stenschke, 2009, 40f.

96 Zur zentralen Position des Paulus als ‚Informationsdrehscheibe' vgl. Reck, 1991., 267—270; zur Jesusbewegung als egozentriertem Netzwerk vgl. Duling, 2002, 135—157.

97 Vgl. Gubler, 2009, 15; zu Paulus und seinen Mitarbeitenden vgl. Öhler, 2013, 243—256; Ebel, 2006, 102—105; Schnelle, 2015, 249f.; Popp, 2008, 85-91; zu Stellung und Funktionen von Frauen in paulinischen Gemeinden vgl. Gielen, 2003, 115—139; Pock, 2006, 110—112, 270.

sondern lässt das Evangelium auf attraktive Weise konkret erfahrbar werden und so die Gemeinden wachsen.[98] Mit der klaren Ausrichtung der Interaktionen auf den Organisationsauftrag der Globalisierung des Evangeliums haben die pauluszentrierten Netzwerke nicht nur informellen, sondern auch formellen Charakter. Insofern hat das kommunikative Netzwerk der paulinischen Gemeinden Hybridcharakter.

Paulus kultiviert nicht nur starke Konnektivitäten, er knüpft zudem durch punktuelle Kontakte während seiner Reisen schwache Beziehungen und pflegt durch seine Briefe auch die Beziehungen zu ihm persönlich wenig oder nicht bekannten Mitchristen.[99] Darüber hinaus betont der Apostel die Bedeutung der Diakonie nicht nur in den starken Beziehungen innerhalb der Gemeinden, sondern auch gegenüber der größtenteils nichtchristlichen Mitwelt (vgl. nur Röm 12, 9—21; Gal 6, 1—10). In der antiken Welt war es wohl ein revolutionärer und für Außenstehende attraktiver Schritt, Liebe und Barmherzigkeit nicht auf die Familie und den Stamm zu reduzieren, sondern prinzipiell auf alle innerhalb und außerhalb der christlichen Gemeinschaft zu amplifizieren.[100] Diese konviviale diakonische Praxis mit Etablierung von internen und externen Netzwerken der Solidarität belegt die Stärke schwacher Beziehungen, eine umfassende Kooperation von geografisch und soziologisch entfernten Gruppen und Individuen zu ermöglichen.[101] Überhaupt ist Paulus das Paradebeispiel einer möglichst barrierefreien Kommunikation des Evangeliums in Wort und Tat:

> „Dieser erste christliche Theologe und Netzwerker erkannte, dass zunächst einmal die hohen Eintrittshürden in den Kreis der Christen beseitigt werden mussten. Also weg mit dem Zwang zur Beschneidung und den strikten Nahrungsregeln ... Die Botschaft musste laufen lernen und das konnte sie nur, wenn ihr die griechisch-römische Kultur offen stand. Heute würde man sagen, Paulus nutzte zunächst die Fokussierung auf eine Kernbotschaft, um dann über eine Öffnung der Organisationsgrenzen eine ausgedehnte Vernetzung zu erzielen."[102]

Der wohl größte Stratege der lokalen, regionalen und globalen Evangeliumskommunikation setzt dabei auf die beziehungsstiftende, Glauben und Gemeinschaft weckende sowie Grenzen überschreitende, Kraft des Geistes, der Christus

98 Zum Wachstum der paulinischen Gemeinden vgl. Reck, 1991, 295—317; zur Attraktivität früher christlicher Gemeinden am Beispiel Korinth vgl. Ebel, 2004; im Anschluss Frey, 2010, 103—107.

99 Vgl. Czachesz, 2011a, 264f.

100 Vgl. dazu Stark, 1997, 247; im Anschluss Czachesz, a.a.O., 265; zur externen Kommunikation der paulinischen Gemeinden mit ihrer Mitwelt vgl. auch Reck, 1991, 285—294; Pock, 2006, 98-100, 207f.; zur Attraktivität des frühen Christentums aufgrund der diakonischen Praxis vgl. ferner Schmidt, 2012, 15; Frey, 2014, 40.

101 Vgl. dazu Czachesz, 2011a, 259, 265—267, 271f.; zur Rezeption des Konvivenzgedankens in der ntl. Forschung vgl. Popp, 2010; zur Rezeption in der atl. Forschung s. 2.2.1; zur diakonischen Konvivenz in der Diakoniewissenschaft s. 2.3.2.

102 Stahl, 2005, 6.

in Raum und Zeit zur erfahrbaren Gegenwart werden lässt.[103] Der Geist ist nicht nur als „vernetzendes Prinzip des paulinischen Denkens“[104] anzusehen, sondern auch des für die Mitwelt offenen kommunikativen Netzwerks der paulinischen Gemeinden. Auch deren Diakonie geschieht in der Kraft des Geistes und seiner Gaben.[105] Was das Leitungshandeln betrifft, mischen sich bei Paulus selbst egalitäre und hierarchische Momente, obwohl er prinzipiell keine Ämterhierarchie postuliert, sondern eine charismenorientierte kollegiale Leitungsstruktur und grundsätzlichen Gleichwertigkeit der Gemeindemitglieder vertritt (vgl. nur 1 Kor 12, 12—27).[106] Auch wenn der Apostel immer wieder die Mündigkeit seiner Mitarbeitenden und der Gemeindeglieder sowie die geschwisterliche Verbundenheit mit ihnen betont, dokumentieren seine Briefe auch top-down-Kommunikationsstrukturen[107].

Die Institutionalisierung von Charisma in der deutero- und tritopaulinischen Literatur (vgl. nur Eph 4, 7—16; 1 Tim 3, 1—13; 4, 12—16) kann dabei an Entwicklungen anknüpfen, die sich bereits bei Paulus anbahnen (vgl. nur Röm 12, 6—8; 1 Kor 12, 28—30; Phil 1, 1).[108] Er vertritt freilich wie auch seine Schüler

> „nicht das ekklesiologische Konzept einer Institution, die so eigenständig wäre, dass Menschen nur als ihre ‚Mitglieder‘ in Frage kommen oder ihr lediglich ‚angehören‘ könnten. Die Ekklesia besteht vielmehr aus den Menschen, die sich zu ihr zusammenfinden“.[109]

Auch andere Schriften sensibilisieren für die Kunst christusorientierter gemeindlich-diakonischer Netzwerkarchitektur. In der neutestamentlichen Briefliteratur bildet der – vom paulinischen Denken beeinflusste, in seiner Originalität durch die Lektüre im Schatten der Paulusbriefe aber oft verkannte – 1. Pet-

103 Zur paulinischen Geisttheologie und Strategie vgl. Schnelle, 2003, 555—563; Popp, 2008, 49—63, 73—76; vgl. dazu auch aus Netzwerkperspektive Eder, 2012, 158—161, 212—214; vgl. ferner zum Geist bei Paulus Wolter, 2011, 152—181; Zeindler, 2001, 203—208, 270f.; Bedford-Strohm, 1999, 343—51; Pock, 2006, 206, 220; zum frühen Christentum als Geist-Bewegung vgl. Frey, 2014, 97—100.

104 Schnelle, 2003, 555.

105 Vgl. dazu Moltmann, 1989, 32—38.

106 Zur Leitungsstruktur und Charismenorientierung der paulinischen Gemeinden vgl. nur Pock, 2006, 103—110, 210—212, 214—216, 248f., 260—262, 266, 269f., 467; zu den Leitungsfunktionen frühchristlicher Gemeinden mit dem Schwerpunkt auf den paulinischen Gemeinden vgl. kompakt Frey, 2014, 33—36; zur Gemeindeleitung durch Frauen vgl. Schreiber, 2000, 204—226.

107 Vgl. dazu grundlegend Rebell, 1986; vgl. auch Reck, 1991, 210—217.

108 Vgl. Pock, 2006, 107—110, 113f., 262f., 266; zu den frühchristlichen Ämtern vgl. auch a.a.O., 221—263; zur complexio oppositorum der institutionalisierten Spannung von Amt und Charisma im frühen Christentum vgl. Ebertz, 1999, 133—150; zur bleibenden Grundspannung von Amt und Geist in der Kirche Christi vgl. auch Frey, 2014, 33—36; zu Eph 4, 7—16 aus Netzwerkperspektive vgl. Gosnell, 2000, 135—143.

109 Wolter, 2011, 307f.

rusbrief aus Netzwerkperspektive einen weiteren Schwerpunkt. Dieses Schreiben bringt die Existenz der Christen mit ‚Fremde' (1, 1; 2, 11) auf den Begriff. Es drückt damit im Anschluss an biblisch-frühjüdische Traditionen ein Wesensmerkmal des Glaubens in dieser Welt aus, das aus soziologischem Blickwinkel die Diasporaexistenz der Christen als Minderheit unter den Völkern am Ende des 1. Jahrhunderts n. Chr. in Kleinasien beschreibt.[110] Vor dem Hintergrund der zunehmenden Bedrängnis durch die Mitwelt ist Anerkennung eine weitere Leitvorstellung: Anerkennung durch Gott ist der Ermöglichungsgrund der Anerkennung dieses Anerkanntseins wie auch der Anerkennung der Anderen.[111] Dabei spielt die Liebe eine Schlüsselrolle. Sie ist die „Quelle von Gemeinschaft"[112]. Die Christen bilden als ‚Gottes Volk' und seine ‚königliche Priesterschaft' (2, 4—10) lokal und global ein Netzwerk der Agape: Die als (von Gott) ‚Geliebte' angesprochenen Adressaten (2, 11; 4, 12) sind durch ihre Liebe zu Gott und untereinander herzlich verbunden (vgl. nur 1, 8, 22; 2, 17; 4, 8; 5, 14).[113]

Somatischer Ausdruck dieses Netzes der Liebe und Anerkennung ist – wie bereits bei Paulus – der ‚Kuss der Agape' (1 Petr 5, 14; vgl. Röm 16, 16; 1 Kor 16, 20; 2 Kor 13, 12; 1 Th 5, 26).[114] Die Nahbeziehungen in lokalen gemeindlichen Netzwerkstrukturen ermöglichen leibliche Verbundenheit. Die Kuss-Kommunikation ist unter den bei der gemeindlichen Briefverlesung anwesenden Personen interaktiv erlebbar. Dieses körpersprachliche Grußritual konkretisiert die agapegeleitete geschwisterliche Verbundenheit der Christinnen und Christen lokal, während die Grüße im Briefschluss Ausdruck der universalen Vernetzung sind (5, 12f.).[115] So dokumentiert der Briefschluss den wechselseitigen Bezug zwischen Kirche als lokalen und globalen Netzwerk.

Im Rahmen dieses Beitrags kann nur angedeutet werden, dass auch die synoptische und johanneische Darstellung der Jesus-Christus-Geschichte sowie die Apostelgeschichte als weitere Schwerpunkte für den geistlichen Netzwerkcharakter und die netzwerkförmige Organisationsstruktur des frühen Christentums anzusehen sind.[116] So kann die Jesusbewegung als „egozentriertes und sozial bestimmtes Netzwerk im mediterranen Raum des Altertums"[117] bestimmt werden. Wie bereits die Paulusbriefe belegen, ist dabei die Schlüsselbedeutung von

---

110 Vgl. Popp, 2010, 124—127, 222—224.

111 Vgl. dazu im Rekurs auf Heiner Keupps Konzept der fragmentarischen Identität Popp, 2010, 183—203; zur Theologie der Anerkennung im 1. Petrusbrief vgl. ders., 2010.

112 Bedford-Strohm, 1999, 191; zur konstitutiven Bedeutung der Liebe im NT vgl. v.a. a.a.O., 191f., 210—225, 269—278, 300—308; Zeindler, 2001, 256—258, 271; Söding, 2015, 97—371.

113 Zur Agapeterminologie im 1. Petrusbrief vgl. Popp, 2010, 153f., 179—183, 221f., 245, 367—369, 381f., 448—454, 501—505; Söding, 2015, 325—335; Pock, 2006, 147.

114 Vgl. dazu Popp, a.a.O., 448—454; zur Bedeutung des Kusses im frühen Christentum vgl. auch Illich, 2006, 111, 233, 242f.

115 Zum vernetzten Leben in 5, 12—14 vgl. Popp, a.a.O., 443—455.

116 Zur Jesusbewegung aus Netzwerkperspektive vgl. Eder, 2012, 138—140; Böckel, 2015, 20.

117 Duling, 2002, 150.

Frauen aufgrund ihrer intensiver wahrgenommenen sozialen Beziehungen nicht zu übersehen.[118]

Dass auch Männer über Netzwerkkompetenz verfügen, hat nicht nur der kurze Blick auf den herausragenden Netzwerker Paulus und den Autor des 1. Petrusbriefes gezeigt. Sie bewegen sich auch in diesem Kompetenzfeld in Christi ‚Fußstapfen' (1 Petr 2, 21). Er inkludierte Männer und Frauen zu einer geschwisterlichen Nachfolgegemeinschaft und lehrte dieses durch starke Beziehungen geprägte Netzwerk vor allem durch sein eigenes Vorbild, immer wieder über den Tellerrand der eigenen Gemeinschaft zu schauen – so erzählt es etwa meisterhaft Lukas. Das veranschaulicht ein netzwerkorientierter bibelwissenschaftlicher Blick auf die von dem Theologen der Beziehungen kunstvoll mit dem Kontext verwobene und intern sorgfältig vernetzte Parabel des barmherzigen Samariters (Lk 10, 30—35) als Paradigma für die Gestaltwerdung der Agape (10, 25—29, 36f.).[119]

Der Blick auf die erzählte Welt der Parabel bedeutet in der erlebten Welt der frühchristlichen Leserinnen und Leser, auch ihre Beziehungsnetzwerke offenzuhalten und grenzüberschreitend im Geist der Liebe zu handeln. Das in dieser wegweisenden Erzählung gespannte Netzwerk der hautnahen Hilfe umfasst den tief berührten Samariter, den verletzten Menschen und den Wirt. Den Samariter charakterisiert eine inklusorische Haltung: als Netzwerker der Liebe par excellence bezieht er den Helfer aus dem Profitbereich bewusst in das Pflegenetz ein. Das wird semantisch signalisiert, indem das Handeln des Samariters und des Wirtes im planvollen sprachlichen Netzwerk des Lukasevangeliums mit demselben Verb ‚pflegen' (10, 34f.) pointiert wird.[120] Der Wirt wird übrigens nicht nur in Illichs und Taylors Auslegung nicht gebührend wahrgenommen, auch in der neutestamentlichen Exegese und deren Rezeption in der Diakoniewissenschaft wird die Rechnung oft ohne den Wirt gemacht.[121] Dessen Bedeutung darf nicht ausgeblendet werden, auch wenn der Fokus nicht auf der helfenden Person oder

---

118 Vgl. Czachesz, 2011b, 146—149, 153; ders., 2011a, 266; zur Rolle der Frauen beim Aufstieg des Christentums vgl. auch Stark, 1997, 111—149; Reinbold, 2006, 82—87; zur Bedeutung von Frauen in der Jesusbewegung und den neutestamentlichen Gemeinden vgl. ferner Pock, 2006, 81—86, 94, 22—260.

119 Zur Auslegung von Lk 10, 30—35 unter besonderer Berücksichtigung des Wirtes vgl. Zimmermann, 2003, 44—58; Zimmermann, 2007, 538—554; zur angemessenen Beachtung des Wirtes vgl. auch Lehner, 2000, 410f.; Hofmann, 2010, 22f.; Hinzen, 2013, 382; Kötter, 2014, 126; zur mit Hilfe von Netzwerken erfolgenden Darstellung der internen Vernetzung von Lk 10, 25—37 vgl. Theis, 2005, 139—145; zu Lukas als Theologe der Beziehungen vgl. im Blick auf Lk 10, 25—42 Bovon, 1996, 82.

120 Vgl. Zimmermann, 2003, 48; Zimmermann, 2007, 539f.

121 Zur Unterbelichtung der Bedeutung des Wirtes vgl. exemplarisch die Auslegungen von Schottroff, 2005, 167—176; Söding, 2015, 129—144; Wolter, 2008, 395, sieht im Wirt wie im Räuber lediglich ‚Statisten'; zur Vernachlässigung der Herbergsszene in der exegetischen Diskussion und deren Aufnahme in Diakonie und Diakoniewissenschaft vgl. Zimmermann, 2003, 44f., 52, 57f.; Zimmermann, 2007, 551f.

der – in der hellenistisch-römischen Antike in schlechtem Ruf stehenden – Institution der gewerblichen Wirtsherberge liegt, sondern auf dem Wohl des Verletzten.[122] In dessen Dienst werden Unterstützung aufgrund persönlicher Anteilnahme und delegierende Übergabe gegen Bezahlung an eine vorliegende institutionelle Struktur vernetzt und so auch einer ‚Selbstausbeutung' des Helfenden vorgebeugt.[123] Im Liebesgebot ist die Nächstenliebe im Unterschied zur Forderung der völligen Hingabe an Gott in ihrem Maß durch das „wie dich selbst" begrenzt.[124] Das veranschaulicht in der Parabel das vom Samariter generierte Netzwerk der Nächstenliebe mit einer heilsamen Balance von Für-, Mit- und Selbstsorge. Es bedarf daher in den Spuren von Lk 10, 25—37 der Einbettung des individuellen Liebes-Ethos in soziale und institutionelle Sicherungssysteme.[125] So gesehen muss die in vielerlei Hinsicht inspirierende, allerdings die wissenschaftliche Exegese ausblendende Deutung der Samariterparabel durch Illich und Taylor dahingehend kritisiert werden, dass eine antiinstitutionelle Auslegung dem Textbefund nicht gerecht wird.[126] Diese Tendenz findet sich freilich nicht nur bei Illich und Taylor. Der Blick zurück auf den Zauber des Beginns christlicher Organisationsformen wird oft mit einer Kritik an der nachlassenden Attraktivität in der weiteren Geschichte der Kirche verbunden. Heinz K. Stahl beispielsweise beklagt, dass im Laufe dieser Erfolgsgeschichte, die mit Paulus ihren Anfang genommen hat, die Netzwerkstruktur weitgehend verloren ging.[127] Dagegen verweist Helmut Eder darauf, dass bei aller Institutionalisierung Orden, Klöster und geistliche Gemeinschaften in der Kirchengeschichte ein vielfältiges Netzwerk der universalen Kirche darstellten. [128]

Rückblickend lässt sich mit Avery Dulles ohne generelle antiinstitutionelle Tendenz konstatieren, dass das Kirchenmodell der Institution eine – in Relation zu Kirche als Netzwerk – vergleichsweise „meager basis in scripture and in early Church tradition"[129] hat. Ausblickend geht es in Geschichte und Gegenwart da-

---

122 Vgl. dazu Zimmermann, 2003, 48f, 52—54; Zimmermann, 2007, 539, 545f., 551—553.

123 Zu dieser diakonischen Auslegung vgl. Zimmermann, 2003, 56—58; Zimmermann, 2007, 552f.

124 Vgl. dazu im Anschluss an Theissen Bedford-Strohm, 1999, 276f.

125 Vgl. zur Notwendigkeit eines Netzes privater und öffentlicher Hilfseinrichtungen im Blick auf Lk 10 Zimmermann, 2007, 553; ders., 2003, 58; Fuchs, 2004, 280—282; Kötter, 2014, 126f.; zur Würdigung des Beitrags von Institutionen zur Verstetigung des Guten mit kritischem Blick auf Taylors Position vgl. auch Kühnlein, 2008, 444f.; Klevesath/Reese-Schäfer, 2011, 460—468.

126 Zu Illichs und Taylors Nichtberücksichtigung der wissenschaftlichen Exegese vgl. auch im Blick auf Lk 10, 25—37 Lehmann, 2011, 345; zu Taylors fehlendem, aber in der Philosophie notwendigen Einbezug hermeneutisch-kritischer Textexegese vgl. ferner Rentsch, 2010, 247.

127 Vgl. Stahl, 2005, 6.

128 Vgl. Eder, 2012, 147—158.

129 Dulles, 2002, 35; im Anschluss Callam, 2009, 7.

rum, die Frage nach den geeigneten Organisationsmodellen für die Kirche inhaltlich zu bestimmen. So würden uns die neutestamentlichen Autoren wohl raten:

> „Schafft euch die Organisationsform, die aus eurer Sicht am besten geeignet erscheint, in eurem kulturellen Umfeld das Evangelium zu verkünden und zu leben.“[130]

Netzwerke lassen sich jedoch kirchentheoretisch nicht nur unter formal-funktionalen Gesichtspunkten betrachten. Kirche und Diakonie sind aus soziologischer Sicht als soziale Netzwerke und aus theologischer Sicht als geistliche Netzwerke anzusehen.

4.2.3 Praktisch-theologischer Blick: Kirchentheorie und Diakoniewissenschaft

Kirchentheorie. Kirche wird in der empirisch-soziologischen Ekklesiologie weithin als Hybrid gesehen.[131] Zwei Gestalten sind gesetzt: Kirche als auf Kontinuität setzende Institution und am Wandel orientierte Organisation.[132] Dazu gesellt sich eine dritte Gestalt, die oft mit der Hoffnung auf Erneuerung einhergeht: Kirche als Gruppe, Gemeinschaft und Bewegung.[133] Damit ist Netzwerk nicht einfach zu identifizieren, da es auch interinstitutionelle und interorganisationale Netzwerke gibt und zudem Netzwerke auch eine bestimmte Sehweise persönlicher sozialer Interaktion sind. Es besteht allerdings eine große Affinität zwischen informellen Netzwerken und Gruppen/Gemeinschaften/ Bewegungen durch das Miteinander von starken und schwachen Beziehungen und die Kompatibilität mit Institutionen, sofern diese ihre autonome Verwaltungslogik zu Gunsten einer umweltoffenen Organisationslogik verlassen und sich auf Netzwerke einlassen.[134]

---

130 Dillmann, 2003, 65; vgl. auch Pock, 2006, 264—266.

131 Vgl. dazu Schlegel, 2012, 20—27; Böckel, 2015, 21—24.

132 Vgl. dazu Eder, 2012, 130—132, 137f.; Hauschildt/Pohl-Patalong, 2013, 157—215; Hauschildt, 2014, 169—178; Grethlein, 2012, 378—414; Böckel, 2014, 84—123, 644—651; Bartels, 2015, 408—425.

133 Vgl. Hauschildt, 2014, 170 Anm. 6; Hauschildt/Pohl-Patalong, 2013, 138—157, 216—219, 308; Bartels, 2015, 418—420; Schlegel, 2012, 23f.; Böckel, 2015, 23; ders., 2014, 97—103, 114—118, 121—123, 291—301, 666f., 681; Strack, 2008, 372—383; zu neuen geistlichen Bewegungen und Gruppen vgl. ferner aus Netzwerkperspektive Eder, 2012, 161—171.

134 Vgl. dazu Böckel, 2015, 21—24, 28f.; im Anschluss Schlegel, 2012, 23—27.

In diesem Zusammenhang wird in der Kirchentheorie – unisono mit dem fiktiven Rat der neutestamentlichen Autoren – eine konsequente Orientierung an der Perspektive der Kommunikation des Evangeliums gefordert.[135]

Die Netzwerkperspektive eignet sich nicht nur zur soziologischen Beschreibung der Kirche als Hybrid von Institution, Organisation und Gruppe/Gemeinschaft/Bewegung. Kirche lässt sich auch theologisch als Netzwerk mit Maschen, Knoten und schwachen Kanten betrachten:[136] Das Netzwerk der Glaubenden ist an jedem Knoten in die Höhe zu Gott aufgespannt (Höhe), die Ortsgemeinde gleicht eher einer Masche von Knoten mit starken Beziehungen, die wiederum über schwächere Beziehungen regional und universal mit anderen Kirchengemeinden und weiteren Ausdrucksformen von Kirche wie beispielsweise der Diakonie verflochten (Breite) und zugleich auf das säkulare Gegenüber bezogen ist (Tiefe). Dieser Raum ist mit der Zeit als vierter Dimension verknüpft: Zum kirchlichen Netzwerk gehören über latente Kanten auch Christinnen und Christen aus Vergangenheit und Zukunft. Kirche ist als dieses vierdimensionale Netzwerk eine Gemeinschaft des Geistes.[137] In der Kraft dieses Geistes der Liebe wirkt Gott allerdings nicht nur in neuen geistlichen Bewegungen und Gruppen, sondern auch in der Kirche als Institution und Organisation. Wird Kirche öffentlich und engagiert in der Zivilgesellschaft als Gemeinschaft aus kommunikativer Freiheit sichtbar, ist das theologisch als Wirken des Heiligen Geistes zu verstehen (vgl. 2 Kor 3, 17).[138]

Ein aufsehenerregendes Vorbild für eine leidenschaftliche Kirche als Netzwerk in der Mitte der Gesellschaft ist die Evangelische Lukas-Kirchengemeinde im Eder- und Elsofftal. Ihren verheißungsvollen Aufbruch reflektiert deren Pfarrer Ralf Kötter theologisch anspruchsvoll und verständlich als grundsätzlichen Impuls zur Erneuerung kirchengemeindlicher Arbeit der Gegenwart in dem Buch ‚Das Land ist hell und weit'. Der Kirchengeschichtler Kötter exponiert in Erinnerung an Johannes Bugenhagen (1458—1558) die Inkarnation als theologische Basis für sozialraumorientierte Kirchenentwicklung im volkskirchlichen

---

135 Zu dieser „Neuformatierung der Kirchentheorie" vgl. programmatisch Grethlein, 2012, 150; vgl. auch Hauschildt/Pohl-Patalong, 2013, 305: „Welche Formen sind geeignet, die Kommunikation des Evangeliums als zentrale Aufgabe der Kirche bestmöglich zu fördern und seine Relevanz für die Individuen und die Gesellschaft zu befördern?" Vgl. dazu kritisch Bartels, 2015, 415f.; zur Orientierung der Kirche als Netzwerkorganisation an der Kommunikation des Evangeliums vgl. ferner Nord, 2013, 436.

136 Vgl. dazu Schlegel, 2012, 20, 27—29, der zur Begründung dieser These auf die klassischen dogmatischen Entwürfe der lutherischen Orthodoxie (17. Jh.) und Schleiermachers (19. Jh.) rekurriert.

137 Vgl. dazu im Rekurs auf Schleiermacher Schlegel, 2012, 29; vgl. dazu auch resümierend Eder, 2012, 299: „Die Kirche ist von ihrem Anfang an eine geistgewirkte und durch den Geist sich entwickelnde Größe." Zur pneumatologischen Dimension von Kirche als Netzwerk vgl. ferner de Vries, 2012, 87f.

138 Vgl. dazu Bedford-Strohm, 1999, 453, 460; zur Profilbestimmung einer öffentlichen Kirche und einer öffentlichen Theologie vgl. nur Schlag, 2014, 179—188.

Kontext.[139] Gott selbst begeht in seiner Menschwerdung den Weg in neue, weite Räume. Als der Mensch gewordene Gott ist er „das Symbol des Aufbruchs. ‚Das Wort ward Fleisch und wohnte unter uns'"[140]. Gezielte Netzwerkarbeit ermöglicht etwa, alte Versäulungen zu überwinden und eine professionalisierte und institutionalisierte Diakonie wieder gemeindlich zu beheimaten.[141] Auf diese leiblich-konkrete Weise durchdringt die Menschwerdung Gottes bis heute im Geist unsere Welt.[142]

Ebenso ist der Geist in der medialen Kommunikation des Evangeliums in der digitalisierten Gesellschaft wirksam.[143] Kirchliche – und diakonische – Medien- und Öffentlichkeitsarbeit orientiert sich beispielsweise mit Blick auf Jer 29, 7 am Gemeinwohl, indem sie sich an gesellschaftlichen Diskursen beteiligt und zum öffentlichen Frieden beiträgt.[144] Auch Seelsorge befindet sich „auf dem Weg in die Netzwerkgesellschaft"[145]. Das ist nicht verwunderlich, kommunizieren doch in sozialen Netzwerken nicht Institutionen, sondern Personen miteinander.[146] Schon Paulus nutzte die modernsten Medien seiner Zeit zur Glaubenskommunikation und Seelsorge, indem er etwa Briefe schrieb und dabei auf die lebendig machende Wirkung des Geistes setzte (vgl. 2 Kor 3, 1—6). Deren Lektüre im gemeindlichen Kontext war freilich mit leiblicher Kommunikation verknüpft. Wie schon im Neuen Testament ist die Leiblichkeit bei aller virtuellen Verbundenheit durch Netzkommunikation auch im Kontext der Postmoderne von besonderer Bedeutung.[147] Der schöpfungstheologischen und inkarnatorischen Logik

---

139 Vgl. dazu nur Kötter, 2014, 26, 30—32, 36—97, 212—239; zu Kötters theologischem Ansatz vgl. Ruschke, 2015, 199f.; Giebel, 2015, 172f.; zur in die gleiche Richtung zielenden ‚Kommunalisierung' des Evangeliums vgl. Cornelius-Bundschuh, 2014, 240—252; zur zentralen Stellung der Inkarnation für Kirchen- und Gemeindeentwicklung mit Berücksichtigung der Netzwerkperspektive vgl. auch Schlegel, 2012, 19—39; zur gemeinwesenorientierten Ausrichtung von Kirchengemeinden als Kontaktnetzwerken vgl. auch Horstmann/Park, 2014; zur kirchlichen Gemeinwesenorientierung vgl. ferner Hörsch, 2015, 26—31.

140 Kötter, 2014, 41 (mit Bezug auf Joh 1, 14).

141 Vgl. a.a.O., 127; zur Vernetzung im sozialdiakonischen Bereich vgl. auch a.a.O., 23f., 148, 160-163, 175, 206—208.

142 Vgl. a.a.O., 212, 228f.

143 Zur Kommunikation des Evangeliums in der digitalisierten Gesellschaft unter Einbeziehung der Netzwerkperspektive vgl. nur Nord, 2014, 409—415; Faix, 2014, 448; Grethlein, 2015, 598—611; ders., 2012, 447, 569; de Vries, 2012, 89—91; Kleine, 2012, 263—267; Lünenbürger-Reidenbach/Reimann/Ebel , 2013, 105—109; Haberer, 2015; Merle, 2019; Kirchenamt, 2015.

144 Vgl. dazu Haberer, 2015, 27f.; dies., 2014, 512; zu Jer 29, 7 s. 2.2.1.

145 So der Titel des Aufsatzes von Schulz, 2012, 341—358.

146 Vgl. dazu mit Bezug auf das Neue Testament Lünenbürger-Reidenbach/Reimann/Ebel, 2013, 105.

147 Vgl. dazu mit Blick auf die Gemeinde als Netzwerk Zimmermann, 2009, 155f.; Sigrist, 2014, 331—333; zur Notwendigkeit von medialer Kommunikation und Kommunikation unter Anwesenden vgl. ferner Weyel, 2013, 163—165.

zufolge zielt das panentheistische Wirken des Geistes auf Gestaltwerdung.[148] In der Kraft dieses Geistes geschieht gemeindlich und gesellschaftlich die Diakonie.[149] Entsprechend ist dieser trinitarisch geprägte Blick fürs Ganze auch ein Kennzeichen des Netzwerkdiskurses in der polyhybriden Diakoniewissenschaft.

Diakoniewissenschaft. Beispielhaft für die Netzwerkperspektive im diakoniewissenschaftlichen Diskurs verortet Michael Bartels Diakonie zwischen Verkirchlichung und Verweltlichung des Christentums, indem er sie in das entgrenzende Leitbild eines hybriden kirchlich-kulturchristlichen Feldes einzeichnet. Im Kontext von Staat, Markt und Zivilgesellschaft kooperiert und konkurriert Kirche beispielsweise mit Parteien, Non-Profit-Organisationen, Verbänden der Freien Wohlfahrtspflege und Unternehmen.[150] In diesem weiten Beziehungsgeflecht sind weder kulturchristliche Vereinnahmung noch kirchliche Abgrenzung angesagt, sondern Dialog und besonders für die Diakonie die hybridlogisch orientierte Gestaltung des kulturchristlichen Feldes außerhalb der Organisation der verfassten Kirchen und der bisherigen Diakonie.[151] Dabei erfolgt die Hybridisierung des kirchlichen und kulturchristlichen Christentums in der Form einer Netzwerkstruktur.[152]

Dieser Ansatz knüpft an die bereits vorliegende Konzeption von Kirche als Netzwerkorganisation an.[153] Der inklusive Dual von kirchlichem und kulturellem Christentum ist das grundlegende Ordnungsprinzip des entstehenden Netzwerks, das diakonischen Unternehmen ermöglicht, gezielt grenzerweiternde schwache Bindungen zu ihrem Lebensumfeld herzustellen.[154] Für die Dynamik und Vergewisserung dieses Netzwerks nimmt Diakonie v. a. die drei Rollen Konstrukteur*in/Impulsgeber*in, Moderator*in/Kommunikator*in und Akteur*in/Kooperationspartner*in wahr.[155] Dabei gilt es, u. a. die in der bisherigen Organisationslogik begründeten Spannungsfelder ‚diakonisch – nichtdiakonisch‘ und ‚evangelisch – katholisch‘ zu entschärfen.[156]

Eine wesentliche Vorstellung dafür ist die wiederzugewinnende diakonische Konvivenz der Kirche.[157] Dieser Gedanke wird durch die vorherige Einspielung des Konvivenzgedankens im Anschluss an den Diakoniewissenschaftler Hanns-

---

148 Zur Präsenz des Schöpfers kraft des Geistes in der Schöpfung im Rahmen eines trinitarisch zu denkenden Panentheismus vgl. Moltmann, 1993, 109, 114f., 165f., 219f.

149 Zur in der Gemeinde Christi wurzelnden Diakonie vgl. Moltmann, 1989, 32—38 (s. 2.2.2); zum pneumatischen Charakter der Diakonie und ihrer Vernetzung mit der Zivilgesellschaft in der Perspektive ‚öffentlicher Theologie‘ vgl. Bedford-Strohm, 2008, 25, 29f.

150 Vgl. Bartels, 2015, 577—579.

151 Vgl. a.a.O., 579—588, 632f.

152 Vgl. a.a.O., 578—624; vgl. auch a.a.O., 46f., 397f., 424f.

153 Vgl. a.a.O., 594—602 (s. 2.1).

154 Vgl. a.a.O., 602—608, 638—640.

155 Vgl. a.a.O., 608—617.

156 Vgl. a.a.O., 617—623.

157 Vgl. a.a.O., 618.

Stephan Haas und den Religions- und Missionswissenschaftler Theo Sundermeier vorbereitet.[158] Haas zufolge lässt sich diakonische Konvivenz bereits aus dem Neuen Testament ableiten.[159] Sundermeier betont, dass sich Konvivenz nicht nur auf den binnenkirchlichen Raum begrenzt, sondern auch die darüber hinausgehenden Lebensbezüge von Menschen berücksichtigt.[160] Die vielfältigen Konsequenzen aus dem Leitbild eines kirchlich-kulturchristlichen Netzwerks rezipiert Bartels im Resümee seiner umfassenden Untersuchung.[161] Sein Rückblick im Rekurs auf ästhetisches Denken lautet:

> „Inhalt dieser Arbeit war es, eine diakonische Ästhetik (und damit in gewisser Weise auch des Christentums) auffindbar zu machen, die nicht (mehr) der Logik der Be-grenzung durch Profilierung, Identitätspostulate und Verkirchlichung folgt, sondern den entgrenzenden bzw. entstigmatisierenden Charakter eines universellen Designs trägt und damit der universalen Weite des Evangeliums (Verweltlichung des Christentums als Universalorientierung) gerecht wird."[162]

Der Netzwerkgedanke und die kulturell umfassend eingebettete Kommunikation des Evangeliums gehören demzufolge genuin zusammen. Entsprechend ereignet sich auch aus konvivialer Sicht die Inkulturation des Evangeliums im interkulturellen Prozess des wertschätzenden wechselseitigen Wahrnehmens, wozu die Offenheit für neue Lernerfahrungen zählt. Eine so verstandene Kommunikation des Evangeliums orientiert sich an der Inkarnation und lässt sich mit Sundermeier durch den paulinisch geprägten Begriff der Kenosis (Entäußerung) qualifizieren.[163] Das Wort geht in einem kenotischen Vorgang in die Kulturen ein. Dabei werden die Kirchen - wie auch die Diakonie - in der Kraft des Geistes „auf neue theologische Pfade geführt und entdecken neue Gestalten des Glaubens, neue Formen der Spiritualität und neue Gestaltungen des Zusammenlebens".[164]

Im Anschluss an Sundermeier hat bereits Günter Breitenbach die Vorstellung der diakonischen Konvivenz in die Praktische Theologie eingeführt. Mit dieser biblisch inspirierten Vorstellung kongruiert das sozialökologische Leitbild des Lebensraumes als (künftige) Sozialgestalt des christlichen Glaubens.[165]

---

158 Vgl. a.a.O., 70f. (Haas), 572 (Sundermeier).

159 Vgl. Haas, 2004, 13—36; vgl. dazu auch im Blick auf den 1. Petrusbrief Popp, 2010, 301—374, 504f.

160 Vgl. Sundermeier, 1999, 22f.; zu Sundermeiers Konvivenzkonzept der Hilfs-, Lern- und Festgemeinschaft vgl. auch Popp, 2010, 6f., 17—25; Zimmermann, 2009, 478; Glitzenhirn, 2011, 233—236; Park, 2014, 75f.; Faix, 2014, 444.

161 Vgl. Bartels, 2015, 624—643 (v.a. 626—630, 637—640).

162 Bartels, 2015, 643.

163 Vgl. Sundermeier, 1992, 194—197; vgl. dazu Popp, 2010, 20f.

164 Sundermeier, a.a.O., 196; zur geisttheologischen Signatur der Inkulturation vgl. auch ders., 2005, 242—247.

165 Zu diesem Leitbild vgl. bereits 1996 Abel, 1996, 116; zur Netzwerkvorstellung bzw. zum vernetzten Denken vgl. a.a.O., 121f., 125, 128.

Durch Diakonie werden auch Arme Schutz und Heimat in diesen neuen Lebensräumen finden.[166] Entsprechend wird in der gegenwärtigen Diakoniewissenschaft Gemeinwesendiakonie als Realisierung von Konvivenz angesehen.[167] Sozialraumorientierte Diakonie hat konviviale Kontur.[168] Im Rückblick etwa auf die diakonisch zentrale Geschichte vom barmherzigen Samariter ist ein Sozialraum als der Raum zu beschreiben, „in dem so viel Nähe da ist bzw. entsteht, dass ein Mensch einem anderen Menschen zum Nächsten werden kann"[169]. Wie paradigmatisch die Parabel vom barmherzigen Samariter vor Augen geführt hat, kann diakonischer Dienst nicht institutionell oder organisational delegiert werden, sondern verwirklicht sich im Zusammenspiel eines Netzwerks von individuellen und kollektiven Akteuren, die sich am Wohl des Menschen orientieren.[170] Dabei gilt es, inklusive Netzwerke zu gestalten.[171] Aus konvivial-partizipativer Perspektive ist es wesentlich, im Bewusstsein des *Mit-Seins Gottes mit* den Menschen im Sinne einer Caring Community zusammenzuwirken.

Ein überzeugendes Beispiel für eine netzwerklogisch-polyhybride Diakonie als aktive Mitgestalterin des Sozialraumes auf Stadtteilebene stellt der Diakonieverein Freiburg-Südwest e.V. dar. In diesem Praxiskontext verortet die Geschäftsführerin Stefanie Rausch aus Sicht einer Gemeindediakonin ihre 2015 publizierte Studie ‚Gemeinwesendiakonie als strategische Orientierung kirchlicher Träger'.[172] Dabei berücksichtigt sie auch Erkenntnisse der sozial- und gemeindepsychologischen Netzwerkforschung und korreliert sie etwa mit biblischen Einsichten, um Gerechtigkeit als Frage der Gemeinschaft zu erweisen.[173]

---

166 Vgl. a.a.O., 132—134.

167 Vgl. Glitzenhirn, 2011, 227—242 (vgl. dazu Giebel, 2015, 173); vgl. auch Lutherischer Weltbund, o. J.; zum Konzept der Konvivenz in gemeinwesendiakonischer Perspektive vgl. ferner Park, 2014, 75f.

168 Vgl. Glitzenhirn, 2011, 236—239; zu gemeinwesendiakonischer Arbeit als Diakonie im mehrdimensionalen sozialen Raum des Gemeinwesens vgl. auch Zippert, 2012, 95—119; ders., 2013, 182—208. Zippert orientiert sich dabei an dem als Mehrebenenansatz konzipierten „SONI"-Schema von Budde, Cyprian und Früchtel: Sozialstruktur/Organisation/Netzwerk/Individuum (incl. Netzwerk des Einzelnen).

169 . Zippert, 2012, 118; vgl. dazu auch Eurich, 2014, 267: „Denn Sozialräume bedingen ein komplexes Netzwerk an Beziehungen, in denen gegenseitige Achtsamkeit und die Sorge um den Anderen grundlegende Haltungen sind, die Ausdruck finden in der diakonischen Zuwendung zum Nächsten."

170 Vgl. dazu Eder, 2012, 272—283, 297—299; vgl. auch Lames, 2015, 358, wonach es sich vom Netzwerkansatz gedacht um „eine Variante eines organisationalen Netzwerks" handelt.

171 Vgl. dazu Liedke, 2014, 303—307.

172 Vgl. dazu Zippert, 2015, 719f.

173 Vgl. Rausch, 2015, 64—69; zur Netzwerkperspektive vgl. auch a.a.O., 101, 109f., 119f.

4.3 *Rück- und Ausblick: Abenteuer Netzwerk*

Zunächst wird der blitzlichtartige Blick auf den Netzwerkdiskurs in der Theologie gebündelt und abschließend mit einem Ausblick versehen.

4.3.1 Rückblick

Aus interdisziplinärer Sicht ist die Relationale Soziologie und mit ihr die Netzwerkforschung durch die Konzentration auf durch interpersonelle Interaktionen konstituierte Beziehungsmuster und Strukturen in hervorgehobener Weise für eine protestantisch geprägte theologische Ekklesiologie anschlussfähig, wonach Kirche „von Menschen in Beziehungen und an vielfältigen Orten gelebt und gestaltet wird“[174]. Der Beziehungscharakter ist auch für Taylors im Anschluss an Illich konzipiertes Kirchenverständnis als Netzwerk grenzüberschreitender Agape-Beziehungen in den Spuren der Geschichte des barmherzigen Samariters wesentlich. Der Ilich-Exeget warnt eindringlich vor einer Entgeisterung durch eine Institutionalisierung gemeinschaftskonstituierender Beziehungen. Dieser Impuls tangiert alle theologische Disziplinen, wie der forschungsgeschichtliche Blick belegt hat.

Das Alte Testament schärft von Anfang an den Blick, dass der Mensch Beziehung ist. Gott steht zu ihm in einer anerkennend-bejahenden Relation, stellt ihn in den Raum eines Netzwerks mit anderen Menschen sowie der Mitwelt und spannt ein sich aus der Nächsten- und Fremdenliebe speisendes Netz der Hilfe.

Das Neue Testament nimmt diese Tradition ausdrücklich auf. Exemplarische Einblicke in die Briefliteratur haben gezeigt, dass die frühen Christinnen und Christen als Familie Gottes bzw. Gemeinschaft der Freunde Jesu nicht zu einer einfältigen geschlossenen Gesellschaft von Glaubenden degenerierten. Vielmehr waren sie in der Kraft des Geistes durch ihre missionarisch-diakonische Mitweltoffenheit und ihre grenzüberschreitende Kontaktfreudigkeit für Außenstehende eine vielfältige offene Gemeinschaft und generierten netzwerkartige Zugänge.[175] Das korrespondiert mit der Theorie aus der Soziologie, dass sich neue religiöse Bewegungen über familien- und freundschaftsgestützte Netzwerke ausbreiten.[176] Im neutestamentlichen Rückblick auf den Zauber des Netzwerkanfangs des Christentums kommt wie bei Illich und Taylor zumindest zwischen den

---

174 Weyel/Hermelink/Grubauer, 2015, 436; vgl. auch Böckel, 2014, 682.

175 Vgl. auch bündelnd Stark, 1997, 133. Mit Zimmermann, 2009, 157, hoffe ich, „dass Vergleichbares später einmal in einer ‚Kirchengeschichte der Postmoderne‘ stehen wird.“ Zur attraktiven Offenheit der frühen christlichen Gemeinden für Nichtchristinnen und Nichtchristen vgl. ferner rückblickend Ebel, 2004, 215f.

176 Vgl. dazu im Anschluss an Stark Duling, 2002, 154.

Zeilen wiederholt eine Kritik an der gegenwärtigen institutionellen Gestalt der Kirche zu Gehör:

> „Kirche lebt weniger durch institutionelle Repräsentanz, doktrinäre oder ethische Homogenität oder die Stimme im öffentlichen Diskurs, sondern v.a. durch ihr Netzwerk an sozialen Kontakten und damit durch den Einsatz und das Charisma aller ihrer Zugehörigen."[177]

Ich stimme zu, dass Kirche weniger durch doktrinäre oder ethische Homogenität lebt, halte jedoch mit dem Blick auf den praktisch-theologischen Netzwerkdiskurs institutionelle Repräsentanz, eine öffentliche Theologie mit verständlicher Stimme im gesellschaftlichen Diskurs und Kirche/Diakonie als kommunikatives und charismenorientiertes Netzwerk nicht für konträr, sondern für komplementär. Kirche und Diakonie bewegen sich zwischen Individuum, Gruppe, Organisation und Institution im sozialen Nah- und Großraum in der Spannungspolarität von Charisma und Amt.[178] Das hat bereits die Exegese der Parabel vom barmherzigen Samariter und dem Wirt nahegelegt.

Wenn die evangelische Kirche theologisch und organisatorisch als Netzwerk angesehen wird, dann wird nicht einer direkten biblizistischen Fortschreibung von im Neuen Testament vorfindlichen Formen und Strukturen das Wort geredet, sondern die Verbindlichkeit der biblischen Grundlagen darin gesehen, die erkannten Kriterien und Motive in späteren geschichtlichen Situationen sachgemäß zur Geltung zu bringen.[179]

4.3.2 Ausblick

Trotz der multiperspektivischen Anlage dieses Beitrags sind bei weitem noch nicht alle Aspekte der Netzperspektive in der Theologie in den Blick gekommen, und die anvisierten Aspekte konnten nur angedeutet werden. So lässt sich beispielhaft auch das Zusammenspiel von Ehren-, Neben- und Hauptamt in Kirche und Diakonie aus der soziologischen und theologischen Netzwerkperspektive zukunftsweisend betrachten.[180] Für das Abenteuer Netzwerk bedarf es Men-

---

177 Frey, 2014, 40; vgl. auch ders., 2010, 110—112.

178 Treffend bilanziert Strack, 2008, 383: „Die Selbstverständnisse von Kirche als Bewegung, Institution und Organisation verweisen aufeinander. Es ist geradezu dieser Verweischarakter, der die Lebendigkeit der Kirche ausmacht." Vgl. dazu auch Neumann, 2012, 131; zur Spannungspolarität von Charisma und Amt vgl. Eder, 2012, 212—219.

179 Vgl. Frey, 2014, 31f.; ders., 2010, 86f.; vgl. dazu auch aus katholischer Perspektive Pock, 2006, 67—71, 264—266.

180 Vgl. dazu nur Kötter, 2014, 181—196; Lohmann, 2015, 505, 512—519; zum freiwilligen diakonischen Engagement in öffentlicher Perspektive vgl. exemplarisch Schlag, 2012, 376—394.

schen, die als Netzwerker und Brückenbauer agieren, und Institutionen und Organisationen, die Netzwerkerstellen einrichten.[181] Dabei stellt aktuell der Kontaktaufbau zur Migranten-Community eine besondere Herausforderung des Netzwerkens dar.[182]

Entsprechend ist Netzwerkkompetenz in der kirchlichen und diakonischen Aus- und Weiterbildung im Konnex mit der korrelierten Hochschulbildung konsequent zu fördern.[183] Dazu bedarf es weiterer Theoriebildung. Wie der forschungsgeschichtliche Blick gezeigt hat, ist eine umfassende ekklesiologische oder kybernetische sowie bibelwissenschaftliche Aufarbeitung zum Netzwerkbegriff ein Desiderat. Netzwerkanalysen befinden sich als Erhebungsinstrumente für eine empirisch basierte Praktische Theologie noch im Anfangsstadium.[184] Auch sozialraumorientierte inklusive Kirchen- und Diakonieentwicklung aus soziologischer und theologischer Netzwerkperspektive ist ein lohnendes Forschungsfeld.[185] Mit dem theoretisch geschärften Blick für die Kunst der Konvivenz tragen Forschung und Lehre damit dazu bei, dass das ‚Abenteuer des Zusammenlebens'[186] glückt.

Für die bereits von Illich geforderte konviviale Erneuerung unserer Gesellschaft brauchen Kirche und Diakonie als sozialraumorientierte Akteure Netzwerk-Spirit.[187] Ein neues sozio-theologisches Leitbild dafür könnte die „Bürgerinitiative des Heiligen Geistes"[188] sein. Wie der biblisch- und praktisch-theologische Blick gelehrt hat, ist der Geist Gottes als der „Go-between God"[189] die brückenbauende kommunikative Kraft des Netzwerkens, die auch heute das Evangelium konkret erlebbar macht. Im Unterschied zur Organisationslogik lautet die netzwerklogische Schlüsselfrage nicht: „Was unterscheidet uns?", sondern: „Was verbindet uns?" Die kybernetische Kunst besteht darin, beide Logiken hybridartig zu vernetzen. Die Schönheit dieses entgrenzenden Sowohl-als-Auch führt neutestamentlich das paulinische Bild der Gemeinde als Leib mit vielen Gliedern vor Augen (1 Kor 12, 12—26).[190] Entsprechend könnte das konviviale

---

181 Vgl. dazu nur Kötter, 2014, 22, 182, 194; Neumann, 2012, 128; Bromkamp, 2010, 116—123.

182 Vgl. dazu nur Heinemann, 2016, 79f.

183 Zur Netzwerk- bzw. Vernetzungs-Kompetenz vgl. nur Nauer, 2014, 307f.

184 Vgl. dazu Weyel, 2013, 158, 168f.

185 Vgl. nur Liedke, 2014, 306f.

186 So der Titel von Tzvetan Todorovs wegweisender anthropologischer Arbeit; vgl. dazu Popp, 2010, 29—33.

187 Zur konvivialen Erneuerung vgl. Illich, 2014, 27—74.

188 Höhn, 2012, 65.

189 Zu dieser pointierten Beschreibung des Geistes vgl. John V. Taylors Arbeit, 1974, ‚The Go-Between God. The Holy Spirit and the Christian Mission'; im Anschluss Sundermeier, 1999, 17f.; ders., 2005, 246f.

190 Bartels, 2015, 549, sieht im Sowohl-als-Auch die „Handlungs- und Entscheidungslogik der reflexiven Moderne".

Miteinander der Verschiedenen als Leitvorstellung auch auf Kirche und Diakonie im Sozialraum transferiert werden. So gesehen eröffnet die Netzwerkperspektive aus theologischem Blickwinkel schöne Aussichten.

Kapitel III Angebote evangelischer Gemeinden unter einer empirischen Netzwerkperspektive

Das folgende Kapitel beinhaltet die wesentlichen empirischen Ergebnisse unserer Analysen in den elf evangelischen Gemeinden. Die Grundlage bilden die über 120 Interviews und die Befragung von 1500 Gemeindemitgliedern.[191]
Am Anfang steht die Klärung einer naheliegenden These. Liegt der Rückgang in der Nutzung der Angebote möglicherweise darin begründet, dass zu viele Mitglieder mit den Angeboten nicht zufrieden sind, bzw. sich ganz andere Angebote wünschen? Zu dieser Frage werden im zweiten Abschnitt zusätzlich die Kernangebote „Gottesdienste und Kasualien" näher betrachtet. Es geht darum, wer diese Angebote nutzt und welche Bedeutung diese Nutzung für seinen/ihren Glauben und religiösen Alltag hat.

Eine besondere Rolle nehmen für die evangelische Gemeindearbeit freiwillig Engagierte ein. Sie sind eine wesentliche und tragende Säule einer demokratisch verfassten Gemeindearbeit. Ihr Engagement und ihre Perspektiven auf die Kirche werden ebenso analysiert, wie auch, wie sich diese Gruppe heute zusammensetzt. Zentral ist wie in allen Kapiteln, die Frage, was die Ergebnisse für die Zukunft der Gemeindearbeit bedeuten? Was müsste getan werden, um die evangelische Kirche mit Blick auf die das Engagement der freiwillig Engagierten bzw. Ehrenamtlichen zukunftsfähiger zu machen?

Spielt die Netzwerkperspektive bis dato eine begleitende Rolle, so rückt sie in den folgenden zwei Abschnitten in den Mittelpunkt. Ihre besondere Relevanz wird anhand von drei Aspekten diskutiert:

- der Rolle der Netzwerke für die Gewinnung von Engagierten.
- der Bedeutung der Netzwerke für das Gemeinschaftserleben und die Bindung von Mitgliedern.
- der Stellung des Evangelischen im Gesamtnetzwerk der Mitglieder.

Im Abschnitt 5 steht mit dem Chor einerseits ein klassisches Angebot im Mittelpunkt. Andererseits wird die These konkretisiert, dass gerade Chöre ein Musterfall eines netzförmigen Angebots sind, an dem die zukunftsweisende Bindungskraft von Netzwerkkontakten gezeigt werden kann. In eine ähnliche Richtung geht Abschnitt 6. Er befasst sich mit der Rolle und Bedeutung von Infrastrukturangeboten wie den Kindertageseinrichtungen.

---

191 Wenn es keine anderen Angaben gibt, beträgt die Befragtengruppe bei den Engagierten N=495 und bei den Gemeindemitgliedern N=1002.

Die beiden abschließenden Abschnitte behandeln zwei Spezialdiskurse. Abschnitt 7 thematisiert die Probleme im Verhältnis von Innen- und Außengemeinden und letzte Abschnitt geht auf die Gruppe bzw. das Netzwerk der Evangelischen mit Migrationshintergrund ein.

1 „Daran liegt es nicht" – zur Zufriedenheit mit der Gemeindearbeit

> „Ich finde eben auch, die Angebote unserer Gemeinde spiegeln die Vielfalt von Glaubensmöglichkeiten und wir haben auch sehr engagierte Pfarrer/innen. Ich würde vielleicht den geistlich-seelsorgerlichen Teil etwas vertiefen und mehr Menschen daran binden. Aber meine Frau und ich sind hier sehr zufrieden."

Dieses Zitat stammt von Herrn Meiser (51). Er ist mit seiner Frau vor neun Jahren in die Gemeinde gezogen und hat sich gut eingelebt. Mitverantwortlich ist aus seiner Sicht dafür die evangelische Gemeindearbeit vor Ort. Ihre spirituellen Angebote (Gottesdienst, Gebetskreise), aber auch die geselligen Veranstaltungen gefallen ihm gut. Sie haben ihm und seiner Frau geholfen Kontakte zu knüpfen und sie haben ihm eine spirituelle Heimat gegeben.

Auch Frau Hellfried (43) findet auf die Frage, ob sie bezogen auf die Gemeindearbeit vor Ort Verbesserungsvorschläge hat, wenige Beispiele. „Die Gemeinde könnte sich mehr um die Schwächeren kümmern, aber eigentlich habe ich keine Kritik." Allerdings ist Frau Hellfried zurzeit nur wenig aktiv. So ist ihr Sohn Lukas seit Kurzem in der Konfirmationsgruppe, sie selbst jedoch hat schon längere Zeit kein Angebot der Gemeinde mehr in Anspruch genommen. Zu wenig Zeit, aber auch ein bisschen mehr Distanz zur Kirche als noch in ihrer Kindheit und Jugend, sagt sie fast ein wenig entschuldigend. Allerdings lese sie noch regelmäßig die monatliche Kirchenzeitung. Im Engagement aktiv aber ist sie zurzeit als ehramtliche Lesepatin und als Schülerpatin in einer nichtkirchlichen Organisation.

Herr Phillip (40) ist dagegen mit der Gemeinde, wie auch der Kirche unzufrieden. Er sagt: „Die Gesellschaft entwickelt sich weiter. Kirche und Religion scheinen still zu stehen bzw. Jahrzehnte hinterher zu hinken". Auf seine Gemeinde bezogen kritisiert er, dass die Angebote moderner sein müssten. Auch fehlt ihm oft der Bezug zu aktuellen Themen. Insgesamt wünscht er sich, dass die Gemeinde in ihren Angeboten nicht so festgefahren, so spirituell streng und so wenig flexibel sei.

Frau Hellfried und Herr Meiser stehen mit ihrer Meinung für die überwiegende Mehrheit der schriftlich Befragten in den elf untersuchten Gemeinden. In diesen **sind mehr als Zwei Drittel vollkommen bzw. überwiegend zufrieden.** In einzelnen Kirchengemeinden liegt dieser Wert auch deutlich höher. Teilweise zufrieden sind zwischen 20 und 30% der Befragten. Eher nicht bzw. überhaupt nicht zufrieden sind in fast allen Gemeinden unter 10% der Befragten. Der weit überwiegende Teil der Befragten hat demnach relativ wenig an den Angeboten ihrer Kirchgemeinden auszusetzen. Die naheliegende Annahme, dass sich ein Teil des zurückgehenden Interesses an kirchlichen Angeboten einer Unzufriedenheit mit diesen verdankt, bestätigt sich so nicht.

Sind die Engagierten zufriedener als die einfachen Mitglieder? Nun könnte man annehmen, dass sich diese Zahlen ändern, wenn man zwischen den Engagierten und den „einfachen" Mitglieder einer Kirchengemeinde unterscheidet. Wie wir an anderen Stellen zeigen, finden wir zwischen diesen Gruppen hinsichtlich der Bindung an die Kirchengemeinden deutliche Unterschiede, nicht jedoch bei der Zufriedenheit mit den Angeboten. Die folgende Abbildung stellt die Ergebnisse, die sich aus den Antworten von 1055 Personen ergeben, dar.[192]

- In beiden Gruppen geben jeweils zwei Drittel der Befragten an, vollkommen bzw. überwiegend zufrieden zu sein.
- Ein Fünftel der Kirchenmitglieder und ein Viertel der Engagierten zeigen sich teilweise zufrieden.
- Jeweils nur um die 7% sind mit den Angeboten ihrer Kirchengemeinden weniger oder nicht zufrieden.

Diese Ergebnisse zeigen, dass die Zufriedenheit mit den Angeboten der Kirchengemeinden nicht systematisch zwischen Kirchenmitgliedern und Engagierten variiert.

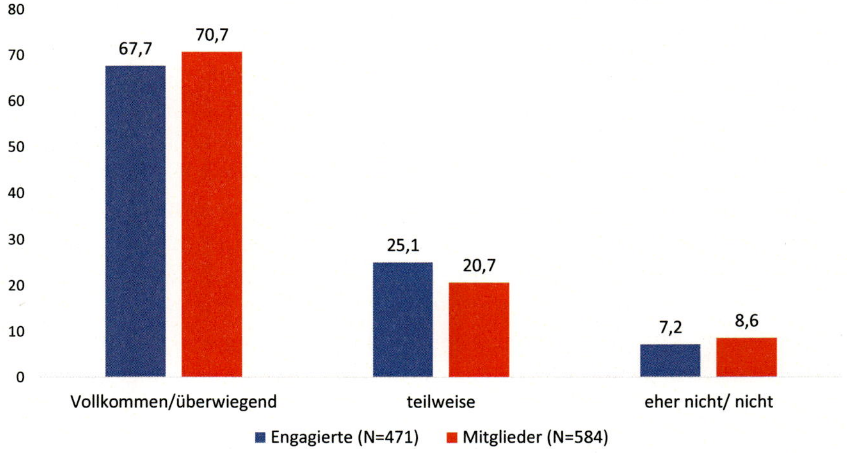

Abbildung 5: Vergleich der Zufriedenheit mit den Angeboten der Gemeinde – Vergleich zwischen Kirchenmitgliedern und Engagierten

192 Von den 1002 befragten Mitgliedern haben 584 diese Frage beantwortet. Es handelt sich um jene Gruppe, die in dem Befragungsjahr die Angebote ihrer Kirchengemeinde nutzt. Hinzu kommen 471 Engagierte, die auf diese Frage geantwortet haben.

Wie lassen sich diese Zufriedensheitswerte im Vergleich bewerten? Vergleicht man diese Zufriedenheitswerte mit anderen Befragungen, in denen Non-Profit-Dienstleitungen untersucht wurden, zeigt sich, dass eine solche positive (rechtsschiefe) Verteilung nicht ungewöhnlich ist. Das Ergebnis kann deshalb weder als Nachweis einer besonders herausragenden ‚Leistung' in der kirchlichen Gemeindearbeit gewertet werden, noch spricht es dafür, dass evangelische Angebote schlechter bewertet würden.

Unterschiede zwischen Kernland und Diaspora, Großstadt und ländlichen Regionen? Betrachten wir die regionale Verteilung, sehen wir zwar Unterschiede, die sich aber weder in einem signifikanten Unterschied zwischen Kernland und Diaspora, noch einer einfachen Differenz zwischen eher ländlichen und eher städtischen Gebieten begründen lassen. So ähneln die Werte der städtisch geprägten Diaspora Ingolstadt denen der ländlich geprägten Orte Höchstädt und Thierstein. Und es gibt keine Hinweise, dass sich der besonders hohe Zufriedenheitswert in Waldershof und Neusorg ihrem Status als ländlich geprägte Diasporagemeinden verdankt. Die qualitativen Interviews in diesen beiden Gemeinden legen vor allem nahe, dass zur hohen Zufriedenheit mit den Angeboten der Kirchengemeinde neben deren Qualität die erkennbar hohe Beteiligungsorientierung der Pfarrer*innen (sowohl bei der Entwicklung als auch bei der Durchführung der Angebote) beiträgt.

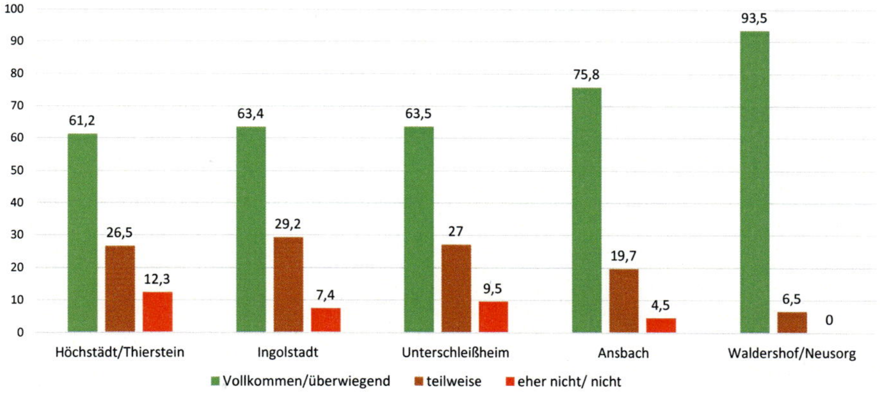

Abbildung 6: Zufriedenheit mit den Angeboten der Gemeinde aus Sicht der Engagierten – Vergleich nach Kirchengemeinden

Wer ist zufriedener: Die „Alten oder die Jungen"? Ein Vergleich der Altersgruppen zeigt Unterschiede, die zwar auf die einfache Formel gebracht werden können: Je älter desto zufriedener. Allerdings ist auch bei den jüngeren Gemeindemitgliedern keineswegs eine Mehrheit unzufrieden. Allerdings sehen wir bei den jüngeren Gemeindemitgliedern, dass neben der Zufriedenheit auch die Grundfrage des Interesses/Nicht-Interesses Einfluss nimmt. Die Zufriedenheitsfrage nach Alter und Interesse zeigt folgende Verteilung:

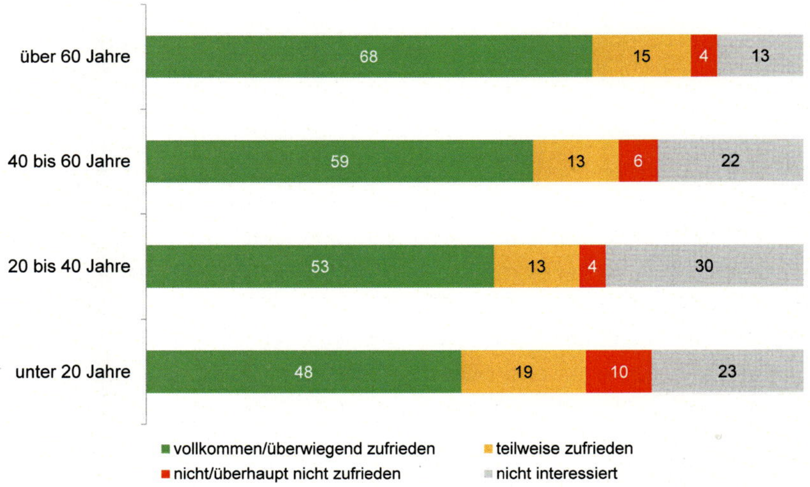

Abbildung 7: Zufriedenheit der Engagierten mit den Angeboten der Gemeinde – Vergleich nach Altersgruppen

Bei den unter 40-Jährigen spielt die mit dem Alter umgekehrt zunehmende Distanz zur Kirche eine wichtige Rolle. Bei fast jedem dritten bzw. vierten engagierten Gemeindemitglied, das sich an der Befragung beteiligt hat, steht das fehlende Interesse an gemeindlichen Angeboten im Vordergrund.

Anregungen und Kritik. Um diese zu erfahren, wurden die engagierten Gemeindemitglieder gefragt ‚Welche Angebote fehlen?' bzw. ‚Was sollte verändert werden´. Geantwortet haben hier vor allem jene, die nicht vollkommen zufrieden waren, aber teilweise auch Personen, die mit ihrer Gemeinde sehr zufrieden sind, aber noch Weiterentwicklungspotenzial sehen. Typische Antworten sind

- Es könnte mehr für die Jugend und deren Interessen gemacht werden, z. B. Jugendhaus/Treff/Café und dies auch besser in die Öffentlichkeit bringen.
- Die Angebote passen oft terminlich nicht, da wir beide berufstätig sind. Überhaupt mehr Angebote für die Gruppe der 30- bis 50-jährigen.
- Wir brauchen Angebote, die mehr junge Erwachsene und Jugendliche anlocken können.
- Krippenplätze für unsere Kinder haben wir nur in einer katholischen Einrichtung bekommen.
- Weniger missionarisch, weltoffener, aktueller.
- Der ständige Wechsel von Pfarrer*innen führt dazu, dass man zu seinem*r Pfarrer*in kein persönliches Verhältnis aufbauen kann.

- Die Gemeinde ist recht langweilig. Es gibt nicht wirklich gute Feste, Veranstaltungen o. ä..
- Es braucht nichts verändert werden, weil ich es eh nicht nutzen werde.

Unter der Überschrift „**mehr** Angebote" versammelt sich nun eine bunte Palette von Wünschen. Dabei handelt es sich nicht selten um **zielgruppenspezifische Angebote.** In den von uns untersuchten Kirchengemeinden finden sich neben den Kernangeboten meist solche für Ältere und Kindergruppen. Für ältere Jugendliche, Erwachsene, Familien gibt es nur wenige Angebote. Es geht aber auch darum, dass mehr **unterschiedliche Angebote** vorgehalten und durchgeführt werden. Oft einher geht dies auch mit dem Wunsch nach **anderen Angeboten.** Abgebildet wird hier das typische Bild der Pluralisierung der Erwartungen und Interessen. Auffallend ist, dass es kein dominierendes Cluster gibt,[193] sondern eine Vielzahl von gewünschten Angeboten, die im jetzigen Angebotsspektrum nicht oder zu wenig vorkommen. Das Label **innovativer** wird vor allem vom Teil der jüngeren Engagierten formuliert. Es geht darum, mehr modernere spirituelle Angebote zu entwickeln. Gemeint ist auch, dass man sich von alten Zöpfen (d. h. auch Angeboten) verabschieden sollte. Frau Wilhelmi (52) sagt: „Es fehlt bei uns der Drive, der dringende Aufbruch ... Kirche soll auch Spaß machen, damit auch in der nächsten Generation die Mitglieder in die Kirche kommen". Innovativer kann aber auch heißen, mehr auf die Aktualität zu schauen und Angebote zu machen, die gerade besonders nachgefragt werden (z. B. neue andere Verbindungen von Kirche mit Sport oder Wellness, Aufgreifen von Migrationsthemen).

Eher selten wird eine **grundsätzliche Kritik bzw. Skepsis** formuliert. Wenn ja, beruht sie meist auf einer tiefen Enttäuschung. Frau Stiever, 52 sagt: „Ich fühle mich von meiner Kirche allein gelassen. Wissen Sie, den wenigsten Pfarrern traut man zu, auch wirklich an Gott zu glauben. Meist ist es eben ein Job wie jeder andere auch. Es fehlt also: Glaubwürdigkeit!". In eine etwas andere Richtung zielt der schon zitierte Herr Phillip, wenn er kritisiert „Kirche und Religion scheinen still zu stehen bzw. Jahrzehnte hinterher zu hinken."

Fazit. Wir sehen das bemerkenswerte Ergebnis, dass die rückläufige Nutzung vieler kirchlicher gemeindenahen Angebote nicht primär in einer Kritik der Qualität dieser Angebote begründet liegt. Über zwei Drittel der von uns befragten und interviewten Personen sind weitgehend zufrieden. Diese Zufriedenheit entspricht über alle von uns befragten Gruppen und Kirchengemeinden den üblichen Ergebnissen bei Zufriedenheitsbefragungen. Somit zeichnet sich ab, dass es weniger die Qualität der Angebote ist, als vielmehr andere Gründe, die zum eingangs beschriebenen Akzeptanzproblem evangelischer Gemeindearbeit führen.

---

193 In der Auszählung der offenen Antworten erreicht kein Cluster mehr als 10 Prozent.

2 Die klassischen Kernangebote – Gottesdienst – Bibelkreise – Kasualien

Herr Weidemann zögert ein wenig auf die Frage, ob er sich als einen frommen Menschen bezeichnet. Es gab schon Phasen in seinem Leben, so betont er, in denen er auch kritischer seiner Kirche gegenüberstand als heute. Aber sicher, der evangelische Glaube war immer ein wesentlicher Lebenspfeiler. Und in den sonntäglichen Gottesdienst sei er eigentlich immer gegangen. Herr Weidemann ist 68 und engagiert im Kirchvorstand. Auch Herr Freibel, 57, Apotheker im Ort, war lange im Kirchenvorstand, obwohl er eher selten am Sonntag den Weg in die Kirche findet. Für ihn ist dies mehr Tradition als notwendiger Bestandteil seines Glaubens. Zwischen Herrn Weidemann und Herrn Freibel gab es ob dieser unterschiedlichen Handhabung des rituellen Akts Gottesdienst schon manche Diskussion. Herr Weidemann vertritt die These, dass letztlich alle neuen Angebote sich daran messen lassen müssen, ob sie auch mehr Kirchgänger mit sich bringen. Herr Freibel sieht das anders. Für ihn gibt es, strenggenommen, keine Hierarchie und schon gar nicht die Notwendigkeit eines Zuarbeitsverhältnisses zwischen den Angeboten der Kirche. Als es um die Frage ging, ob man das neue Angebot einer evangelischen Freiwilligenbörse unterstützen soll, hat Herr Weidemann dagegen und Herr Freibel dafür gestimmt.

Frau Tilde, 46, war als junges Mädchen oft in der Kirche und auch in der damaligen Jugendgruppe ihrer Gemeinde. Sie hat Konfirmandenfreizeiten und Zeltlager organisiert. Das letzte Mal war sie vor einem Dreivierteljahr bei der Konfirmation ihres Sohnes Jonas in der Kirche, das ist aber eher die Ausnahme. Ihr ist der Gottesdienst nicht interessant genug. Sie war in ihrem letzten Urlaub bei einem Gospelgottesdienst in den USA. „Ja, der hatte Atmosphäre und Pep." Ob sie in ihrer Gemeinde mehr in die Kirche gehen würde, wenn auch da ein Gospelchor singen würde? Sie zögert, lächelt und meint: „Ehrlich gesagt, ich glaube nicht, naja vielleicht ab und zu."

2.1 *Der Gottesdienstbesuch*

> „Die Christen aller Konfessionen feiern Gottesdienst – der Gottesdienst ist der Pulsschlag des christlichen Lebens. Nirgends wird deutlicher, wovon die christliche Gemeinde lebt und was sie trägt, als wenn sie sich an den dafür bestimmten Orten versammelt und singend, betend, hörend, lobend, dankend und musizierend vor Gott tritt." (vgl. Rat der evangelischen Kirche 2009)

Der sonntägliche Gottesdienst gilt vielen Gemeinden als das unverzichtbare Herzstück des Glaubens. Er stellt in der Öffentlichkeit den ‚gemeindlichen Aktivposten' dar, da alle Gemeinden ihn anbieten, und wer will, kann in Deutschland so gut wie überall einen Gottesdienst erreichen (vgl. Pompe 2008, 153). Der Besuch des Gottesdienstes ist Ausdruck der Gemeinschaft der Glaubenden. „Die Liebe Gottes, die in der Botschaft Jesu, in seinem Leiden am Kreuz und in seiner Auferstehung offenbar geworden ist, gilt jedem einzelnen Menschen, doch sie zielt ebenso auf die Gemeinschaft der Menschen untereinander im Glauben an Jesus Christus. Entsprechend ist auch der christliche Glaube keine selbstgenügsame Beziehung einzelner Menschen zu Gott. Der Glaube ist vielmehr angewiesen auf die Gemeinschaft der Glaubenden, in der das Evangelium verkündigt und bezeugt wird." (ebd., 38) Insgesamt werden in jedem Jahr in der evangelischen Kirche Deutschlands fast eine Million Gottesdienste durchgeführt.[194]

Von daher signalisieren leere Gotteshäuser am Sonntag für Pfarrer*innen und für viele der in der evangelisch-lutherischen Kirche Engagierten einen Verlust an der Gemeinschaft der Glaubenden. Diese Haupt- und Ehrenamtlichen sind enttäuscht und häufig frustriert, dass die Kirchenmitglieder zwar Angebote der Kirche nutzen, aber nicht mehr bereit sind an der Gemeinschaft der Glaubenden teilzunehmen.

Statistische Zahlen belegen diesen Rückgang. Die durchschnittliche Gottesdienstbeteiligung in der evangelischen Kirche in Deutschland liegt inzwischen unter jenen 4 Prozent der Gemeindemitglieder, die noch vor 15 Jahren erhoben wurden (vgl. EKD, Kirche der Freiheit 2007, 23). Gottesdienstbesucher, die regelmäßig den Gottesdienst besuchen sind eine Minderheit geworden, allerdings nehmen weit mehr der Mitglieder im Verlauf des Jahres zumindest an einen Gottesdienst teil. Besucht werden vor allem Festgottesdienste wie die Gottesdienste am Heiligen Abend und zu Ostern.[195] Der sonntägliche regelmäßige Kirchgang jedoch ist einem punktuellen Gottesdienstbesuch meist zu bestimmten Anlässen gewichen. Die Gemeinde hat sich zu einer „Kasualgemeinde" entwickelt.

---

194 Siehe „Gottesdienst und Abendmahl - Statistik zur Evangelischen Kirche in Deutschland" https://www.ekd.de/Gottesdienst-Zahlen-Daten-EKD-17289.htm (abgerufen 09/2020).

195 Die aktuellen Zahlen der anteiligen Besucher sind: Gottesdienste am Sonntag 3,3%, am Karfreitag 3,9%, 1. Advent 4,3%, Erntedankfest 6,8%, Heiligabend 37,2% (siehe https://www.ekd.de/Gottesdienst-Zahlen-Daten-EKD-17289.htm (abgerufen 09/2020).

Diese allgemein konstatierte Entwicklung trifft auch für die von uns untersuchten Gemeindemitglieder zu. Auch bei jenen, die aktuell die Angebote ihrer Gemeinde nutzen, besuchen nur 9% regelmäßig den sonntäglichen Gottesdienst, 43% besuchen ihn ab und zu. Das heißt aber auch, dass unter der Gruppe der Nutzer gemeindebezogener Angebote fast die Hälfte (48%) nie an einem Sonntagsgottesdienst teilnimmt.[196] Eine detaillierte Betrachtung zeigt einige interessante Unterschiede auf

- **Der Altersunterschied.** Jüngere Kirchenmitglieder vor allem bis zu 40 Jahren, besuchen am wenigsten den Gottesdienst. In dieser Altersgruppe ist auch der Anteil derjenigen, die **nie** mehr einen Gottesdienst besuchen, am größten. In der Altersgruppe 40 bis 60 Jahre steigt die Zahl der regelmäßigen Gottesdienstteilnahme leicht an, aber selbst bei dieser Altersgruppe besuchen etwa die Hälfte Sonntagsgottesdienste fast nie oder nie mehr. Auch bei den über 60-Jährigen besucht nur annähernd jede*r Fünfte den Gottesdienst regelmäßig.
- **Engagierte Kirchenmitglieder** besuchen den Gottesdienst zwar deutlich regelmäßiger, aber auch bei ihnen lässt sich der gleiche Alterstrend feststellen. Selbst bei der Gruppe der 60-Jährigen und älteren Engagierten gehören in etwa knapp zwei Drittel nicht mehr zu den regelmäßigen Gottesdienstbesuchern.
- **Regionale Unterschiede.** Darüber hinaus zeigen sich bezüglich des regelmäßigen Besuchs des Sonntaggottesdienstes regionalspezifische Besonderheiten. So gibt es zwei Gemeinden (Ansbach und Waldershof), bei denen noch zwei Drittel der Engagierten den sonntäglichen Gottesdienst regelmäßig besuchen, während in Unterschleißheim und Ingolstadt dies nur noch für ein Drittel der Fall ist. Offensichtlich ist der Trend Gottesdienste nicht mehr regelmäßig zu nutzen in Gemeinden, die in einem städtischen Kontext angesiedelt sind, noch stärker ausgeprägt, als in den eher ländlichen Gebieten.
- Zwischen **Gemeinden der Diaspora und Kerngemeinden** zeigen sich kaum Unterschiede, was die Praxis des regelmäßigen Gottesdienstbesuches betrifft. Allerdings liegt der Anteil an Gemeindemitgliedern, die den Sonntagsgottesdienst **fast nie oder nie** besuchen, bei Kerngemeinden bei einem Drittel und in Diasporagemeinden bei der Hälfte der befragten Engagierten.

Zusammenfassend kann man festhalten, der Gottesdienstbesuch als ein zentrales Moment des In-der-Kirche-Seins trifft vor allem noch für ältere, engagierte Kirchenmitglieder zu, aber nicht für die Mehrheit der übrigen Mitglieder bzw. Engagierten. Vor allem jüngere Gemeindemitglieder und auch Engagierte dieser Altersgruppe bleiben dem sonntäglichen Gottesdienst eher fern. Dies entspricht

---

[196] Etwas über 40% der von uns befragten Mitglieder gibt an, dass sie aktuell überhaupt keine Angebote ihrer Gemeinde nutzen.

auch der subjektiven Wahrnehmung befragter engagierter Kirchenmitglieder, die in den Gesprächen diesen Trend sehr bedauerten.

> „Die Jüngeren sieht man gar nicht mehr. Wenn sie in einen normalen Gottesdienst gehen, da gibt's vielleicht ja, fünf oder sieben Leute, die da in meiner Altersgruppe (um die 40 Jahre) sind." (Herr Maas, 41)

Zwei Fragen sollen im Folgenden noch geklärt werden: Lässt sich diese Distanz zum Gottesdienst ändern, wenn man die Form und den Ablauf der Gottesdienste ändert? Hat sich der Bezug des Gottesdienstbesuchs zum Evangelisch-Sein verändert?

Zweitgottesdienste, besondere Gottesdienste. Ein Erklärungsmuster, das für diese Entwicklung herangezogen wird, ist die Konkurrenz zur Masse an Freizeitangeboten sowie der gesellschaftliche Individualisierungsprozess, der es zunehmend schwieriger macht, alle Mitglieder gleichermaßen mit einem Angebot zu erreichen. Manch einer bleibt weg, weil die Musik oder die Gestaltung im Gottesdienst nicht seinen persönlichen Vorstellungen entspricht. „Der Gottesdienst muss sich heute in einem weithin entkirchlichten Umfeld behaupten und stößt zudem auch noch auf die Konkurrenz attraktiver Freizeitangebote. Deshalb stellt sich die Frage nach seiner Qualität in einer früheren Generation unbekannten Intensität." (Rat der evangelischen Kirche 2009, 14)

Ein Versuch der Gegensteuerung war das Bemühen der Kirchengemeinden, mit vielfältigen neuen Formen des Gottesdienstes und Angeboten für verschiedene Zielgruppen, wie Kinder, Jugendliche und Familien, den unterschiedlichen Bedürfnissen der Mitglieder entgegen zu kommen. Mittlerweile sind die gottesdienstlichen Ausdrucksformen in den Gemeinden vielgestaltig. „Ob Familiengottesdienst mit dem Kindergarten oder Gospelgottesdienst mit moderner Musik, ob klassische liturgische Feier im Stil der lutherischen Messe oder ein offen gestalteter Gottesdienst unter Beteiligung einzelner Gemeindeglieder, ob Thomasmesse oder Taizégottesdienst – solche Vielfalt ist charakteristisch für den evangelischen Gottesdienst." (Rat der evangelischen Kirche 2009, 11)

Betrachtet man die regelmäßige Teilnahme an diesen vielfältigen Formen besonderer Gottesdienste (im Weiteren als BG abgekürzt), zeigt sich insgesamt eine Zunahme bei den Gottesdienstbesuchen um durchschnittlich etwa 15%. Durch die Vielfalt der Angebote werden in den von uns befragten Gemeinden andere, auch etwas jüngere Altersgruppen erreicht, aber der eigentliche Befund bleibt, dass über Gottesdienstbesuche nicht mehr die Mehrheit der Gläubigen erreicht wird.

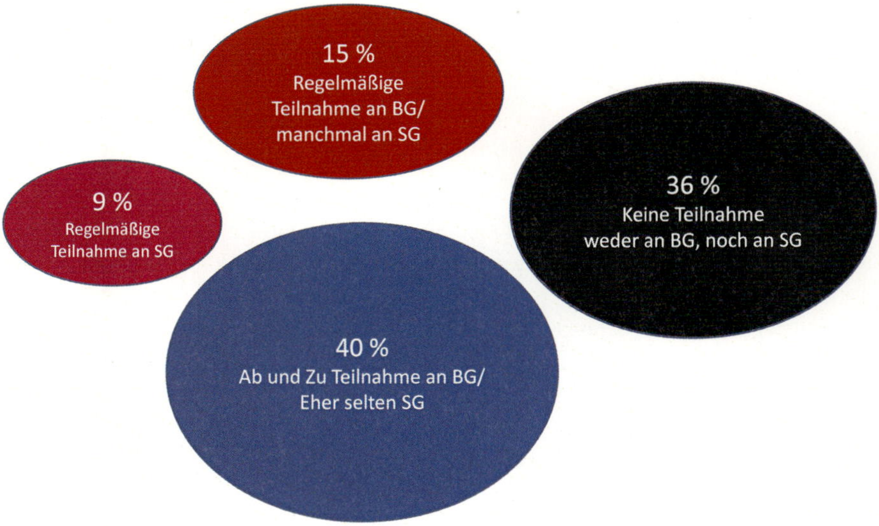

Abbildung 8: Teilnahme der Mitglieder am Sonntagsgottesdienst (SG) bzw. an besonderen Gottesdiensten (BG) – alle Gemeinden

Das Nutzungsverhalten der Mitglieder insgesamt ändert sich auch mit diesen zusätzlichen Gottesdienstangeboten kaum. „Viele Menschen bevorzugen Gottesdienste, von denen sie annehmen, dass sie genau für sie selbst oder für ihre Kinder zugeschnitten sind. Die vielen Zielgruppengottesdienste für Jugendliche oder Familien, für bestimmte Berufsgruppen oder Frömmigkeitsstile ziehen Menschen an, die mit einem traditionsgeprägten Sonntagsgottesdienst wenig anfangen können" (Rat der evangelischen Kirche 2009, 53). So richtig der eine Teil der Erklärung ist, so wenig trifft die dahinterstehende Hoffnung zu. Das Angebot kommt zwar dem Bedürfnis nach gelegentlicher Nutzung entgegen, da die Frequenz dieser Angebote gegenüber dem wöchentlichen Gottesdienst deutlich reduziert ist, aber die Hoffnung, auf diesem Weg wieder mehr zur regelmäßigen Teilnahme an Sonntagsgottesdiensten zu motivieren, hat sich nicht erfüllt. Dies, so unsere Prognose, wird sich auch in Zukunft nicht ändern.

Gottesdienstbesuch als Ausdruck des Evangelisch-Seins? Auch wenn der Rat der Evangelischen Kirche (2009) davon ausgeht, dass es „vielfältige Weisen (gibt), in denen Menschen das Evangelium einander weitersagen und bezeugen können und sollen" (ebd., 39), bleibt die Feier des Gottesdienstes von zentraler Bedeutung für die Kirche als Gemeinschaft der Glaubenden. „Im Gottesdienst versammelt sich die christliche Gemeinde, um gemeinsam Gottes Wort zu hören. Die Feier des Gottesdienstes begründet und nährt so die Verbundenheit der Glaubenden untereinander und ist damit grundlegend für das Sein der Kirche" (ebd., 39). Der christliche Glaube kann dementsprechend dazu auch keine selbstgenügsame Beziehung einzelner Menschen zu Gott sein.

Die Vielfalt der Gottesdienstgestaltung reagiert somit zwar auf die gesellschaftlich-kulturellen Veränderungen kommt den vielfältigen Bedürfnissen der Mitglieder der evangelischen Kirche bei der Gottesdienstgestaltung entgegen und motiviert zur Teilnahme, kann aber damit das Problem der geringen Inanspruchnahme der regelmäßigen Gottesdienste nicht lösen. Erklärungen, die auf das veränderte Freizeitverhalten oder/und familienunfreundliche Zeiten bei der Durchführung der Gottesdienste verweisen, greifen zu kurz. Die Ergebnisse in den von uns untersuchten Gemeinden weisen auf ein weiteres Erklärungsmuster hin, auf einen Wechsel im Verständnis davon, wie man seinen Glauben leben will. Für ein Viertel der Mitglieder in den von uns befragten Gemeinden gehört der Besuch des Gottesdienstes überhaupt nicht mehr und für weniger als die Hälfte nur noch teilweise zum zentralen Bestimmungsmoment des Evangelisch-Seins. Wie die folgende Abbildung am Beispiel der befragten Mitglieder in Thierstein, Höchstädt, Waldershof und Neusorg zeigt nimmt der Anteil derjenigen, die den Gottesdienstbesuch als wesentlichen Anteil des Evangelisch-Seins ansehen von über 50% auf nur noch knapp 6% ab.

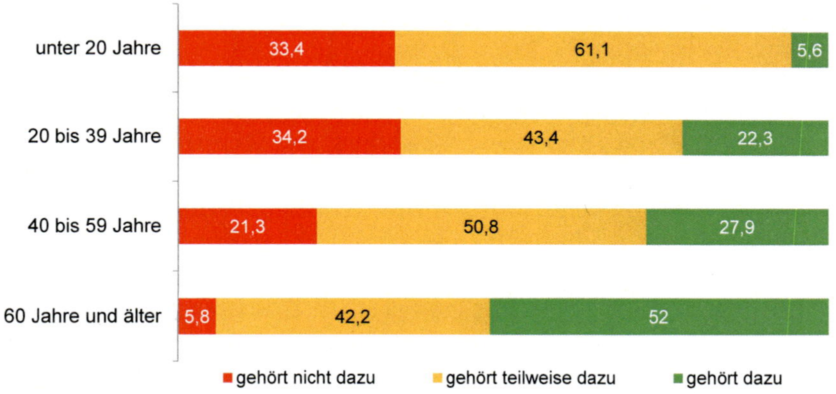

Abbildung 9: Teilnahmen an Gottesdiensten als Ausdruck des Evangelisch-Seins[197]

Der sonntägliche Gottesdienst (und das betrifft auch andere Kernangebote, wie Bibel- und weitere theologische Gesprächskreise) verliert seine Bedeutung für die Kirche als Gemeinschaft der Glaubenden. Die Nichtteilnahme am sonntäglichen Besuch des Gottesdienstes wird zum Ausdruck und Symbol eines individualisierten Glaubens als einer Privatsache, der bewusst an dieser Stelle auf den Kontakt zur lokalen Gemeinde verzichtet:

> „Es ist nicht so, dass ich jeden Sonntag in die Kirche gehe, aber ich würd mich schon als gläubig bezeichnen.“ (Frau Willberg, 57)

197 Geantwortet haben hier N=370 Mitglieder. Die gleiche Tendenz finden wir bei der Befragung der Mitglieder in Ingolstadt (N=228). Aufgrund des etwas anderen Alterszuschnitts dieser Befragung (14 bis 40) können die Zahlen nicht einfach addiert werden.

> „Und ich sag' mal, bei mir ist es auch so. Ich renn' jetzt nicht jeden Sonntag in die Kirche, aber ich versuch' einfach, meinen christlichen Glauben in das alltägliche Leben mit einzubringen, und versuch' halt, einfach ein sehr guter Mensch zu sein." (Frau Hanfstengel, 63)

Bei vielen Pfarrer*innen und älteren aktiven Gemeindemitgliedern, für die der Gottesdienst ein zentrales Element von Glauben und Gemeinschaft darstellt, stößt dieses Selbstverständnis von Gemeindemitgliedern auf Enttäuschung, Irritation und Unverständnis:

> „Also der Idealfall wäre, wenn man Sonntagfrüh (in der Kirche) keine leeren Plätze hätte, das wär' ein Wunschtraum. Ja, und auch in den Außengemeinden, dass halt einfach die Gottesdienste da auch schlecht besucht sind, das macht uns zu schaffen." (Herr Weidemann, 68)

> „Wir machen ja auch einen Seniorenkreis, einmal im Monat, und da habe ich jetzt schon festgestellt, da sind Damen, die da hinkommen, aber in der Kirche sieht man sie nicht. Und das brennt mir jetzt immer auf der Seele, weil ich sag', sie können das ruhig genießen, aber sie können doch wenigstens auch einmal (in die Kirche) kommen... Aber (...) man lernt ja immer noch dazu, ich versuche das zu akzeptieren." (Herr Wilferd, 70)

Die Kirchenmitglieder, die nur selten oder nie den Gottesdienst besuchen, werden in Untersuchungen zu den Kirchen-Distanzierten gezählt, bei denen sich auf der Einstellungsebene „eine gewisse Ablehnung und Skepsis gegenüber manchen christlich-kirchlichen Glaubensvorstellungen" (Bremer 2002, 62) zeige, die aber nicht notwendigerweise zu Kirchenaustritten führt. Bei manchen der interviewten Personen, die sich entschlossen haben nicht mehr in den Gottesdienst zu gehen, kommt noch eine gewisse Gleichgültigkeit gegenüber bestimmten Praktiken hinzu. Der sonntägliche Gottesdienst ist kein Muss und keine unhinterfragte Gewohnheit mehr, sondern eine bloße Option in den Glaubenshandlungen evangelischer Christen. Anders fällt die Entscheidung offensichtlich bei den Gottesdiensten aus, die im Rahmen von Kasualien stattfinden.

2.2 Die Kasualiennutzung

Für viele Mitglieder der evangelischen Kirche sind die klassischen, lebensgeschichtlich fundierten Kasualien wie Trauung, Taufe, Konfirmation und Bestattung die wichtigsten Gottesdienste, die sie noch besuchen und an die sie auch wichtige Erwartungen knüpfen.

> „Es gibt Gottesdienste, die eine erstaunliche Anziehungskraft entwickeln können. Das ist jedes Mal für die Gemeindeglieder und die Mitwirkenden ermutigend. Wir kennen freilich auch Gemeinden, in denen Gottesdienste vor fast leeren Kirchenbänken gefeiert werden müssen. Aber auch in solchen Gemeinden kann es Ausnahmen

> geben, zum Beispiel bei einer Hochzeit oder am Erntedanktag oder zum Heiligabend." (Rat der EKD 2009)

Welche Gründe sind es, die die Befragten dazu bewegen, sich kirchlich trauen zu lassen, ihr Kind zu taufen, sich konfirmieren und sich kirchlich bestatten zu lassen?

Kasualien – ein Familien-Event im feierlichen Ambiente oder eine glaubensbezogene selbstverständliche Tradition? Aufgrund der Ergebnisse der Mitgliederbefragung in den Gemeinden wird die Inanspruchnahme der Kasualien nicht nur als Familienfeier begangen, sondern nach wie vor auch im Sinne des christlichen Glaubens. So gibt zwar durchschnittlich etwas mehr als ein Viertel der Befragten an, dass sie ausschließlich den festlichen, kirchlichen Rahmen für ihre Feier nutzen wollen, demgegenüber stehen aber fast die Hälfte der Kasualiennutzer*innen, die ihre Entscheidung sowohl mit dem besonderen feierlichen Rahmen, als auch mit ihrem Glauben begründen. Für wiederum etwa ein knappes Viertel erfolgte die Entscheidung ausschließlich aus Glaubensgründen. Bei der Mehrzahl der befragten Kasualiennutzer*innen stehen somit die Motive für eine Nutzung der Kasualien im Einklang mit der kirchlichen Auslegung und haben offenbar nicht nur Event-Charakter. Diese Einstellungen unterscheiden sich in den von uns untersuchten Gemeinden – unabhängig ob eher städtischer oder ländlicher Kontext, ob Kerngemeinde oder Diaspora – kaum. Ein Beispiel ist die Taufe. Neben dem feierlichen Rahmen sagte ein Teil der Befragten, dass bei der Taufe das Kind ein Teil der Gemeinschaft der Gläubigen, ein Mitglied der Kirche werden soll. Stärker aber noch wirkt die Taufe als kirchlicher Initiationsritus, den man selbst und auch die Elterngeneration so ernst- und wahrgenommen hat. Die Motive dieser Eltern können als eine Art Selbstverpflichtung verstanden werden, den eigenen Glauben oder zumindest aber die eigene Kirchenzugehörigkeit an die nächste Generation weiter zu geben.

Auch in einigen Aussagen der Eltern zur Konfirmation zeigt sich eine entsprechende Auslegung; beispielsweise wenn die Eltern einer Konfirmandin/eines Konfirmanden die Hoffnung hegen, dass die Zugehörigkeit zur Gemeinschaft der Gläubigen, die in der Konfirmation noch einmal von den Kindern selbst bekräftigt wird, ihrem Kind hilft, das Leben zu meistern, ihm Sicherheit und Richtung gibt. Oder wenn sie es als folgerichtig ansehen, dass ihre Kinder das Versprechen, das sie als Eltern stellvertretend in der Taufe gegeben haben, das Leben auf den Grund des Glaubens bauen zu wollen, in der Konfirmation selbst bekräftigen. Dieser Wunsch, eine familiale Tradition[198] durch kirchliche Trauung, Taufe, Konfirmation explizit fortzusetzen, spielt jedoch insgesamt eine kleinere

---

198 Wir haben auch gefragt, inwieweit der Wunsch von Angehörigen für die Nutzung der Kasualien eine Rolle spielt. Am häufigsten war dies, wie zu erwarten, bei der Bestattung der Fall. Auch bei der Konfirmation spielte bei fast einem Drittel der Wunsch der Angehörigen/eigenen Eltern eine ausschlaggebende Rolle. Anders verhält es sich bei der Taufe und der kirchlichen Trauung. Hier überwiegen die individuellen Entscheidungen.

Rolle bei der Entscheidung. Nur bei etwa einem Fünftel der Aussagen war dies ein wichtiges Motiv für die Inanspruchnahme der Konfirmation. Eher noch ist es, dass diese einem gewissen Normalitätsmodell nahekommt, wie einer unserer interviewten Väter konstatiert:

> „Gehört halt dazu. Oder ist halt so. Das ist einfach normal. Die Gleichaltrigen, die kommen halt alle in das Alter, und dann macht man halt Konfirmation."

Dies sind nur einige wenige Beispiele, die zeigen, dass sich das Erbe (Kirchenmitgliedschaft) nicht so ohne Weiteres in einer Kasualiennutzung fortsetzen wird. Selbst in den Kerngemeinden, in der die Bewohner*innen überwiegend evangelisch sind, wird eine Vielfalt von Kirchenmitgliedschaft und Kasualiennutzung gelebt, bei der deutlich wird, dass die Gläubigen/Familien sich individuell entscheiden, wie sie biografische Übergänge mit der Nutzung einer Kasualie gestalten können und möchten.

Das Erleben der Kasualien. Viele Fantasien und Träume verbinden sich vor allem mit der Hochzeit. Aber auch mit der Taufe und Konfirmation sind Erwartungen verknüpft. Diese sind biografisch veranlasst, begleiten und feiern individuelle Lebensereignisse. Dabei verbinden diese Anlässe in besonderer Weise Liturgie und Leben da, wie es der Rat der evangelischen Kirche (2009) formuliert „die Gemeinde die einzelnen Menschen und ihre Familien an entscheidenden Stunden ihres Lebens von der Geburt über das Erwachsenwerden und die Eheschließung bis zum Tod [begleitet]" (ebd., 71). Dabei kommt sowohl der feierlichen Gestaltung der Situation, als auch der persönlichen Botschaft einer ansprechenden Predigt eine besondere Rolle zu. Wie haben die Kasualiennutzer*innen die Kasualiengestaltung erlebt? Haben sich ihre Erwartungen erfüllt?

Mit der feierlichen Gestaltung war die sehr große Mehrzahl (drei Viertel) der befragten Kasualiennutzer*innen zufrieden. Sie fanden ihre Erwartungen insgesamt erfüllt, und fast ebenso viele waren der Meinung, dass die Feier in der Kirche den richtigen Rahmen für den jeweiligen Anlass geboten hat. Auch hier zeichnen sich Unterschiede in der Zufriedenheit bei den einzelnen Kasualien ab. Die Trauungsfeierlichkeiten entsprachen etwas weniger den hohen Erwartungen, die offenbar mit dem ‚schönsten Tag des Lebens' verbunden sind. Nur bei etwa 40 Prozent wurden die Erwartungen an den festlichen Rahmen eingelöst. Die Tauffeierlichkeiten entsprachen zu 58 Prozent und die Feier der Konfirmation zu 82 Prozent den Erwartungen an einen passenden feierlichen, kirchlichen Rahmen.

Insgesamt gelang es den Pfarrer*innen durch die **persönliche Ansprache** die Erwartungen zumindest bei etwa der Hälfte der Kasualiennutzer*innen voll und ganz zu erfüllen. In diesen Fällen gelang es den Pastor*innen, die vorangehenden Gespräche bzw. den kirchlichen Unterricht bei der Konfirmation für die Feier so zu nutzen, dass sie in ihrer Predigt einen persönlichen Bezug zu den

Kasualienteilnehmer*innen herstellen konnten. Bei diesen konnten die Pfarrer*innen offenbar die schwierige Aufgabe meistern, auch jene Mitglieder anzusprechen, die eine weniger enge Beziehung zur Gemeinde haben.

Auch in Interviews mit Kasualienteilnehmer*innen zeigt sich, dass der **persönliche Bezug ein zentrales Moment der Beurteilung bzw. des Erlebens der Feier darstellt**, d. h. wie gut es gelingt, auf die jeweiligen Betroffenen in ihrer Individualität einzugehen. Dieses Moment wird sowohl bei positivem Erleben als auch in der geäußerten Kritik angesprochen. Beispielsweise beklagten Konfirmandeneltern mehrfach, dass bei der Konfirmation sehr viele Kinder aus mehreren Pfarreien zusammengefasst waren, so dass kein Bezug zur Persönlichkeit ihrer eigenen Kinder mehr möglich war. Zudem wurde auch Kritik am Ablauf des Gottesdienstes geäußert, der die Interessen von Jugendlichen zu wenig berücksichtigt und der weder ein Engagement der Pfarrer*in, noch Kreativität oder neue Gestaltungsideen deutlich machte. Gewünscht werden von den Eltern persönliche Sätze zu den Konfirmand*innen und „keine langen Reden, in denen der Pfarrer immer das Gleiche sagt". Darin wird auch deutlich, wie wichtig es den Konfirmandeneltern ist, dass sie bzw. ihre Kinder als Individuen wahrgenommen werden, und dass sie als Eltern das Gefühl haben möchten, dass die Pfarrer*innen sie ernst nehmen, sich auf sie persönlich einstellen und auf sie eingehen.

Letzteres wird in den positiven Rückmeldungen besonders hervorgehoben: Sei es die Trauung im Freien oder die Taufe mit einer*m Pfarrer*in aus einer anderen Gemeinde. Dabei kommt sowohl der feierlichen Gestaltung der Situation, aber auch der persönlichen Botschaft einer ansprechenden Predigt eine besondere Rolle zu.
Auch die Einbeziehung in die Gestaltung ihrer Feier wird positiv wahrgenommen. So erlebte beispielsweise eine Befragte ihre Trauung als besonders schön, da der Pfarrer ihnen Planungsspielraum gelassen hat und sie Fürbitten ihrer Freunde in die Trauungszeremonie integrieren konnten. Zudem habe der Pfarrer eine tolle Predigt gehalten.

Auch in dem Beispiel einer ambivalenten Beurteilung einer Taufe – es handelte sich um eine Doppeltaufe von zwei Kindern aus Familien, die sich bis dahin nicht kannten – wird die Bedeutung des persönlichen Bezugs/der eigenen Rolle gut sichtbar:

> „Genau. Das war eine Doppeltaufe ... Und es war dann – also, ich weiß nicht, ob ich's jetzt im Nachhinein noch mal haben möchte' mit einer anderen Familie. Die hat mich jetzt zwar so an sich nicht gestört, aber es musste halt alles doppelt, einmal für das Kind und dann für das Kind ... Also es war irgendwie zwiespältig, muss ich sagen. Ich mein', es hat mich jetzt auch nicht wirklich gestört, aber es war halt dann immer irgendwie so, einmal Fokus auf die Familie, einmal Fokus auf die andere Familie." (Frau Frey, 36)

Hier wird noch einmal deutlich, dass trotz der als insgesamt sehr schön erfahrenen Feier, die Familie den persönlichen Bezug vermisste, da Kind und Familie sich nicht als zentrale Personen des Geschehens erlebten. So merkt Roosen (1997) dazu auch an, dass die Kirchenmitglieder in ihrer Mehrheit einerseits nur bei besonders bedeutsamen biografischen Zäsuren kirchliche Angebote wahrnehmen, dass sie aber andererseits dann wünschen, dass ihre Pfarrerin oder ihr Pfarrer für sie Zeit hat und sie ernst genommen werden.

Stärken Kasualien die Bindung zur Gemeinde? Die Kasualpraxis gilt der evangelisch-lutherischen Kirche auch als Möglichkeit, sehr viele unterschiedliche Menschen mit unterschiedlicher Nähe und Distanz zum christlichen Glauben zu erreichen; sie gilt manchen sogar „als implizite missionarische Gelegenheit mit der größten Reichweite, die der Volkskirche zur Verfügung steht“[199]. Weniger emphatisch formuliert, bietet die Kasualpraxis in gemeinsamen Gesprächen zur Vorbereitung, Möglichkeiten zur Kommunikation des Evangeliums (vgl. Winkler 1995). Und es bietet, wie Herr Wallmann, ein engagiertes Kirchenmitglied es ausdrückt, vor allem die Chance, andere Generationen, die sonst nicht in die Kirche kommen, anzusprechen:

> „Sie erreichen die Menschen, also die, die sonst nicht kommen, bei der Taufe. Sie erreichen sie bei der Hochzeit und auch bei der Konfirmation.“

Die Empirie bestätigt dies. Viele der Kasualiennutzer*innen zählen sich nicht zu den regelmäßigen Nutzern*innen der gemeindlichen Angebote. Führt die Kasualiennutzung aber auch dazu, der evangelisch-lutherischen Gemeinde bzw. den Glaubensinhalten wieder näher zu kommen? Dies bejahen jede*r fünfte bis zehnte der Befragten,[200] und zwar weitgehend unabhängig davon, welche Kasualien sie wahrgenommen haben. Dennoch halten wir die Kasualien für ein gutes Beispiel, Personen wieder mit dem Glauben und dem Angebotsalltag der Gemeinden zu konfrontieren und Chancen für weitergehende Bindungen zu eröffnen, allein schon, weil man viele, auch distanziertere Personen wieder erreicht.[201] Die Idee, es als eine wichtige Aufgabe der Kirchen zu sehen, dass diese Menschen mit der Feier der Taufe, Konfirmation, Heirat und Beerdigung durch ihr Leben begleitet, ist bei allen befragten Gruppen hoch akzeptiert.[202]

---

199 Deutsches Pfarrblatt 12/2004.

200 Dieser Anteil variiert in den Gemeinden. Am höchsten sind die Werte noch im ländlichen Bereich, am niedrigsten in den größeren städtischen Gemeinden.

201 Bei der Vollerhebung unter den Gemeindemitgliedern der dritten Untersuchungsetappe (in Thierstein/Höchstädt, Waldershof/Neusorg) gaben 38,8% an, dass sie in den letzten vier Jahren eine der Kasualien genutzt haben.

202 Über 90% der Engagierten stimmen diesem Ziel voll und ganz zu. Aber auch zwischen 80 und 88% der befragten Gemeindemitglieder teilen diese Meinung.

3 Eine tragende, aber alternde Säule – das Engagement der Mitglieder

Die evangelische Kirche ist in einer Vielzahl von Strukturen und Ebenen organisiert, wie Kirchengemeinde, Verband, kirchlicher Verein und dem Diakonischen Werk. Die Kirchengemeinde bildet dabei den wichtigsten Ort für Engagement. Dreiviertel der Engagierten sind auch in einer Kirchengemeinde aktiv bzw. engagiert.[203] Und umgekehrt bilden die vielen Engagierten das Rückgrat der Gemeindearbeit. Eine demokratisch verfasste und auf Partizipation ausgelegte Kirche wie die Evangelische lebt davon, dass ihre Mitglieder sich auch für die konkreten Belange der Gemeinde und der anderen Kirchenmitglieder interessieren, Angebote gestalten und das Gemeindeleben mit verantworten.

3.1 Wer sind die Engagierten in den untersuchten Gemeinden?

Insgesamt haben wir von 495 Engagierten Fragebögen erhalten. Um festzustellen, inwieweit die aus den von uns befragten neun Gemeinden Engagierten denen der evangelischen Kirche im Allgemeinen entsprechen, werden sie im Folgenden anhand einiger demografischer Angaben charakterisiert und mit der repräsentativen Studie der Ehrenamtlichkeit in der ELKB (AFG, Jakubek, 2015) verglichen.

Der/die durchschnittliche Engagierte ist
- **Weiblich** (72,1% Frauen zu 27,9% Männer) und zum Zeitpunkt der Befragungen 56,8 Jahre alt.
- Drei Viertel sind **verheiratet und die Mehrzahl hat Kinder**,[204] die größtenteils nicht mehr zu versorgen sind.
- Nicht ganz die Hälfte (44%) der Engagierten ist bereits im **Ruhestand**, ein Drittel (32,4%) ist erwerbstätig, nur jede*r siebte ist zuhause tätig und jeder vierzehnte ist noch in Ausbildung.
- 40% der Engagierten haben einen **höheren Bildungsabschluss**, jeweils knapp 30% verfügen über einen einfachen bzw. mittleren Bildungsabschluss. Weibliche und männliche Engagierte unterscheiden sich dabei kaum.

---

203 Es sind 77% (Sonderauswertung des dritten Freiwilligensurveys für die evangelische Kirche (Seidelmann 2012).

204 Die durchschnittliche Kinderzahl liegt bei 3,3.

– Der typische Engagierte in den evangelisch-lutherischen Gemeinden hat die deutsche Nationalität und ist auch **in Deutschland geboren.**

Es wurden sämtliche Engagementformen erfasst, die über eine bloße Teilnahme an Veranstaltungen hinausgehen, d. h. nicht nur Ehrenämter sondern, sämtliche Formen von Mitarbeit wie beispielsweise die Vorbereitung des Kindergottesdienstes oder das Austragen des Gemeindebriefes etc.[205] Der Vergleich mit der repräsentativen EKLB Erhebung in Bayern zeigt eine gute Annäherung (vgl. AFG,Jakubek 2015).

Tabelle 3: Demografische Daten Engagierte – Vergleich mit ELKB (AFG, Jakubek 2015)

	Netzwerkstudie	**ELKB**
Geschlecht		
weiblich	72,1 %	68,1 %
männlich	27,9 %	31,9 %
Durchschnittsalter		
Mittelwert	ø 56,8	ø 52,3
Median	59	53
Höchster Studienabschluss		
Gymnasium/FOS	39,7 %	40,3 %
Mittlere Reife	29,1 %	30,3 %
Status		
Vollerwerbstätig	15,5 %	25,3 %
Teilerwerbstätig	16,9 %	21,1 %
Hausfrau/Hausmann/Elternzeit	14,8 %	10,1 %
Schule/Ausbildung	7,0 %	9,6 %
In Ruhestand/Rente	44,0 %	33,0 %
Arbeitssuchend	1,9 %	0,8 %
Familienstand		
verheiratet	75,2 %	75,5 %
Kinder		
ja	81,9 %	77,8 %
Konfession		
evangelisch	94,0 %	91,7 %

Im Vergleich mit den Engagierten der ELKB-Evaluation zeigen sich viele Übereinstimmungen. Kleine Abweichungen ergeben sich beim Alter. Die Engagierten

205 Die jeweiligen Gemeinden haben uns unter dieser Vorgabe Listen zur Verfügung gestellt, wen sie alles zur Gruppe der Ehrenamtlichen zählen.

unserer Netzwerkstudie sind etwas älter. Dies erklärt auch die leichten Unterschiede im Erwerbsstatus.[206]

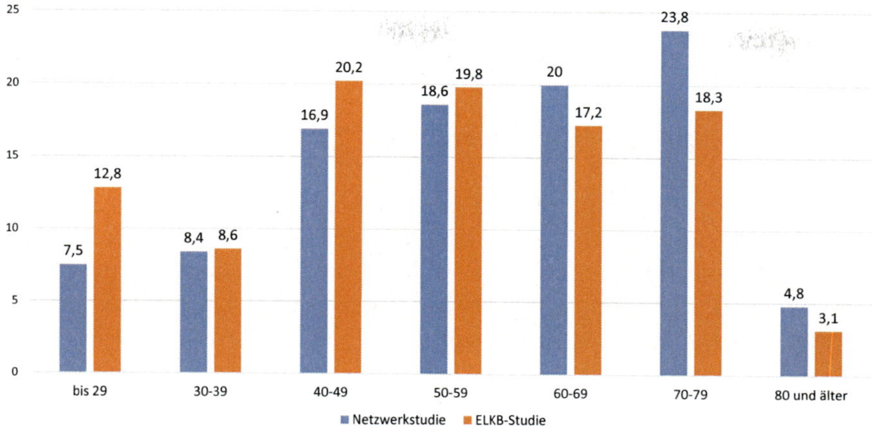

Abbildung 10: Altersverteilung der Engagierte – Vergleich zu ELKB (Angaben in Prozent)

Insgesamt kann man davon ausgehen, dass die von uns befragten Engagierten in Bezug auf die demografischen Daten dem Durchschnitt der Engagierten in den bayrischen evangelischen Gemeinden weitgehend entsprechen.
Weitere charakteristische Merkmale der von uns befragten Engagierten sind:

- Neben dem Engagement in der evangelisch-lutherischen Gemeinde ist der überwiegende Teil auch außerhalb der evangelischen Kirche in einem oder mehreren Vereinen/Initiativen/ Projekten oder Selbsthilfegruppen Mitglied und zur Hälfte auch dort engagiert, d. h. sie unterstützen den jeweiligen Verein/die Initiative bei Vor-/Nachbereitung, Planung und Ähnlichem oder haben Vorstandsämter inne.
- Die große Mehrzahl der Engagierten wohnt bereits seit mehr als zehn Jahren bzw. seit der Geburt in ihren Gemeinden. „Neue" Bewohner*innen, die erst seit weniger als fünf Jahren in der Gemeinde wohnen sind unter den Engagierten eher selten.[207]

Im Vergleich zu den Mitgliedern fällt bei den Engagierten der hohe Anteil an Frauen, die größere Anzahl höher gebildeter Personen und der überdurchschnittlich hohe Anteil an Personen mit Kindern und Verheirateten auf. Unter

206 Auch in der V. EKD Erhebung gehören die ab 70-Jährigen zu den Spitzenreitern der Engagierten gefolgt von den 60- bis 69-Jährigen (vgl. Liskowski et al. 2014, 124).

207 Hier gibt es regionale Unterschiede. In den eher städtischen Kontexten liegt der Anteil jener, die weniger als fünf Jahre in ihrer Gemeinde wohnen, höher (über ein Drittel).

einer Zukunftsperspektive zeigen diese soziodemografischen Vergleiche, welche Zielgruppen bei den Engagierten unterrepräsentiert sind:

- Die Jüngeren.
- Männer außerhalb des Kirchenvorstands.
- Evangelische mit niedrigeren Bildungsabschlüssen.
- Evangelische Ledige ohne Kinder.

Vor allem die Altersmischung der Engagierten dürfte ein wichtiges Zukunftsthema für die Evangelische Kirche darstellen. Die Sorge, dass die Engagierten immer älter werden und es immer schwieriger wird, auch Jüngere für das Engagement (nicht zuletzt für die notwendige Gremienarbeit) zu begeistern, war fast in allen untersuchten Kirchengemeinden ein Thema. Diese Sorge wird durch eine Netzwerkperspektive verstärkt. Diese macht deutlich, dass je weniger Jüngere beispielsweise in einem Kirchenvorstand sind, desto unattraktiver er auch für andere Jüngere dieses Gremium wird. Aus der Netzwerkforschung weiß man, wenn in Gruppen zu wenig Homogenität existiert, verlassen die Minderheiten (in dem Fall die jüngeren Engagierten) diese eher.

3.2 *Verbundenheit und Zugang zum Engagement*

Welche Rolle spielt die religiöse Sozialisation in der Herkunftsfamilie? Was waren die ausschlaggebenden Gründe für das Engagement? Diese beiden zentralen Fragen stehen im folgenden Abschnitt im Mittelpunkt.

> „Ja, wir haben dann halt damals den Großeltern geholfen beim Stühle-Aufstellen (im Gemeindehaus) und so. Ja, die haben's schon gemacht. Und dann ist halt irgendwann mal ... ein Pfarrer auf uns zugekommen, ob wir das denn wieder machen würden. Wir haben damals noch Sonntagsblatt als Kinder ausgetragen; da haben wir uns ein Taschengeld verdient. Und so ist der Bezug eigentlich immer geblieben. Und irgendwann bin ich halt dann mal gefragt worden, ob ich für den Kirchenvorstand kandidieren würde." (Herr Groscher)

Diese Aussage von Herrn Groscher, 50 steht für einen klassischen Zugang ins Engagement. Seine Eltern fühlten sich der Kirche sehr verbunden und waren fast ihr ganzes Leben in dieser aktiv und engagiert. Ihre Kinder setzen dies in ähnlicher Weise fort. Die folgende Abbildung zeigt aber bereits den in ersten Kapitel angesprochenen Rückgang kirchlicher Verbundenheit zwischen den verschiedenen Generationen

Vergleicht man die Altersgruppen der Engagierten, findet man den Einfluss der familialen Tradierung bei den jüngeren Engagierten nur noch bei einem Viertel. Bei der Gruppe der über 70-Jährigen ist diese um das 2,5-fache stärker.

Hier kommen 61 Prozent aus Familien, in denen Vater und Mutter stark mit der evangelischen Kirche verbunden waren. Dies ist, wie auch in Kapitel 1 dargestellt, letztlich auch keine Frage des Alters, sondern der Generation.

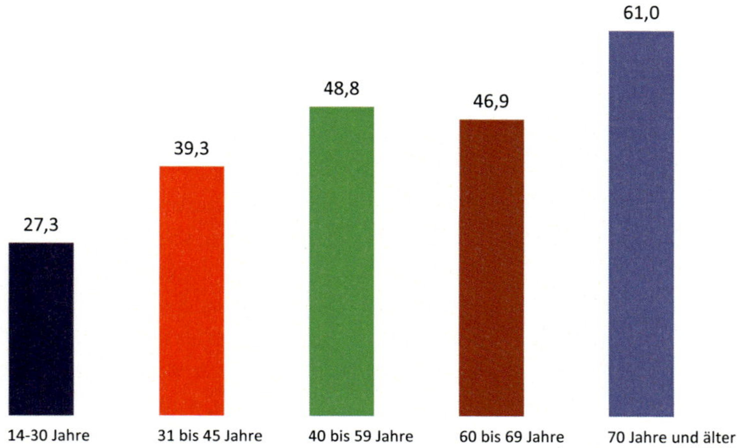

Abbildung 11: Verbundenheit der Eltern mit der Kirche in Relation zum Alter der Engagierten (sehr verbunden + ziemlich verbunden)

Die Familientradition beeinflusst nicht nur die Selbstverständlichkeit, mit der bestimmte Tätigkeiten in der Gemeinde übernommen bzw. weiter fortgeführt werden, sie beeinflusst auch die Verbundenheit mit der Kirche. Unsere Ergebnisse unterstreichen dies, zeigt sich doch, dass die religiöse Verbundenheit der Eltern- bzw. der Großelterngeneration die subjektiv empfundene Religiosität der Engagierten unabhängig vom Alter positiv beeinflusst:

- 55,1 Prozent der Engagierten, die in Familien mit einer stärkeren Bindung zur evangelischen Kirche aufgewachsen sind, bezeichnen sich selbst als ziemlich bzw. sehr religiös.
- Von denen, die in Familien mit wenig oder keiner Kirchenbindung aufgewachsen sind, sind nur noch 32,5 Prozent ziemlich/sehr religiös.

Aufgrund dieser Ergebnisse ist anzunehmen, dass die jüngere Generation der Engagierten in ihren Herkunftsfamilien deutlich weniger religiös erzogen wurden als frühere Generationen und Religion im familialen Alltagsleben deutlich an Bedeutung verloren hat. Die Autoren der V. EKD Erhebung befürchten wohl nicht zu Unrecht, das fehlende religiöse Erfahrung kombiniert mit abnehmendem religiösen Wissen möglicherweise dazu führen, dass für jüngere Menschen ein Leben ohne Religion selbstverständlich erscheint (vgl. EKD 2014, 10).

Umso wesentlicher werden dann andere Erfahrungen und Gelegenheitsstrukturen, die zu einem Zeitpunkt des Lebens eine Bindung an Kirche und Gemeinde beeinflussen. Auslöser dafür können eigene Erfahrungen oder persönliche Krisen sein. Auch die Begegnung mit charismatischen Personen aus der Gemeinde oder/und die Nutzung von lebensphasisch interessanten Angeboten aus der evangelischen Gemeinde und die damit einhergehende persönliche Einbindung in das Netz der Gemeinde spiele eine Rolle.

> „Bei mir war's tatsächlich der Konfirmandenunterricht damals schon. Da hatten wir als Gemeindereferentin die Schwester Klara, die hat mich total beeindruckt. Und wo wir dann auf der Konfirmandenfreizeit waren, das war irgendwie so ein tolles Gemeinschaftserlebnis für mich damals." (Frau Severin)

Frau Severin, 48 war aber, wie sie sagt, die einzige der Konfirmanden die weiterhin mit der Kirche verbunden blieb, die anderen wurden, so ihre Formulierung, in vielen Gemeinden „rauskonfirmiert". Sie hatte zwar auch familiäre Wurzeln in der Gemeinde, aber erst ihre eigenen Erfahrungen und die beeindruckende Schwester Klara bestärkten sie, die Familientradition weiterzuführen. Solche Erfahrungen werden zunehmend mehr von Bedeutung sein, wenn, wie die Ergebnisse zeigen, die nachwachsenden Generationen immer weniger auf eine familial religiöse Sozialisation zurückgreifen können. Welche wichtige Rolle die **Konfirmandenzeit** einnehmen kann, zeigt auch das folgende Beispiel. Ein Vater, der selbst wenig religiös gebunden ist, erzählt über seine beiden Kinder:

> „Mein Sohn, der war jetzt auf einem Konfi-Camp und hat gesagt, er will dann hinterher als Helfer [bei der Konfiarbeit] weitermachen. Der war halt so begeistert." (Herr Roggenkamp, 44)

Dessen Schwester dagegen, die auch dabei war, hat, wie viele andere Konfirmanden keinen Ansatzpunkt für eine weitere aktive Teilhabe in der Kirche/Gemeinde gefunden. Viele Gemeinden bedauern, dass nach der Konfirmation die Jugendlichen wegbleiben. Nach Meinung eines Engagierten fehlt ein wichtiges Motivationsmoment:

> „Also nach der Konfirmation ist meistens für viele Schluss mit dem Kontakt zur Kirche. Da fehlt immer irgendwie das Bindeglied, dass die eine Aufgabe haben oder irgendwas, wo sie sich engagieren können." (Herr Kornfeld, 38)

Nach der Konfirmation beginnen für die jungen Erwachsenen neue biografische Lebensphasen, wie Berufsausbildung, Studium, Familiengründung, die verknüpft sind mit veränderten Bedürfnissen nach Bindung und Lebenssinn. Hinzu kommt eine zunehmende Mobilität in dieser Lebensphase. Studium, Ausbildung, Berufsarbeit, die Gründung einer eigenen Familie führen häufig zu Wohnortwechseln und einem damit verbundenen Wechsel der Kirchengemeinde. Hier fehlt es an Konzepten und Angeboten, auch trotz der veränderten Lebenssituation in der Kirche bzw. den Gemeinden weiter aktiv bleiben zu können. Das zweite Problem dürfte der Konfirmandenunterricht und die Konfirmandenzeit selbst sein. Frau Severin und Herr Roggenkamps Sohn sind vermutlich eine Minderheit. Nur jede*r fünfte unserer befragten Konfirmanden[208] sagt, dass ihn die Konfirmation der Kirche näher gebracht hat.

3.3 *Zwei wichtige Zielgruppen - Die jungen Alten und die Jüngeren*

Im Folgenden werden zwei Zielgruppen besonders hervorgehoben. Zum einen die „jungen Alten". Ihr Engagement hat in der Bevölkerung und in den evangelischen Gemeinden deutlich zugenommen. Dort, wo Gemeinden eine Zunahme an Engagierten verzeichnen, verdankt sich diese zumeist den „jungen Alten". Diese Gruppe ist ein besonderer Hoffnungsträger für die evangelische Kirchenarbeit. Unter einer Zukunftsperspektive noch wichtiger sind allerdings die Engagierten unter 40.

Die „Jungen Alten" als zukünftige Stütze der evangelischen Gemeindearbeit? Nach dem Freiwilligensurvey 2014[209] engagieren sich in den letzten 15 Jahren immer mehr Menschen freiwillig. 2014 waren 43,6 Prozent der Wohnbevölkerung ab 14 Jahren freiwillig engagiert. Insbesondere zwischen 2009 und 2014 hat sich dieser Anstieg dynamisiert: Die Quote ist in einem stärkeren Maße als in den Jahren zuvor angestiegen. Die Beteiligung von Frauen im Engagement hat sich deutlich ausgeweitet, aber nach wie vor engagieren sich auch 2014 Frauen mit 41,5 Prozent anteilig etwas seltener als Männer mit 45,7 Prozent. Auch bei jüngeren und älteren Personen hat das Engagement im Vergleich zur mittleren Altersgruppe stärker zugenommen. In den Altersgruppen der 14- bis 29-Jährigen und der 30- bis 49-Jährigen liegen die Anteile freiwillig Engagierter am höchsten, um die 47,0 Prozent. Den geringsten Anteil weisen Personen im Alter von 65 und mehr Jahren auf, in dieser Altersgruppe engagieren sich 34 Prozent freiwillig (ebd., 2).[210]

---

208 20,5% der 210 Gemeindemitglieder, die Angaben zu ihren Konfirmationserfahrungen gemacht haben.

209 Simonson, J., Vogel, C., Tesch-Römer, C. (2016a). Freiwilliges Engagement in Deutschland. Zentrale Ergebnisse des Freiwilligensurveys 2014. Hrsg. Bundesministerium für Familien, Senioren, Frauen und Jugend. Wiesbaden: Springer Vs. https://www.bmfsfj.de/blob/93914/e8140b960f8030f3ca77e8bbb4cee97e/freiwilligensurvey-2014-kurzfassung-data.pdf abgerufen 28.11.2016.

210 Simonson, J., Vogel, C., Tesch-Römer C., (2016b). Wer engagiert sich freiwillig? Kernergebnisse des Deutschen Freiwilligensurveys 2014. eNewsletter Wegweiser Bürgergesellschaft 05/2016 vom 18.05.2016 http://www.buergergesellschaft.de/fileadmin/pdf/gastbeitrag_simonson_vogel_tesch-roemer_160518.pdf.

Seidelmann (2012, 8) stellt in der Sonderauswertung des dritten Freiwilligensurveys für die evangelische Kirche fest, dass das Engagement auch in der evangelischen Kirche zwischen 1999 und 2009 stark zugenommen hat. Ein wichtiger Faktor für dieses Wachstum ist nach dem Ergebnis verschiedener Studien (vgl. beispielsweise V. EKD Erhebung 2014, Afg, Jakubeit 2015, Seidelmann 2012) das verstärkte Engagement der Älteren.[211] Dies hat sich auch nach 2009 fortgesetzt.

Die Gruppe der „jungen Alten" zwischen etwa 60 und 75 Jahren engagiert sich in wachsendem Ausmaß in den Kirchengemeinden und ist damit auch für die evangelische Kirche zu einer bedeutenden Gruppe geworden (vgl. Spieß et al. 2015, EKD 2014, 73f.). Seidelmann et al. (2012) zielen in ihrer Auswertung vor allem auf die Gruppe der 60- bis 69-Jährigen ab, die sich ihrer Meinung nach deutlich von den Befragten ab 70 Jahren in ihren Antworten unterscheiden (ebd., 73). Sie gehen davon aus, „dass die Kirche mit den ‚jungen Alten' wachsen kann" (ebd., 76). Auch Otten (2008, 99) stellt fest, dass 60 Prozent der „jungen Alten" sich nach der Verrentung eine Betätigung in einem neuen Betätigungsfeld wünschen. Der Freiwilligensurvey geht zudem davon aus, dass diese Gruppe zwar für freiwilliges Engagement aufgeschlossen bleibt, „aber sich jedoch in steigendem Maße als kritische und selbstbewusste Engagierte erweisen wird" (Bundesministerium für Familie, Senioren, Frauen und Jugend (2010, 20).

Der Nachwuchs – Engagierte unter 40 Jahren. Die jüngere Generation ist bei den Engagierten in der evangelischen Kirche unterrepräsentiert. Zum Beispiel zeichnet sich nach dem Freiwilligensurvey die Gruppe der 30- bis 39-Jährigen durch eine hohe und ansteigende allgemeinen Engagementquote aus, die bei ca. 47 Prozent liegt (vgl. Simonson 2016a 17), während nach der ELKB-Studie und unserer Netzwerkstudie der Anteil dieser Altersgruppe unter 10 Prozent liegt. Auch die Gruppe der 14- bis 30- Jährigen ist neben dieser mittleren Generation bei den Engagierten in der evangelisch-lutherischen Kirche im Vergleich zum allgemeinen Engagementpotenzial deutlich unterrepräsentiert. Beträgt dieses im Freiwilligensurvey 2014 nach Simonson (2014) ca. 47 Prozent, so liegt es bei unserer Netzwerk Studie lediglich bei 7,5 Prozent (ELKB 12,8 Prozent).

Mit ein Grund dafür wird in einem grundsätzlichen Bedeutungsverlust von Religion diagnostiziert (vgl. Pickel 2010 in V. EKD Erhebung (2014, 60ff.). 51 Prozent der bis 21-Jährigen und 41 Prozent der bis 29-Jährigen fühlen sich nicht bzw. kaum mit der Kirche verbunden. Ein weiteres Moment wird in der gestiegenen räumlichen Mobilität gesehen, die besonders für jüngere Menschen bis zu 45 Jahren gilt, die in der Ausbildungs- bzw. Berufsfindungsphase sind bzw. die Familienjahrgänge, die sich an einem neuen Wohnort einrichten müssen. „Räumliche Mobilität und der damit verbundene Verlust der sozialen Wurzeln

211 Nach dem Freiwilligensurvey 2009 waren 40 Prozent aller in der evangelischen Kirche Engagierten aus der Altersgruppe über 60 Jahren im Vergleich zu 26 Prozent im Jahr 1999 (vgl. Seidelmann 2012). Zunehmende Fitness und gesundheitliche Stabilität sowie ein verbessertes Bildungsniveau haben zu einer neuen Lebensphase, den „Jungen Alten" bzw. „Neuen Alten" geführt (vgl. Otten 2008).

führen zu mehr Abbrüchen freiwilliger Tätigkeiten." (Bundesministerium für Familie, Senioren, Frauen und Jugend (2010, 18).

Fazit. Die jungen Alten stellen demnach eine sehr wichtige, weil auch größte Gruppe für das Engagement in der Gemeinde dar. Aber werden bzw. können die Interessen und Bedürfnisse der jüngeren Kirchenmitglieder und Engagierten von dieser Altersgruppe mit aufgenommen werden? Gerade den Jugendlichen und jungen Erwachsenen kommt eine besondere Bedeutung zu, stellen sie doch das Zukunftspotenzial der Kirche dar. Aber diese Gruppe wird im Generationenvergleich als die Gruppe ausgemacht, die am wenigsten integriert und gebunden ist.

Von daher wird bei der weiteren Darstellung der Ergebnisse zum Engagement besonders auch auf Unterschiede zwischen den beteiligten Altersgruppen geachtet. Dies betrifft Erwartungen und Motive der Engagierten, ihre Teilhabe an spezifischen Engagementfeldern sowie einem evangelisch geprägten Hintergrund. Es wird der Frage nachgegangen, ob und wie sich die verschiedenen Altersgruppen unterscheiden und welche Möglichkeiten der Bindung an ihre Gemeinde sich daraus ableiten lassen.

3.4 *Die Pluralität der Erwartungen an das Ehrenamt*

In welchen Feldern engagieren sich die Ehrenamtlichen? Welche Erwartungen an das Ehrenamt/ Engagement haben sie und welche weiteren Potenziale an ehrenamtlichem Engagement lassen sich bei Ihnen erkennen? In den einzelnen Gemeinden gab es jeweils ein unterschiedliches Spektrum an Engagementfelder. Die Hälfte aller Nennungen bezieht sich auf vier Engagementbereiche:

- An erster Stelle der Nennungen steht die Beteiligung an besonderen Aktionen und Aktivitäten. Genannt wird hier u. a. die Mitarbeit bei Gemeinde- bzw. sonstigen kirchlichen Festen, Kirchen-Café, Weltgebetstag (jede sechste Nennung).
- An zweiter Stelle wird die Mitarbeit im Kirchenvorstand genannt (jede siebte Nennung).
- Ebenso häufig wie die Mitarbeit bei Gottesdiensten der unterschiedlichsten Art (Sonntags-, Festgottesdienst, Gottesdienste für Kinder, Familien und andere Formen der Gestaltung – ebenso jede siebte Nennung).
- An vierter Stelle der Nennungen steht der Musikbereich (jede achte Nennung). Darunter subsumieren sich eine Reihe von Angeboten, wie Chöre und Blockflöten-/Bläserensembles, um nur einige zu nennen. Hier gibt es auch Angebote speziell für Kinder und ein Angebot für jüngere Mitglieder wie beispielsweise das Musical-Team ‚Junge Christen'. Kulturelle Angebote wie Lesungen, Vorträge, Konzerte werden demgegenüber nur selten erwähnt.

Die andere Hälfte der Nennungen umfasst eine große Vielzahl unterschiedlicher Tätigkeiten. Die zwei wichtigsten darunter sind:

- Angebote für bestimmte Mitgliedergruppen werden von jedem Achten genannt. Dabei stehen die Senioren an erster Stelle (jede 20. Nennung), gefolgt von Angeboten für Kinder bzw. Eltern und Kinder (jede 28. Nennung) sowie für Jugendliche/junge Erwachsene (jede 29. Nennung).
- Knapp jeder zehnte Engagierte ist als Gemeindebriefträger unterwegs.

Jede*r Engagierte ist in der Regel in mehr als nur einem Bereich tätig: „regelmäßig" in durchschnittlich 1,4 Engagementfeldern und „ab und zu engagiert" noch in einem weiteren Bereich.
Die Befragten engagieren sich vor allem auch in Themenfeldern, die mit der eigenen Lebenssituation verknüpft sind bzw. mit denen sie auch eigene Interessen verbinden können. Beispielsweise erfolgt das Engagement für Kinder mehrheitlich von den 31- bis 45-Jährigen, die ja häufig gerade selbst Eltern sind. Die älteren Mitglieder über 60 nennen mehr Engagement im sozialen Bereich und vor allem das Engagement bei den Senioren. Eine Ausnahme bilden die Musikangebote. Hier beteiligen sich alle Altersgruppen gleichermaßen. Ein Ehrenamt, das wie der Kirchenvorstand über die Arbeit, die Entwicklung etc. in der Gemeinde entscheidet, wird vor allem von den Älteren bekleidet.

Die **Erwartungen der Engagierten** in den evangelischen Gemeinden korrespondieren insgesamt mit den Befunden des Freiwilligensurvey 2010,[212] die neben altruistischen Motiven zunehmend stärker auch selbstbezogene Motive angeben. Das Engagement soll sowohl Spaß und Freude bereiten, man will andere sympathische Menschen treffen und etwas für sich selbst tun, die eigenen Interessen und Kenntnisse erweitern und Anerkennung erfahren. Gleichzeitig möchten die Engagierten sich in die Gesellschaft einbringen, indem sie etwas für das Gemeinwohl beitragen und anderen Menschen helfen. Differenziert man die Ergebnisse nach den Altersgruppen zeigen sich bei den Erwartungen deutliche Unterschiede. So nimmt, wie zu erwarten, die Wichtigkeit des Motives „Spaß und Freude" mit dem Alter deutlich ab. Finden fast drei Viertel der bis 30-Jährigen „Spaß und Freude" sehr wichtig bzw. wichtig, sind es bei den 70-Jährigen und älteren nur noch knapp ein Drittel. Etwas für andere zu tun, ist auch für die jüngere Generation durchaus ein wichtiges Motiv (knapp zwei Drittel nennen es als wichtig bzw. sehr wichtig), bei den über 60-Jährigen und Älteren findet dieses Motiv allerdings eine neunzigprozentige Zustimmung. Die eigenen Interessen zu vertreten ist für etwas mehr als der Hälfte der bis 30-Jährigen sehr wichtig/wichtig und fällt im Vergleich zu den anderen Altersgruppen deutlich höher aus. Der Nutzen für die berufliche Entwicklung ist vor allem für die jüngeren

[212] Bundesministerium für Familie, Senioren, Frauen und Jugend (2010). Ergebnisse der repräsentativen Trenderhebung zu Ehrenamt, Freiwilligenarbeit und Bürgerschaftlichen Engagement, TNS Infratest Sozialforschung: München.

Engagierten, die ihre berufliche Zukunft noch vor sich haben, ein wichtiges Motiv für Engagement und gilt für 40 Prozent der befragten Engagierten dieser Altersgruppe.

Weiteres Engagementpotenzial vorhanden. Grundsätzlich ist ein Drittel der bereits Engagierten bereit, noch weitere Aufgaben zu übernehmen.[213] Nur jeder sechste Befragte schließt ein weiteres Engagement klar für sich aus, der Rest ist eher ambivalent. Die Bereitschaft, zu einem weiteren Engagement wird bei allen Gruppen allerdings an die folgende Bedingung geknüpft: Das Engagement muss inhaltlich und organisatorisch passend zum jeweiligen Lebensentwurf beziehungsweise zur gegenwärtigen Lebenssituation sein.

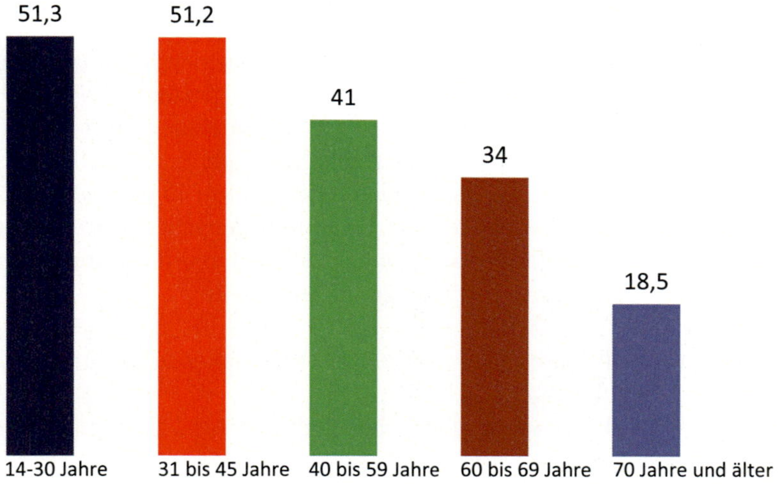

Abbildung 12: Bereitschaft zu mehr Engagement nach Alter (Gruppe der Engagierten, Angaben in Prozent)

Plurale Engagementfelder: Gefragt nach den Inhalten, zu welchen sie zusätzlich Interesse und Lust haben sich zu engagieren, zeigt sich die ganze Bandbreite möglicher Engagementbereiche in den Gemeinden. Genannt wird:

– Die Unterstützung von **kirchlichen Angeboten**: Mithilfe bei der Vorbereitung/Gestaltung unterschiedlicher Gottesdienste, vor allem auch im Musikbereich; bei der Konfirmandenarbeit/-freizeit sowie einige beim Angebot von Bibel- und Hauskreisen.

---

213 Gerade bei den jüngeren Altersgruppen, die bei den Engagierten insgesamt deutlich weniger vertreten sind, ist die Bereitschaft größer als bei den Älteren.

- Die Arbeit mit **spezifischen Gruppen:** mit Kindern (im Außenbereich, Betreuung, soziale Hilfen), mit Jugendlichen (Freizeit, Hausaufgaben Betreuung), für Familien (Krabbelgruppen und sonstige Angebote), Behinderte, Alte Menschen/Aktive Senioren.
- Die Unterstützung bei bestimmten **Tätigkeiten bzw. Themen**, bei denen man sein **Wissen** und **Können** einbringen kann: Dolmetschen, technische Hilfe, Computerkenntnisse, Betreuung der Homepage, Basteln, Verwaltungsaufgaben/Finanzen, sich um den Außenbereich kümmern, Kuchen backen, Organisation bei Festen, Freizeiten allgemein, Trauerarbeit, Lesungen, Kunst gestalten und erleben, Sport, Naturschutz.
- Die Unterstützung von **sozialen Projekten** für sozial schwache Familien, Nachbarschaftshilfe, Gemeindeprojekte, Spendenaktionen/Hilfsprojekte.

In keiner der untersuchten Gemeinde gibt es ein Engagementfeld, für das sich 10 Prozent oder mehr interessieren. Stattdessen sind die genannten Wünsche und Tätigkeiten so breit gefächert, dass keine einzelne Gemeinde diesem pluralisierten Interessensspektrum ausreichend entsprechen kann.

Auch die Rahmenbedingungen spielen bei der Frage, ob man bereit ist sich mehr zu engagieren, eine wichtige Rolle. Hier bestätigen sich entsprechende Befunde aus den Freiwilligensurveys. So sollten nach Meinung der Befragten in den Gemeinden folgende Rahmenbedingungen gegeben sein:

- Das Engagement sollte zeitlich flexibel sein (Wochenende, nachmittags, vereinbar mit Berufstätigkeit ...).
- Es sollte klar umrissene Aufgabengebiete umfassen und feste Ansprechpartner*innen haben.
- Gewünscht wird eine Offenheit gegenüber weniger religiösen Menschen sowie für Kritik und Nachfragen und eine Offenheit der Organisation (unkompliziert, keine Anwesenheitspflicht).
- Gewünscht wird eine Zusammenarbeit die freundschaftlich, persönlich, offen und ohne Streit verläuft.
- Gute Informationen über Möglichkeiten des Engagements.

Jede Gemeinde wäre damit heillos überfordert, wollte sie versuchen, bei ihren Engagierten diese Wünsche und Anliegen zu berücksichtigen.

4 Netzwerke als wichtiges, tragendes Element im Kirchenalltag

Netzwerke gehören seit eh und je zum Alltag christlicher Gemeinden. Geändert hat sich jedoch der Stellenwert. Waren, wie wir in Kapitel 2 diskutiert haben, früher die religiöse Tradition und die Organisationsstruktur der Kirche die dominierenden Elemente für den Alltag der Gemeinden und die Netzwerke so etwas wie das informelle Beiwerk, bekommen die Netzwerke heute als Folge von Säkularisierung und Individualisierung einen anderen, wichtigeren Stellenwert. Zugleich zeigt der Netzwerkblick noch einmal die enormen Chancen und Herausforderungen für die gemeindeorientierte Netzwerkarbeit. Diese veränderten Bedingungen wollen wir uns in diesem Abschnitt an drei Bereichen anschauen:

- An der Rolle der Netzwerke für die Gewinnung von Engagierten.
- An der Bedeutung für das Gemeinschaftserleben und die Bindung von Mitgliedern.
- An der Stellung des Evangelischen in jeweiligen Netzwerken der Mitglieder.

4.1 *Engagement über Netzwerkkontakte*

> „Ja, da haben den Mesnerdienst schon meine Großeltern gemacht und zwischendrin auch andere Familien dann, aber den haben meine Geschwister und ich – zu dritt waren wir damals – gemacht. Die sind inzwischen weg. Und von daher haben wir schon als Kinder Sonntagsblatt und Mesnerdienst gemacht. ‚Eigentlich schon immer' ist eigentlich die richtige Antwort." (Herr Wolter, 58)

> „Als ich mich von meinem Mann getrennt habe, fiel ich in eine tiefe Krise. Eine Freundin riet mir, externe Hilfe bei einer Bekannten, die professionell ausgebildet war zu suchen. Diese Bekannte war zugleich auch in der evangelischen Gemeinde an meinem Wohnort engagiert und hat mich eines Tages gefragt, ob ich mir vorstellen könnte mich auch dort zu engagieren. Ich war zwar evangelisch, hatte aber bis dahin 20 Jahre fast nichts mehr in der Kirche gemacht. Heute bin ich schon sieben Jahre dabei, davon vier auch im Kirchenvorstand." (Frau Brunner, 53)

Diese Zitate stehen für zwei unterschiedliche Muster.

Muster 1: Schon als Kind aktiv. Herr Wolter weist darauf hin, dass er schon als Kind aktiv war, wie die anderen Mitglieder des Kernnetzwerks, d. h. seiner Familie auch. Für diese Gruppe ist es Glaube und Tradition, die es selbstverständlich machen, sich auch dann in der jeweiligen Gemeinde dauerhaft zu engagieren. Ein solcher „ererbter" Zugang gilt jedoch nur noch für eine Minderheit der

Engagierten. Die Tatsache, dass man schon als Kind aktiv war und der Glauben es quasi natürlich nahelegt, sich dann auch in einer Gemeinde zu engagieren, war (nur) für jede*n fünften Befragten der zentrale Grund seines/ihres Engagements. Eigene positive Erfahrungen, die man in der Kindheit zusammen mit anderen erlebt hat, führen in Kombination mit einer hohen religiösen Verbundenheit dazu, dass Bindung und Engagement bis ins Erwachsenenalter erhalten bleibt. Konkrete Erlebnismöglichkeiten, lokales kirchengemeindliches Leben und Kontakte, die in der Kinder- und Jugendbiografie erfahren wurden, spielen für diese Gruppe offenbar eine besonders wichtige Rolle. Eine junge Engagierte erinnert sich:

> „A: Ja, wir (ich und meine Geschwister) waren schon von klein auf aktive Gemeindemitglieder, waren im Kindergottesdienst und Jungschar und Musikkreis und alles Mögliche.
> I: Da haben Sie immer überall mitgemacht und sind da so richtig reingewachsen.
> A: Ja. Genau."

Muster 2: Man wird gefragt, ob man für ein bestimmtes Engagement/Ehrenamt zur Verfügung steht. Dies ist der weitaus häufigste Weg. Hier geben zwei Drittel an, dass sie von anderen Personen der Gemeinde angeworben wurden:

- am häufigsten vom Pfarrer/von der Pfarrerin (44,6 Prozent der Nennungen, in ländlichen Gebieten noch etwas häufiger),
- gefolgt vom Kirchenvorstand (18,4 Prozent) und anderen Gemeindemitgliedern (19,9 Prozent),
- von der Familie bzw. von Freunden. Hier wurde jeweils jeder zehnte angesprochen.

Es fällt auf, dass die bis 30-Jährigen, aber auch die Gruppe der bis 45-Jährigen von Pfarrer*in, Kirchenvorstand und Gemeindemitgliedern etwas weniger oft angesprochen werden als die Älteren. Hier schließt sich ein Kreis: Jüngere Engagierte sind in den Gemeinden weniger vertreten und sprechen so auch weniger gleichen Alters an, obwohl die Mehrzahl der Engagierten durch persönliche Ansprache gewonnen werden. Interessant ist auch, dass sich bei diesem Muster auch Personen finden, die sich der Kirche weniger stark verbunden fühlen, denen aber über den Weg der persönlichen Ansprache ein Engagement attraktiv erscheint.

So wichtig der Glauben und die „evangelische Kirche an sich" sind, so deutlich zeigt sich doch auch, dass der zentrale Grund, sich in einer Gemeinde zu engagieren, die persönliche Ansprache (das Werben) durch andere Gemeindemitglieder ist. Zwei Beispiele:

> „Ja, ich wäre ja auch nie auf die Idee gekommen, früher, wenn ich da nicht angesprochen worden wäre, da was zu machen oder nachzufragen, kann ich da helfen oder kann ich da was tun. Da wäre ich eigentlich nie draufgekommen. Allerdings ist das auch schon wieder 16 Jahre her. Aber ich bin ganz froh, dass ich das gemacht habe.

> Es ist ja doch befriedigend, auch wenn ich da kein Geld verdiene." (Frau Wilhelmi, 52)
>
> „Ja, die Motivation war, weil die mich angesprochen haben als Fachmann und ich halt von der Überzeugung der Meinung bin, man kann nicht nur seinen Beruf leben oder seine Freizeit leben, sondern man muss sich schon auch öffentlich engagieren. Ich hab' mich vorher intensiv im Sportverein hier im Ort engagiert gehabt. Das war dann nicht mehr – also ich bin überzeugt, derjenige, der in der Lage ist, muss auch für die Gemeinschaft was tun. Das ist es eigentlich. Und dann konnt' ich schließlich 2006 das gar nicht mehr anschauen, wie nichts geschah. Das war meine Motivation." (Herr Satzmann, 47)

Neben diesen beiden Mustern (aus Tradition und über persönliches Werben) spielen andere Gründe nur eine nachrangige Rolle.

Muster 3: Man geht selbst auf die Kirche zu und fragt nach Engagementmöglichkeiten. Diesen aktiven Zugang aus Eigeninitiative haben ca. 13 Prozent der Engagierten gewählt, die Jüngeren am wenigsten (3,2 Prozent), die Älteren ab 60 bis 69 mit 19 Prozent am häufigsten. Häufig sind es neu zugezogene Personen, die in ihrer alten Gemeinde ebenfalls bereits ein Engagement ausübten. Eine zweite Teilgruppe sind ehemals Engagierte, die nach einer längeren, meist berufsbedingten Pause nun wieder Zeit für ein Engagement in ihrer Gemeinde suchen. Beide Gruppen fühlen sich in aller Regel der Kirche stärker verbunden.

Unabhängig ob Land oder Stadt, ob Diaspora oder Kernland, sehen wir, dass für die Bereitschaft, sich in einer Gemeinde zu engagieren, weniger stark allein der Glaube und die Tradition (von Kindesbeinen dabei) oder die Anzahl der Jahre, die man in der Gemeinde lebt, verantwortlich sind. Entscheidend sind oft Netzwerkkontakte. Der Anteil der über Netzwerkkontakte Geworbenen variiert zwischen den untersuchten Gemeinden nur geringfügig (61 bis 72%). In den eher ländlichen Regionen spielt bei der Ansprache der Pfarrer/die Pfarrerin noch eine große Rolle, in den eher urbanen Regionen sind es häufiger andere Gemeindemitglieder. Hinzu kommt der Schneeballeffekt, der in funktionierenden Netzwerken ein großes Potenzial bietet. Knapp über die Hälfte derjenigen, die als Engagierte von anderen geworben wurden, haben wiederum weitere Personen aus ihrem jeweiligen Netzwerk nach einem Engagement in der evangelischen Gemeinde gefragt. In der Regel mit Erfolg.

Fazit: Der größte Teil der Engagierten wächst nicht mehr automatisch ins Engagement, sondern wird über persönliche Kontakte geworben. Entweder aus dem Kreis der Gemeindemitglieder, die man persönlich kennt oder über Hauptamtliche, denen man bei einem Angebot begegnet. Wenn aber, wie unsere Studie zeigt, die Zahl der Engagierten bei den Jüngeren deutlich abnimmt, dann sinkt auch die Wahrscheinlichkeit, dass man einen jüngeren Engagierten in seinem Bekanntenkreis hat, der einen werben/motivieren kann.

4.2 Gemeinschaftserleben und Netzwerkerweiterung (neue Freundschaften)

In aller Regel sind die Engagement- und Angebotsformen im Gemeindekontext gruppenbezogen. Ob man sich im Chor, für Senioren und Jugendliche engagiert, oder bei der Gottesdienstvorbereitung hilft, findet man sich in einer Gruppe von Ehrenamtlichen wieder bzw. organisiert etwas, an dem eine Gruppe von Mitgliedern teilnimmt. Dieses Gemeinschaftselebnis ist eine für viele sehr wichtige Erfahrung. Beispielsweise für Frau Spitzer (siehe auch den folgenden Abschnitt zu den Chören), wenn sie davon spricht, dass der Chor eine Gemeinschaft ist, „*... wo ich mich einfach auch fallen lassen kann, ...wo man merkt, du wirst gebraucht*". Ein anderes Beispiel ist Herr Weiser, 61 der über die Gruppe der Engagierten sagt: „*Ich (bin) echt froh, dass ich dabei bin. Und das ist eine ganz eine tolle Gemeinschaft*".

Die Gemeinschaftserfahrung ist auch die Basis für einen weiteren Netzwerkeffekt. Man nutzt oder gestaltet nicht nur Angebote, sondern trifft immer auch Menschen, die man über die Angebote näher kennenlernt. Wie zentral diese Netzwerkarbeit für den inneren Zusammenhalt in der Gemeinde ist, zeigen die Fragen nach den persönlichen Freundschaften. 79 Prozent der Befragten haben innerhalb der Gemeinde persönliche Freunde gewonnen. Im Durchschnitt sind dies bei den Engagierten sechs weitere Personen. Der Ort des Kennenlernens ist dabei vor allem jener, wo man gerade selbst engagiert ist. Dies trifft für 62 Prozent der befragten Engagierten zu. Insofern bestimmen Art und Inhalt des Engagements durchaus auch den Freundeskreis mit. Wichtig sind aber auch größere Veranstaltungen (geben 45 Prozent an) und bei den Älteren die Zeit vor und nach dem Gottesdienst (sagen 41 Prozent der Befragten).

4.3 Netzwerke von evangelischen Menschen

Das Geflecht der sozialen Beziehungen als ein wichtiges Element im Kirchenalltag lässt sich auch über die Netzwerke der jeweiligen Personen zeigen, die sich in ihrer Kirche engagieren. Wir möchten im Folgenden sechs unterschiedliche Netzwerkmuster zeigen. Sie repräsentieren Formen der sozialen Einbettung der Menschen und die Rolle der evangelischen Gemeinde.[214]

---

[214] Die egozentrierten Netzwerkvisualisierungen zeigen jeweils das Netzwerk einer Person. Die Netzwerkkarte wird im Laufe des Interviews von der interviewten Person selbst auf einem Netzwerkbrett gesteckt (Zum Verfahren siehe Straus 2002a und b, Höfer, Keupp, Straus 2006, Straus 2010). Im Mittelpunkt (innerster Kreis=EGO) steht die Person um die es geht. Die Personen werden den jeweiligen Lebensbereichen zugeordnet. Der/die Interviewte benennt die aktuell relevanten Lebensbereiche. Je wichtiger ein Lebensbereich für

Beispiel 1: Das Netzwerk von Frau Kreimayer (Kernland)

Frau Kreimayer ist zum Zeitpunkt des Interviews 44 Jahre alt, verheiratet, und hat drei Kinder im Teenie-Alter. Sie gehört zu jener Gruppe weiblicher engagierter Kirchenmitglieder in einer Gemeinde des evangelischen Kernlands, die mehr wollen, als nur bei Festen und Vorbereitungen mitzuhelfen. Ihr gefällt die Möglichkeit mitzugestalten:

> „Ich denk', mir gefällt das schon, dass ich hier auch ein Stück weit mitentscheiden kann. Ob jetzt bestimmte Gottesdienste bei uns gehalten werden oder nicht, ob, ja, was weiß ich, wenn man jemand einstellt, wird auch mitentschieden, wer wird eingestellt. Und so weiter. Also das, na ja, das ist einfach schon, ja, das ist wirklich ein Einfluss, den man da hat. Auch auf die Prägung: Wie läuft die Gemeinde? Wie entwickelt sich die? Das gefällt mir schon gut."

Frau Kreimayer gehört zu jenen Personen, die noch traditionell evangelisch sozialisiert wurden. Allerdings gab es in ihrer Biografie auch eine längere Phase, in der sie nur noch losen Kontakt zur Gemeinde hatte:

> „Ja, es gab, ich denk' mal, von der Konfirmation weg viele Jahre, wo ich, ja, vielleicht auch mal in den Gottesdienst gegangen bin, aber nicht intensiv das so bewusst erlebt hab'. Aber es gab dann einfach so einen Punkt in meinem Leben, wo ich mir gedacht hab', das ist mir eigentlich zu wenig, wie das Leben so abläuft."

An diesem biografischen Wendepunkt (Übergang) bietet ihr der Glaubenshintergrund eine Möglichkeit, dem Alltag wieder mehr Sinn zu geben:

> „Und ich hab' auch immer so ein wenig einfach so das G'spür g'habt, Gott will mehr von mir. Und dann hab' ich irgendwann mal das einfach ein bissl handfester g'macht, sag' ich jetzt mal. Da gab's einfach so eine Entscheidung für mich: Ich will das jetzt anders, intensiv erleben. Und deswegen sag' ich mal so, ab da sind diese richtigen Jahre mit Gott eigentlich entstanden ... Ja, das war so ganz allein mein Entschluss, ohne irgendwie jemanden dazu. Einfach so, ich hab' einfach g'merkt, es ist mir zu wenig, und irgendwo, denk' ich auch, hat Gott mich da angesprochen: Entscheid' dich jetzt mal, was willst du? Und das hab' ich einfach dann gebraucht für mich. Und so bin ich eben auf die Suche gegangen, sowohl nach einer Gruppe als auch nach meinem persönlichen inneren Bezug zu Gott."

Konkret bedeutete dies für sie nicht einfach nur mehr Gottesdienstbesuche, sondern einen intensiven Einstieg in die vorhandenen Engagementmöglichkeiten der Gemeinde:

> „Und einfach, ich sag' jetzt mal so, das Glaubensleben teilen mit anderen, das ist für mich ganz wichtig geworden. Und das, denk' ich, kann man nicht Sonntagfrüh im

---

den/die Befragte/n ist, desto größer wird dieser Bereich auf der Netzwerkkarte eingezeichnet. Im nächsten Schritt werden für jeden Lebensbereich die Personen eingetragen. Je näher eine Person aus Sicht des EGO zu ihm/ihr steht, desto näher sind diese Personen, je weniger wichtig desto weiter außen auf der Netzwerkkarte eingezeichnet. Personen, von der der/die Befragte weiß, dass sie evangelisch sind, werden hier als rote Punkte dargestellt, alle anderen Einzelpersonen als blauer Punkt. Gruppen bzw. Gremien o.ä. sind als gelbe Punkte markiert.

> Gottesdienst, weil da kriegt man eine Predigt vorgesetzt, mal gut, mal weniger gut, aber man hat keinen Austausch."

Diese Haltung findet man auch in ihrem sozialen Netzwerk wieder. Typisch für viele andere Netzwerke auch in den Gemeinden des Kernlands ist, dass Kirche keineswegs das zentrale Netzwerksegment ist (das ist bei den meisten Männern der Beruf, bei den meisten Frauen die Familie und der Beruf zu gleichen Teilen). Frau Kreimayer gehört zu jener Gruppe von Menschen, bei der die Kirche einen prominenten Stellenwert einnimmt. Neben der eigenen Familie ist es das größte Segment und im Netzwerk von Frau Kreimayer auch der Bereich, der eine große Nähe zu ihr selbst hat. Kein anderer Bereich weist eine ähnliche durchschnittliche Nähe auf, ohne dass es eine Person gibt, die zu den ganz engen Vertrauten von Frau Kreimayer gehört.

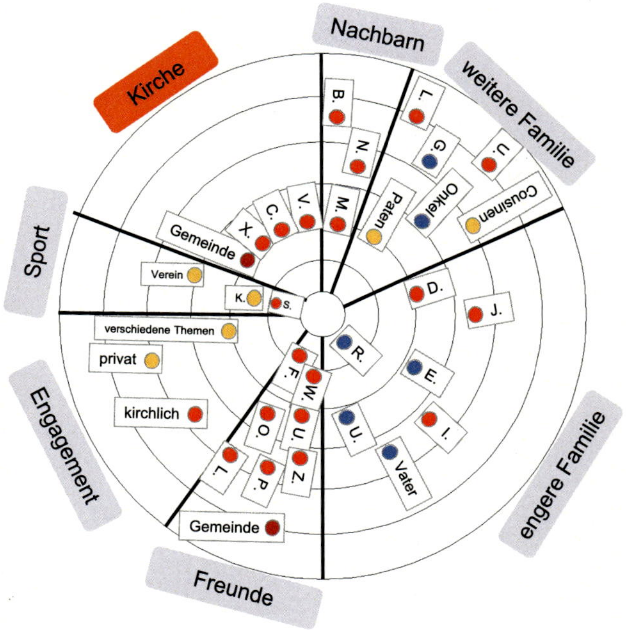

Abbildung 13: Netzwerkkarte von Frau Kreimayer

An ihrem Netzwerkbeispiel kann man auch noch den Stellenwert der Nachbarschaft sehen. Dies findet sich bei Netzwerken im evangelischen Kernland häufiger. Frau Kreimayer hat hier vor allem weibliche Nachbarn eingezeichnet. Generell haben nachbarschaftliche Bezüge in den letzten Jahren jedoch an Bedeutung verloren und kommen beispielsweise in den Netzwerken aus der Diaspora in keinem der Netzwerke als ein eigener Bereich vor.

Ansonsten ist es ein evangelisches Netzwerk (über 90 Prozent der namentlich gekennzeichneten Einzelpersonen gehören der evangelischen Kirche an).

Ein hoher Anteil an Personen aus ihrer Familie und an Freunden arbeitet ebenfalls aktiv in der Gemeinde mit. Trotzdem sieht sie noch etwas Potenzial in ihrem Netzwerk, weitere Personen für die Arbeit in der Gemeinde gewinnen zu können.

Beispiel 2: Herr Palme – Der Funktionär

Hier sehen wir ein typisches Netzwerk, das von Familie und Beruf dominiert wird. Herr Palme ist 46 und hat Frau und Kind. Im Vergleich zu Frau Kreimayer's Netzwerk ist der Kirchensektor hier etwas kleiner und die eingezeichneten Personen sind deutlich weiter vom Herrn Palme (Ego) entfernt. Dennoch ist der kirchliche Bereich wichtig, was man auch daran sehen kann, dass sich dort in Relation zum Gesamtnetzwerk viele Kontakte finden. Herr Palme hat hier vor allem Gremien und Gruppen eingezeichnet. Bei den rein personalen Kontakten nimmt die Pfarrerin eine wichtige Position ein. Insgesamt ist es ein nahezu komplettes evangelisches Netzwerk. Fast alle der Netzwerkkontakte werden von Herrn Palme als Mitglieder der evangelischen Kirche zugeordnet.

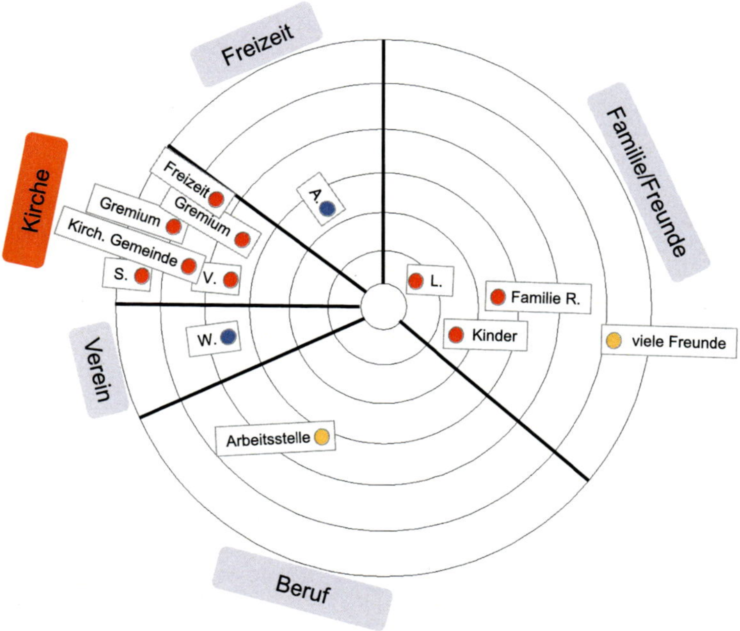

Abbildung 14: Netzwerkkarte von Herrn Palme

Herr Palme ist über die Großeltern und Eltern in die Kirche und Kirchengemeinde hineingewachsen. Auf die Frage, wie und wann er zur Kirche gekommen ist antwortet er deshalb: *„Eigentlich schon immer"*. Aktuell ist er Teil des Kirchenvorstands und nimmt auch noch andere Ämter in der Kirche wahr, teilweise auch außerhalb der Gemeinde. Schon als Dreißigjähriger war er so aktiv. Das passiert heute immer weniger, wie er mit Bedauern feststellt. Er kritisiert am aktuellen Alltag, dass für Jugendliche und auch Männer wie ihn in den Gemeinden kaum Angebote existierten.

> „Deswegen haben wir ja die Überalterung. Weil die sind bis zur Konfirmation noch da – es werden schon die meisten, teilweise vielleicht aus Tradition, konfirmiert, aber ich denk', da könnte die Kirche auch Fragen beantworten, die die Jugend hat. Wenn entsprechende Leute da sind, die das können. Aber an denen fehlt's." Und nach einer kurzen Pause: „Für Frauen in dem Alter, da gibt's bestimmte Gruppen. Da gibt's Frauenkreise, Singkreise, aber für Männer gibt's eigentlich in dem Alter kaum was."

Aber auch wenn der evangelische Bereich einen wichtigen Stellenwert in seinem Leben einnimmt, so ist es nicht der einzige. Herr Palme hat noch zwei weitere Lebensbereiche in der Freizeit, die ihn sehr interessieren und fordern: Er läuft Marathon und ist bei der örtlichen Feuerwehr aktiv. Für einen Großteil der von uns befragten Engagierten ist typisch, dass sie auch noch in anderen Bereichen außerhalb der Kirche engagiert sind. Diese anderen Bereiche sind auch Konkurrenten um Zeit und Interesse.

> „Weil die meisten meiner Freunde haben mit Kirche überhaupt nichts zu tun. Die sagen mir höchstens, wenn ich wieder mal keine Zeit hab' zum Trainieren, weil ich hier was machen muss: ‚Bist ja selber schuld'. Im Freundeskreis ist eigentlich, ja, hat eigentlich keiner irgendeinen Bezug zur Kirche. Eher im Gegenteil. Also, da ist (nur) eine Familie drin, die – das sind auch eine der wenigen Freunde, die auch kirchlich engagiert sind. Also, er ist in der Feuerwehr, und sie ist in der Kirche engagiert."

Bemerkenswert ist, dass viele seiner Freunde seinen kirchlichen Aktivitäten kritisch gegenüberstehen, obwohl Herr Palme in einer evangelisch geprägten Gegend lebt.

> „Nein, ... also, da sind etliche dabei, die sagen, warum ich mich da so engagier'. Also die das für ziemlich überflüssig halten. Also, da hab' ich im Freundeskreis relativ wenig, die vielleicht mal zu einem Gemeindeangebot mitgehen würden, wenn irgendwo ein Vortrag oder irgendein Konzert ist."

Beispiel 3: Herr Hartzfeld, 47 Jahre – Kurzzeitige Annäherung durch Kasualien
Geboren in Franken und väterlicherseits auch mit der Kirche verbunden, wächst er ganz eng mit Jugendgruppen, Zeltlagern und ähnlichen evangelischen Aktionen auf. *„Und dadurch war ich halt sehr viel in der Kirche eingebunden. Das hat eigentlich erst aufgehört, wie ich dann nach Augsburg gezogen bin."* Hinzu kommt die Heirat mit einer Katholikin, die ihrerseits aber eher distanziert zu ihrer Kirche ist. Der dritte wesentliche Grund, warum er einige Jahre kaum noch aktiv war, ist der Beruf, der auch Wochenendarbeit beinhaltet und generell wenig Zeit für kirchliches Engagement lässt. Als seine zwei Söhne geboren werden, stellt sich die Religionsfrage erneut:

> „Weil ich mit der Kirche durchaus was am Hut hab', hab' ich zu meiner Frau gesagt, und sie eher weniger zur katholischen, dann machen wir's so, dann sollen sie (die Kinder) evangelisch werden. ... Mein Evangelisch-Sein wurde wieder ein bisschen in

Gang gebracht durch die Kinder, weil die dann im Konfirmandenunterricht waren, weil zwei Söhne dann selber auch eine Kindergruppe bzw. Jugendlichengruppe geleitet haben hier in der evangelischen Kirche."

Nach dieser intensiveren Phase beschränkt sich seine Aktivität auf die klassischen Besuche:

„A: Ansonsten ist man halt Weihnachten in der Kirche. Ich war unlängst auch mal am ersten Advent in der Kirche.
I: Also das machen Sie schon ab und zu, zu größeren Anlässen wie Weihnachten?
A: Ja, aber es ist selten geworden, muss ich sagen."

Aktuell verbindet Herrn Hartzfeld mit der evangelischen Kirche nur noch die Pfarrerin. Weitere persönliche Kontakte gibt es keine. Herr Hartzfeld hatte auch lange Zeit gezögert, ob er überhaupt einen eigenen Sektor einzeichnen soll. Dies ist typisch für die Gruppe der Kasualienempfänger*innen, die im städtischen Kontext in der Diaspora leben. Sie haben fast alle keinen eigenen Bereich für die evangelische Gemeinde in ihren Netzwerkkarten eingezeichnet.

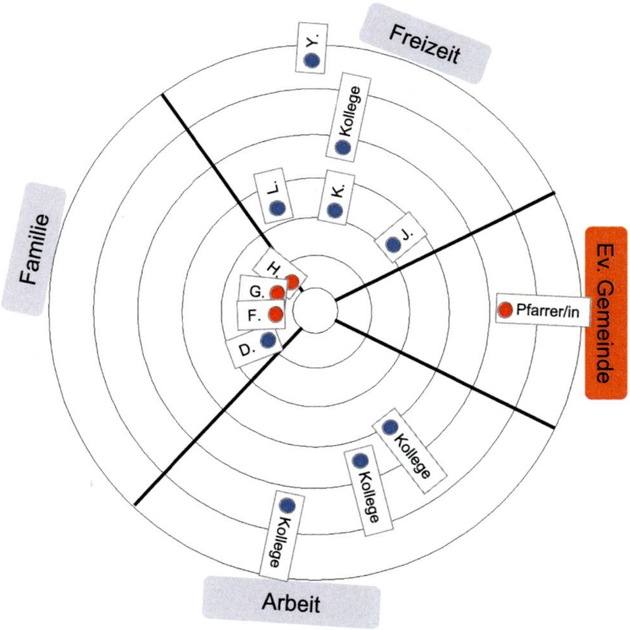

Abbildung 15: Netzwerkkarte von Herrn Hartzfeld

Beispiel 4: Frau Brunner – Wieder näher gekommen – Engagement in der Diaspora

Frau Brunner, 53, kommt aus einer Region, in der die meisten von Haus aus evangelisch sind. Ihre Eltern beschreibt sie jedoch als „keine Kirchgänger". Sie selbst hat mit Ausnahme der Konfirmation auch keinerlei einschlägige Erfahrungen aus traditioneller evangelischer Jugend- oder Erwachsenenarbeit, sieht sich aber als christlich orientierten Menschen. Aus ihrer Ehe mit einem Katholiken hat sie einen Sohn, der als Kompromiss mit dem Vater katholisch getauft wurde. *„Ich bin wohl stark an christlichen Werten orientiert, aber ich würd' mich jetzt nicht als sehr gläubigen Menschen betrachten."* Für ihren Zugang entscheidend war eine Mischung von Gründen, „ *... einfach so die Verbundenheit und dann auch so ein Gefühl der Dankbarkeit: Jetzt kann ich was zurückgeben*". Frau Brunner spielt auf eine Zeit an, in der sie durch eine Reihe von Todesfällen Unterstützung gesucht und gefunden hat. *„Da bin ich in einer sehr fürsorglichen und einfühlsamen Weise von einer jungen evangelischen Pfarrerin begleitet worden."* Diese positive Erfahrung und das Erleben einer weiteren engagierten Pfarrerin während des Irakkriegs bilden das Fundament, auf der man sie erfolgreich für eine aktive Rolle in der Gemeindearbeit gewinnen konnte.

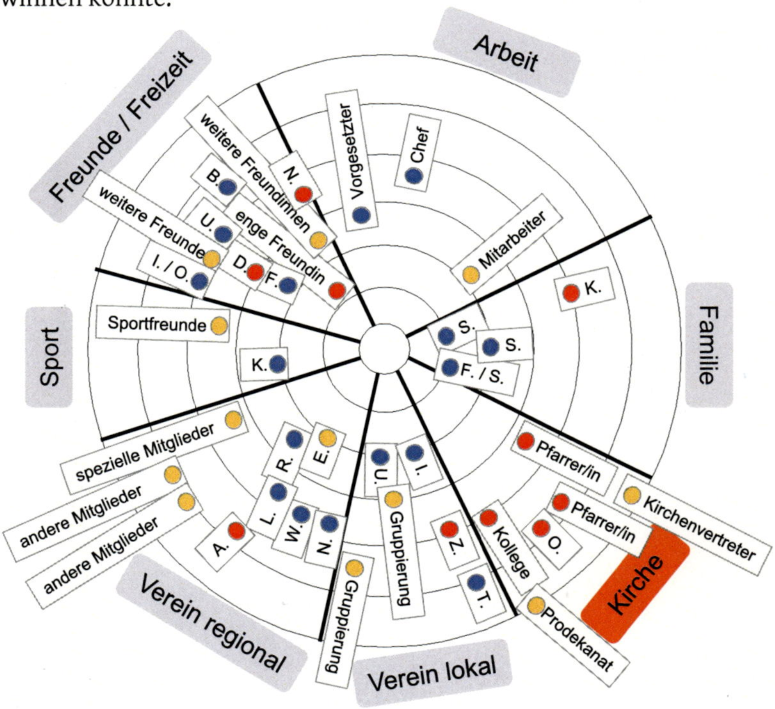

Abbildung 16: Netzwerkkarte von Frau Brunner

Wie man aus der Netzwerkkarte ersehen kann, ist der Kirchenbereich nur eines von vielen Interessens- und Betätigungsfelder von Frau Brunner. Die in diesem Kirchenbereich eingezeichneten Personen stehen ihr im Durchschnitt weniger nahe, als es in den anderen Sektoren der Fall ist. Im Kirchensektor gibt es eine Mischung aus persönlichen Kontakten zu Gemeindemitgliedern und den Hauptamtlichen sowie Gremien.

> „Also die Leute, die ich kenne, für die ist die evangelische Kirche teilweise nicht so interessant. Also die (sie deutet auf die Netzwerkkarte) zum Beispiel. Sie hat anscheinend wirklich schlechte Erfahrungen mit der katholischen Kirche gemacht. Und er auch."

Frau Kreimayer und Frau Brunner kommen beide aus Regionen, in denen das Evangelisch-Sein zur Tradition gehört. Für Frau Brunner hat sich dies mit ihrer Heirat und dem Umzug in eine Großstadt geändert. Unabhängig davon haben beide aber eine längere Zeit in ihrem Leben, in denen sie kein Bedürfnis verspürt haben, sich enger an eine evangelische Gemeinde zu binden, noch für evangelische Angebote zu engagieren. Während bei Frau Kreimayer die erneute Hinwendung zur evangelischen Kirche und ihrer Gemeinde von innen kam, war für Frau Brunner ein Schicksalsschlag und die oben beschriebene Unterstützungserfahrung verantwortlich. Sie wird, nachdem man sie gefragt hatte, auch bald Teil des Kirchenvorstands. Trotzdem bleibt sie vom Glauben her im Unterschied zu Frau Kreimayer eher distanziert und der Kirchenbereich konkurriert in ihrem Netzwerk stark mit anderen Bereichen, in denen Frau Brunner ebenfalls engagiert ist. Typisch für die Interviewten aus der Diaspora ist auch, dass der Anteil der evangelischen Menschen im Netzwerk viel geringer ausfällt (hier bei ca. einem Drittel liegt). [215]

Beispiel 5: Frau Zocher – innerkirchliche Grenzgängerin
Das Netzwerk von Frau Zocher, 34 Jahre, scheint, obwohl klar evangelisch geprägt, der evangelischen Gemeinde nur einen kleineren Ausschnitt einzuräumen (14 Prozent). Allerdings kommt sie aus einer Nachbargemeinde, die nur einige Minuten von ihrem jetzigen Haus in der Stadt entfernt liegt. In der Nachbargemeinde wohnen nicht nur ihre Eltern, sondern hier hat sie noch viele Bezüge und nutzt auch evangelische Angebote (vor allem den Chor). Diese dörfliche Gemeinschaft ist fast ausschließlich evangelisch geprägt.

---

215 Die Interviewpartner*innen wurden gebeten, all jene Personen zu kennzeichnen, von denen sie wissen, dass sie evangelisch sind. Dies war nicht immer möglich. Typischerweise in der Diaspora sagten Befragte immer wieder, dass sie das eigentlich nicht wissen. Auch dies ein Indiz dafür, dass die Religionszugehörigkeit in vielen dieser Beziehungen kein Diskursthema ist. Ebenfalls nicht möglich ist eine Zuordnung, wenn Interviewte Gruppen benennen.

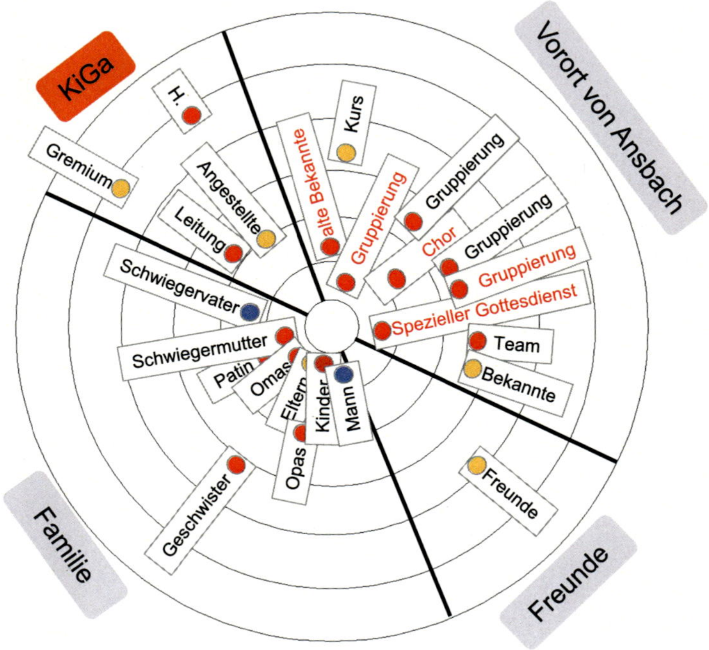

Abbildung 17: Netzwerkkarte von Frau Zocher

Alles überlappt sich eng mit dem dortigen Gemeindeleben: „*... und da gehören halt noch drei, vier Dörfer mit dazu ... und da kennt halt quasi jeder jeden. Und wenn wir halt hier in die Stadtgemeinde gehen, dann kennen wir halt vielleicht von hundert Leuten grad' zwanzig höchstens*".

Der genaue Blick auf ihren kirchlichen Sektor zeigt, dass der Kontakt zur neuen Stadtgemeinde aktuell primär nur über die beiden Kinder und deren Kindertagesstätte läuft. Manchmal schafft sie es, noch einen Kindergottesdienst mitzugestalten. Trotzdem, ohne ihre Kinder würde sie der neuen Gemeinde nur formal angehören, ihr evangelisches Alltagsleben findet nach wie vor in ihrer alten Gemeinde statt.

Beispiel 6: Herr Wondratschek – individualisierter Grenzgänger

Sein Engagement begann mit 17 Jahren noch als Katholik. In der Kleinstadt, in der damals lebte, nahmen ihn Freunde mit in die evangelische Jugendarbeit.

> „A: ... das hat mir sehr gut gefallen. Und ich hatte mit der katholischen Kirche eigentlich nicht so viel am Hut, war da nicht so positiv gestimmt diesbezüglich und hab' evangelische Kirche dort ganz anders kennengelernt. Und habe mich begeistert und war da sehr engagiert, hab' Jugendarbeit gemacht, dann Konfirmandenarbeit.
> I: Aber erst mal noch als Katholik?
> A: Ja, ja. Viele Jahre.
> I: Das war auch gar kein Problem?

> A: Nein, gar nicht. Da waren die alle sehr offen. Und also wirklich auch so Renovierungsarbeiten in der Kirche. Ich hab' also wirklich eigentlich so meine ganze Jugend da verbracht, in dieser Gemeinde, in der Gruppe. Es waren auch Urlaubsfreizeiten, also gemeinsame Urlaubsaktivitäten.
> I: Was hat Ihnen damals an den Evangelischen besser als an den Katholiken gefallen?
> A: Ich hatte dort mehr Freiraum erfahren. Ich hatte dort Bereitschaft zur Ökumene erfahren, also eine offene Sichtweise. Ich hatte dort auch einen größeren Freiraum im Bezug durch Vorgaben, durch Liturgie irgendwie gemerkt, ein höheres Engagement im Bereich Jugendarbeit und eine, eine liberalere Einstellung."

Es folgen 22 Jahre mit viel Engagement in der neuen Gemeinde vor den Toren der Großstadt. Dann tritt er, wenige Monate vor dem Interview, aus der evangelischen Kirche wieder aus.

> „Es gibt eigentlich zwei Gründe, die mich dazu veranlasst haben. Das eine ist meine persönliche Entwicklung, die für mich eine Annäherung an Spiritualität bedeutet. Diese Entwicklung lässt nicht nur eine Konfession zu, sondern ist eher durch so ein ganzheitliches Verständnis geprägt. ...Wobei ich schon versuche, jede einzelne Kirche und ihre Herkunft zu berücksichtigen, aber eben nicht nur eine. Und das zweite ist, inwieweit diese Institution Kirche das soziale Engagement der einzelnen unterstützt oder nicht. Ich erlebe hier, wie wenig Unterstützung die evangelische Kirchengemeinde durch die Institution Kirche erfährt, wie sehr sie in finanziellen Dingen alleine gelassen wird. Das war sehr enttäuschend und entwertet das Engagement und die Motivation vieler Menschen hier."

Der Austritt ändert jedoch nichts an seiner Verbundenheit mit der Gemeinde, in der er nach wie vor aktiv ist und vor allem im Bereich der Öffentlichkeitsarbeit diese tatkräftig unterstützt.

Das Netzwerk von Herrn Wondratschek, 41 Jahre, umfasst 44 Personen. Es gehört damit zu den größeren in unserer Untersuchung. Auffallend ist die Etikettierung des Berufs als Berufung:

> „Also Beruf und Berufung, das wächst bei mir schon intensiv zusammen, weil ich das lebe, weil ich meinen Job liebe. Ich glaub' nicht, dass ich ein Workaholic bin, sondern ich seh' da einen Teil meines Lebenssinnes darin, da weiterzuhelfen. Und dann sind die Grenzen ein bisschen verschwimmend."

Dies gilt auch für seine Freunde, von denen viele aus seinem beruflichen Bereich kommen. Aus Kolleg*innen und Kund*innen wurden Bekannte und Freunde. Daneben gibt es noch einen Freundesbereich, der nichts mit seinem Beruf zu tun hat, seine Familie (er hat drei Kinder) und die Evangelen. Hier zeichnet er die drei Hauptamtlichen ein und vor allem die Pfarrerin, die er sehr schätzt. Insgesamt sind neben seinen drei Kindern noch etwa die Hälfte der 44 Personen evangelisch.

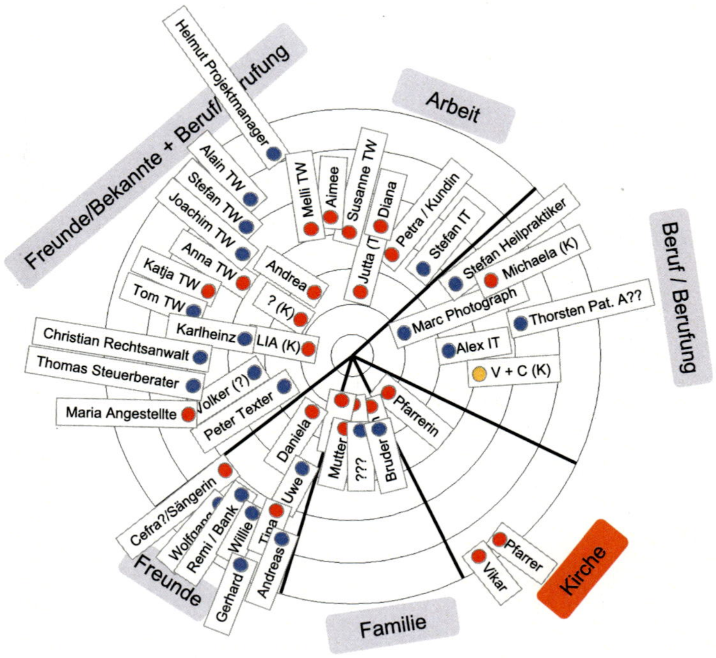

Abbildung 18: Netzwerkkarte von Herrn Wondratschek

Für Herrn Wondratschek ist dies aber nicht wirklich bedeutend. Er sieht sich als Netzwerker und genau da sieht er auch eine der Aufgaben der Zukunft für diese Diasporagemeinde:

> „Das ist die Öffnung gegenüber anderen Vereinen, Verbänden. Da ist die Bereitwilligkeit, sich in andere Netze zu integrieren, also da Kontaktpunkte zu schaffen, das ist die Öffnung gegenüber der Wirtschaft, dass man auch wirklich kommunale Betriebe, Firmen, Unternehmen mit anspricht und die Synergien, die mit dem Gemeindeleben zu tun haben, nutzt. Es geht darum, mehr Personen mit einzubinden und eine gegenseitige Wertschätzung, Zusammenarbeit zu fördern. Da gibt es deutlich Potenzial für diese Gemeinde hier."

Was zeigen die Netzwerkkarten übergreifend?

Aus Sicht der untersuchten Gemeinde sind Frau Zocher und Herr Wondratschek nur lose angebunden. Frau Zocher nur über die Kita ihrer beiden Kinder und Herr Wondratschek als ausgetretenes Kirchenmitglied über seine Netzwerkkontakte und sein ungebrochenes Engagement in dieser Gemeinde. Beide sind Grenzgänger und in verschiedenen Mikrowelten zu Hause: Frau Zocher in einer stark evangelisch geprägten, Herr Wondratschek dagegen in einer spirituell, aber nur noch teilweise evangelisch geprägten Lebenswelt. Auch Herr Hartzfeld ist aktuell nur eher lose mit der evangelischen Kirche verbunden. Ohne die Kasualie „Konfirmation" gäbe es vermutlich gar keinen Bereich „Kirchengemeinde". So lebensphasisch distanziert er einerseits ist, so fest ist seine christlich, evangelische Verbundenheit. Ein Austritt wie bei Herrn Wondratschek kommt für ihn nicht in Frage. Herr Wondratschek ist aktuell „nur noch" über sein Engagement und über Personen in die Gemeinde eingebunden. Ähnliches gilt auch für Frau Brunner, die neben ihrer Kirchenvorstandstätigkeit noch weitere Engagementfelder hat. Nach langer Distanz hat sie über tiefergehende Bindungserlebnisse wieder zu ihrer „alte Kirche" zurückgefunden. Dies ändert aber nichts daran, dass die evangelische Gemeinde auch mit ihren vielen anderen Interessen konkurriert. Wie viel Zeit sie für die evangelische Gemeinde aufbringt hängt davon ab, wie attraktiv die Themen und die Personen dort sind. Auch Frau Kreimayer hat wieder zur Kirche zurückgefunden. Stärker aber als bei Frau Brunner hat dies auch mit dem Glauben und ihrem Weg zu Gott zu tun. Bei Herrn Palmes Netzwerk scheint der kirchliche Bereich eher klein und weit weg vom EGO, aber dies hat auch mit seiner, mit Ausnahme seiner Familie, eher distanzierten Art zu den anderen Personen im Netzwerk zu tun. Genau betrachtet ist Herr Palme schon seit Jugendjahren intensiv mit der evangelischen Kirche verbunden und übt, als klassischer Funktionär, viele Ehrenämter in der Gemeinde und überregional im evangelischen Kontext aus.

Blickt man mit einem strukturellen Blick auf die Netzwerkkarten zeigt sich:

- Die Kirchengemeinde ist ein wichtiger, aber meist nachgeordneter Teil im Gesamtnetzwerk einer Person (unabhängig ob Kernland oder Diaspora). Bei durchschnittlich fünf ausgewiesenen Sektoren kommt der kirchliche Bereich/die Gemeinde bei unseren Netzwerkinterviews (im Durchschnitt), an dritter Stelle.
- Bei den älteren Engagierten stehen im evangelisch geprägten Netzwerksegment stets die Pfarrer*innen der eigenen Person am nächsten, bei den jüngeren Engagierten sind dies eher andere Gemeindemitglieder. In vier Fünfteln der Netzwerke sind es Personen und nicht Gruppen, die der eigenen Person am nächsten stehen.
- Fast 80 Prozent der Befragten sehen in ihrem Netzwerk konkrete Personen, die man für eine Mitarbeit in ihrer Gemeinde noch gewinnen könnte (sie nennen zwischen ein und drei Personen).
- Die Befragten sehen noch weitere Personen, die sich für spirituelle oder auch andere Angebote der Kirchengemeinde interessieren, die allerdings oft nicht im Kirchensprengel der Gemeinde wohnen.
- In den Netzwerkkarten der Kasualienempfänger*innen gibt es bei der Mehrheit der Interviewten keinen eigenen Sektor für die Kirchengemeinde, in der sie die Kasualien genutzt haben. Da die Netzwerkkarte nach der Nutzung der Kasualien erstellt wurde, ist auch dies ein Indiz dafür, dass die Kasualien in der Regel nicht den Einstieg in die konkrete kirchliche Gemeindearbeit bedeuten.

- Wer in der Kirche aktiv wird und sich engagiert, gewinnt Freunde und Bekannte, die auch außerhalb des evangelisch getragen Kontextes Teil des persönlichen Netzwerks werden und zugleich Brücken ins Evangelische bilden
- Je geringer der evangelische Teil in einem Netzwerk, desto kleiner sind die Chancen, für ein Engagement angesprochen zu werden und umgekehrt, auch jemand anderen aus dem Netzwerk für ein Engagement zu gewinnen.

5 Der Chor – Vernetzungspotenziale eines klassischen Angebots

> „Musik ist Schlüsselaufgabe evangelischer Bildungsarbeit und eine tragende Säule der evangelischen Kirche. Zuhören, Mithören und Aufeinanderhören sind Kardinaltugenden gelingenden Musizierens. Es gehört zum Wunder der Musik, dass weltanschauliche und persönliche Differenzen durch gemeinsames Musizieren in einen veränderten, ja in einen gemeinsamen Horizont rücken. Wer musizieren gelernt hat, für den ist Gemeinschaft kein Fremdwort."
> (Bischof Dr. Dr. h.c. Wolfgang Huber)

5.1 *Chöre sind Teil des musikalischen Kernangebots von Gemeinden*

Chöre gibt es nahezu in jeder Gemeinde und ein evangelischer Gottesdienst ohne Musik und Gemeindegesang ist kaum vorstellbar. Vom einfachen Singkreis bis zum fast hundertköpfigen Chor, von der Kinderkantorei über den Oriatorenchor bis zum Gospelchor gibt es vielfältige Formen.[216] In nicht wenigen Gemeinden gibt es ein Parallelangebot unterschiedlicher Formen. Und manche der Sänger*innen nehmen auch an mehreren dieser Angebote teil.

Chöre sind wiederum mit vielen Angeboten in der evangelischen Kirche verknüpft. Dies verleiht ihnen einen besonderen Stellenwert, wie Frau Dallmuth, 59, feststellt

> „Ja, zu Gemeindefesten oder so, da haben wir die ‚Kleine Nachtmusik' mal umgestaltet mit anderen Texten oder so. Aber nein, ich tät's schon primär als Kirchenmusik bezeichnen, also wir üben ja wirklich auch immer für Gottesdienste."

---

[216] Hinzu kommt noch eine evangelische Besonderheit, der Posaunenchor.

Eine wichtige Aufgabe der Chöre ist die Mitgestaltung von Gottesdiensten. In den Richtlinien für Kirchenmusik heißt es entsprechend: „Chor- und Instrumentalmusik unterstützt und ergänzt die Verkündigung und bietet Raum für spirituelles Erleben. Vokal- und Instrumentalsolisten, Chöre, Posaunenchöre und Instrumentalensembles können das Ordinarium (Kyrie, Gloria, Credo, Sanctus, Agnus Dei) mit- oder ausgestalten. Auf diese Weise werden charakteristische Akzente gesetzt und/oder festliche Gottesdienste geschaffen. Von kleinen Singformen bis hin zu großen Messkompositionen bietet sich hier ein riesiges Repertoire aus Vergangenheit und Gegenwart an. Durch Psalm- und Hallelujaverse, Gebetsrufe und -gesänge, Psalm- und Evangelienvertonungen und ganze Kantaten kann das Proprium des Gottesdienstes musikalisch entfaltet werden" (Richtlinien für Kirchenmusik, GVBl 2008, 49).

5.2 *Singen als Teil der Vergemeinschaftung*

> „Ja, natürlich ist es dann auch schön, wenn du merkst, du wirst gebraucht, wenn dann die anderen sagen: ‚Du, deine Stimme ist wichtig'. Momentan ist es bei uns im Chor auch so, weil der Sopran ein bissl seichter besetzt ist. Die älteren Stimmen sind nicht mehr ganz so super, nicht mehr so ganz kräftig. Und, ja, gut, fühl' ich mich vielleicht auch ein bissl wichtig, dass ich sag', okay, möcht' ich gerne, dass ich bei denen noch bleib' und sie unterstütz'."

Deutlich wird an diesem Zitat von Frau Spitzer, 48, dass es ihr keinesfalls nur um das Singen und die Stimme allein geht. Wichtig ist auch das Gefühl gebraucht zu werden und über das Singen und die vielfältigen Proben und Treffen zu einem Teil einer Gemeinschaft zu werden:

> „Also wir im Chor kennen uns wirklich auch schon eben sehr lange, wir treffen uns auch mal zum Kegeln, wir machen auch mal privat was. Also das ist eine ganz andere Gruppe, da ist eben auch was gewachsen. Also auch da, muss ich sagen, die waren auch diejenigen, die zum Beispiel auch die Mama dann besucht haben noch, wo es ihr sehr schlecht ging, wo sonst von der Gemeinde keiner kam."

Dieses Gemeinschaftsgefühl spiegelt sich gerade auch in jenen Chören wieder, die nicht nur einer Gemeinde, sondern sich auch einer bestimmten Gruppe (hier evangelische Aussiedler[217]) zugehörig fühlen. Ein Beispiel ist der Chor der singenden Herzen in Ingolstadt.

> „Der ‚CHOR DER SINGENDEN HERZEN' der evangelischen Aussiedlerarbeit feiert 2011 sein 15-jähriges Bestehen unter dem Motto ‚Endlich Zuhause' mit einem Jubiläumskonzert am 2. Juli ab 11 Uhr im Sportheim Zuchering zusammen mit dem Aussiedlerforum Ingolstadt e.V., das seit zehn Jahren besteht. Unter der Leitung von Ida

217 Die Begriffe Spätaussiedler und Aussiedler werden hier als Gruppenbezeichnung verwandt und deswegen nicht gegendert.

Haag wurde der Chor 1995 gegründet und bestand damals aus zwölf Mitgliedern, die heute auf insgesamt beachtliche 40 Aktive – 30 Sängerinnen und zehn Sänger – angewachsen sind. Schon in der ehemaligen Heimat der Chormitglieder – Kasachstan, Sibirien und der Ukraine – diente der deutsche Chorgesang gleichzeitig auch der Pflege der deutschen Sprache. Dieser Tradition fühlen sich die Sängerinnen und Sänger auch heute noch verpflichtet. Und so umfasst das Repertoire etwa 200 alte und neue deutsche Volkslieder, sowie kirchliche und festliche Stücke, die mit viel Begeisterung und Herzblut vorgetragen werden. Seit 1999 hat der ‚Chor der singenden Herzen' im Gemeinschaftshaus der evangelischen Aussiedlerarbeit in der Permoserstraße in Ingolstadt einen Ort gefunden, an dem regelmäßig donnerstags von 19 bis 20.30 Uhr geprobt wird. Jeder, der Freude am Singen hat, ist dazu herzlich eingeladen. Nicht nur bei Straßen- oder Jahresfesten kann man die ‚Singenden Herzen' erleben – auch Auftritte in Altersheimen, in Gottesdiensten, bei Trauungen oder Beerdigungen gehören zum Programm. Selbst in Berlin, Dresden, Stuttgart, Augsburg, Altötting, Wiesbaden und sogar in Wien waren die Ingolstädter schon zu hören."[218]

Singen ist salutogen (ist gesund und macht Spaß). Die in dem obigen Text benannte „Freude am Singen" ist ein weltweites Phänomen. In wohl allen Kulturen und Völkern gibt es unterschiedliche Formen des Gesangs. Chöre sind eine historisch sehr alte Form gemeinschaftlichen Singens, die neben der Erfahrung von Gemeinschaft aber auch für subjektives Wohlbefinden sorgt. Frau Spitzer beschreibt im folgenden Zitat diese emotionale Qualität:

> „Mir gefällt die Art der Musik, die sie (die Chorleiterin) aussucht, das spricht mich jedes Mal wieder an, wo ich mir denk': Mensch, Klasse! Oder wo wir uns auch gemeinsam aussuchen. Der Kirchenchor ist für mich so ein Chor, wo ich mich einfach auch fallen lassen kann, wenn ich mal so sagen kann."

Es gibt eine Reihe von Studien, die bestätigen, dass Singen einen positiven Einfluss auf Körper und Geist hat.[219] „Singen erfüllt unersetzbare psychische, physische und soziale Funktionen, ist somit ein Existential des Menschen. Singen fördert effektiv die psychische wie physische Gesundheit des Menschen, die Entfaltung seiner vielfältigen vitalen Potentiale und seiner sozialen Lebensqualität" (Adamek 1996, 103).[220] Menschliches Wohlbefinden wird also durch Singen, alleine oder in Gemeinschaften, gestärkt. Und genau diese salutogene Wirkung

---

218 Text von Heidrun Th. Grigoleit aus der MONAT, Evangelisch in und um Ingolstadt, Ausgabe Juni/Juli 2011, 4.

219 Studien belegen, dass Musik im menschlichen Gehirn Prozesse in Gang setzt, die für Glücksgefühle sorgen. Beim Hören unserer Lieblingssongs verändern sich Puls, Atmung und die Aktivität der Gesichtsmuskeln. Aus einem Stimmungstief katapultiert uns die Gute-Laune-Musik wieder nach oben. Vgl. dazu Robert Jourdain (1998), Levitin, Grafton (2016) und vgl. die vielfältigen Arbeiten des Neurowissenschaftlers Stefan Koelsch (http://www.stefan-koelsch.de/papers.html).

220 Singen als Alltagsbewältigung - Ergebnisse eines empirisch-psychologischen Forschungsprojektes als Argumente für eine „Erneuerte Kultur des Singens". In: Heiner Gembris/Rudolf-Dieter Kraemer/Georg Maas (Hrsg.) (1996).

macht den Chor – jenseits seiner spirituellen Bedeutung – zu einem idealen Vergemeinschaftungsmedium.

5.3 *Der Chor als einfacher Zugangsweg in eine Gemeinde und ihre Gremien*

> „Ja. Den Chor, den gibt's schon längere Zeit, den gibt's schon seit gut vierzig Jahren. Und der ist mir aufgefallen, weil ab und zu in der Zeitung was drin stand, dass der Chor irgendwo ein Konzert gegeben hat. Und wenn man neu in eine Gemeinde hinzieht, sucht man sich natürlich irgendwo Betätigungsfelder beziehungsweise Felder, wo man Anschluss bekommt an die Gemeinde generell. Also jetzt nicht prinzipiell an die Kirchengemeinde, sondern überhaupt an die Umgebung, Nachbarschaft et cetera." (Frau Blecker, 43)

Frau Blecker beschreibt eine typische Situation, wenn man als evangelische Christin umzieht. Ein Chor bietet hier eine einfache, eher niedrigschwellige Möglichkeit in der neuen Gemeinde andere Gemeindemitglieder kennen zu lernen:

> „Das war von daheim ganz normal, ich bin schon so erzogen worden, in die Kirche zu gehen. In dem Alter war es mit mehr oder weniger Freude, aber es war ein Muss. Im Nachhinein hat es durchaus nicht geschadet. Und dann bin ich 1996 nach Sanfthausen gezogen und habe schon als Kind im Chor gesungen, da habe ich noch nicht mal lesen können. Das war einfach der Punkt, wo ich gesagt habe, das ist es jetzt. Ich geh hier in den Chor. Und ich hab eben total nette Leute kennengelernt." (Frau Blecker)

Gerade bei jenen, für die der Chor schon immer selbstverständlicher Teil ihres bisherigen Lebens war, liegt dieser Zugang nahe. Ein Zugang über ein Angebot, das zudem auch die Türen für andere Angebote und Möglichkeiten des Engagements in der jeweiligen Gemeinde aufschließt:

> „Nein, eigentlich nicht. Das ist eine regelmäßige Einrichtung geworden für mich. Der Kirchenchor findet jeden Mittwoch statt, außer in den Ferien. Und der Chor macht also neben seiner Gottesdienstgestaltung auch große Konzerte. Das war für mich natürlich auch so ein bisschen ein Anreiz." (Frau Eversbusch, 49)

Der Chorzugang – ein Fallbeispiel:
Frau Umas, 56, war lange Zeit nur formal Mitglied der Gemeinde. Erst als sie über ihr musikalisches Interesse zum Chor stieß, bekam die Kirchengemeinde für sie Konturen. *„Ich hatte lange Zeit keinen näheren Kontakt, höchstens, dass man mal zum Gottesdienst gegangen ist, aber ansonsten nichts."*

Das hat sich dann mit dem Chor geändert. Sie versteht sich heute als **ein *„relativ enges Bindeglied, weil der Chor ja halt auch im Gottesdienst singt und Gottesdienste mitgestaltet. Und darüber*** *kam dann die weitere Verbindung zur Gemeinde“*. Diese nimmt nun in ihrem Leben, wie auch in der Netzwerkkarte gut erkennbar ist, nach der Familie und neben der von Musik bestimmten Freizeit einen zentralen Platz ein. Im Mittelpunkt ihres Netzwerkbezugs zur Kirche stehen der Chor und die mit Musik verbundenen Gremien und Personen, und dann die Hauptamtlichen.

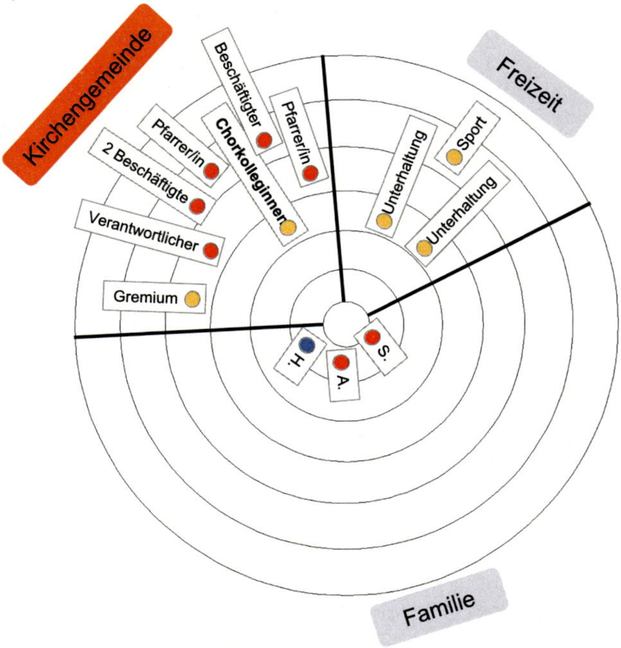

Abbildung 19: Netzwerkkarte von Frau Umas

Sie sieht ihre Aufgabe auch als Übermittlerin: *„Und das, was halt aus dem Chor herauskommt an Wünschen oder Anregungen, das bringe ich dann in das Gremium ein. Wir haben uns jetzt beispielsweise – vielleicht ist das grad auch im Hinblick auf diese Netzwerkgeschichte interessant –, der Chor hat sich seit gut einem Jahr als eingetragener Verein formiert sozusagen. Und dadurch kamen dann natürlich so einige Anregungen und Wünsche in dem Zusammenhang.“* Am Beispiel von Frau Umas spürt man, dass es primär nicht die bloße Tradition ist, die ihr Engagement begründet. Auch in ihrer Familie wird Kirche kritisch reflektiert:

> „Weil mein Mann halt aus den entsprechenden Gründen, die ihm halt wichtig waren, aus der katholischen Kirche ausgetreten ist, was allerdings nichts damit zu tun hatte, mit seinem christlichen Glauben. Es ging mehr um die Institution Kirche, an der er sich gerieben hat. Und ich denke mal, dass ihn das, was er im evangelischen Bereich mitbekommen hat, dass ihn das angesprochen hat und er da auch – davon abgesehen, ist er sowieso ein toleranter Mensch – keine Einwände hatte. Im Gegenteil. Wir waren

> beide der Meinung, es ist wichtig, die Kinder beispielsweise zu taufen und konfirmieren zu lassen – beziehungsweise bei der Konfirmation hätten sie ja dann auch schon sagen können, will ich oder will ich's nicht; so ist das auch geplant gewesen. Also es war uns beiden wichtig. Und da ich in der Kirche geblieben bin, war das das Naheliegende auch."

Herr und Frau Umas gehören zu einer Generation, in der die Religion auch noch eine selbstverständliche und Halt gebende Rolle einnimmt:

> „Aber ich muss schon sagen, dass mir das schon wichtig gewesen ist – witzigerweise meinem Mann eigentlich auch –, dass die Religion, in dem Fall die evangelische Religion, schon eine Rolle spielt als Orientierungs- und Wertesystem. Was sicherlich damit zu tun hat, dass wir beide in dem entsprechenden System groß geworden sind und unsere Erfahrungen gesammelt haben, dass da auch wichtige Sachen für uns hergekommen sind."

5.4 *Chöre bedienen eine Vielfalt von Interessen*

Herr Wiener ist 62 und hat in seinem Leben schon viel gesungen. Die meiste Zeit davon in einem Kirchenchor. Er sagt, dass er es besonders genießt, wenn sie in einem feierlichen kirchlichen Rahmen auftreten. Da kommt, so meint er, das Sakrale besonders gut zum Ausdruck und er fühlt sich in diesem Moment als ein wichtiger Teil des liturgischen Gottesdienstes. Anders Herr Belfort, 54. Er sieht alles viel profaner und gelegentlich, sagt er, wird ihm das viele Halleluja-Singen schon zu viel. Aber er singt, wie auch Herr Wiener, für sein Leben gerne. Als man Herrn Belfort fragt, ob er dem evangelischen Chor beitreten will, hat er einen Moment gezögert. Herr Belfort gehört keiner Kirche an. Letztlich hat ihn die Qualität des Chors aber überzeugt und er hat schnell gemerkt, dass sein Atheisten-Dasein im Chor keine Rolle spielt. Auch Herr Robert, 41 ist ein Außenseiter. Er ist katholisch getauft, singt aber bei den Evangelen, weil *„seine Katholen"* keinen guten Chor zustande bringen. Frau Elefert, 51, schließlich ist evangelisch und arbeitet in der Seniorenarbeit der Gemeinde mit. Ihre Leidenschaft gilt einem Gospelchor. Diesen findet sie bei einer evangelischen Freikirche: *„Da zu singen ist einfach toll, obwohl wir sonst in der Gemeinde mit der Freikirche nichts zu tun haben."* Ein wenig spöttisch nennt sie diese, wegen ihres missionarischen Eifers *„Pietkongs"*. Solange sie im Gospelchor singe bekommt sie davon aber nichts mit. Frau Mitwitsch, 38, trennt schließlich klar zwischen Gospel und Kirchenchor. Sie sagt:

> „Ich jetzt persönlich für mich ... Ja gut, ich meine ich habe jetzt vor, in der Nachbargemeinde in einen Gospelchor zu gehen. Das würde mich interessieren, aber was ich wirklich nie wollte, ist im Kirchenchor singen, also das finde ich schrecklich, ich mag einfach diese andere Musik. Aber ich würde jetzt nicht sagen, dass ich da hingehe,

> weil ich religiöse Lieder singen möchte, sondern weil mir die Art und Weise, wie dieser Chor geführt wird, gefällt. Ich mag auch die Chorleiterin des Gospelchors. Sie ist auch toll."

Offensichtlich sind Chöre in der Lage, eine Vielfalt unterschiedlicher Menschen und Situationen zu integrieren. Und Chöre finden sich in einer Vielzahl von Formen, vom klassischen Posaunenchor, über Gospelvarianten, von Kammer- und Motettenchören hin zu Formen, die auch Elemente des Pop und Jazz mit einbeziehen. Das Repertoire der Chöre reicht von Choralsätzen bis hin zu großen Oratorien, von einfachen Kirchenliedern hin zu modernen Arrangements.

Manchmal gibt es aber auch Grenzen, beispielsweise, wenn in einer Gemeinde ein Posaunenchor nicht möglich ist, weil es in der Stadt bereits ein ähnliches Angebot gibt. Oder auch, wenn die Zusammensetzung der Gemeinde Grenzen für Neuerungen setzt. Am Beispiel des Gospelchors in einer von uns untersuchten Gemeinde sehen wir so ein Problem der Passung einer neueren Form des Chors mitprägenden traditionalen Erfahrungen einer bestimmten Nutzergruppe:

> „A: Weil unser Gospel-Chor, muss man auch ganz ehrlich sagen, ist in der Gemeinde nicht bei jedem beliebt.
> I: Warum?
> A: Wegen dem Englisch. Wenn Sie mal sonntags herkommen: Der Großteil ist siebzig aufwärts und sind Russlanddeutsche, also die können mit Englisch nicht sehr viel anfangen. Und wollen auch nicht. Die wollen eigentlich den Kirchenchor. Also ... Und wir merken es dann auch gravierend eigentlich bei Hochzeiten, wo sich das Brautpaar das wunderbar vorstellt, Gospel-Chor, Klasse, und wir wollen dann einen Reißer reinbringen, wo auch geklatscht werden darf: Die schauen ganz irritiert mal nach oben oder denken sich: Oh Gott, in der Kirche klatschen! Also da merkt man schon – manche machen mit, klar, vollkommen klar, aber ansonsten, die Leute, die zum Gospel-Chor-Konzert kommen, sind jetzt nicht unbedingt die, die in unserer eigenen Gemeinde wohnen. Ich glaub' mal, wenn die damit aufgewachsen wären, wär' das für die auch kein Thema. Aber sind sie halt nicht. Und die wollen halt auch diesen ganz normalen Gottesdienst, aus, Schluss. Und wenn dann mal der Kirchenchor singt, Klasse, aber bitte Deutsch. Und wehe, wir kommen dann Ostern mal mit so ganz schrägen Liedern an, dann gucken die sehr wohl auch erst mal."

Es sind jedoch nicht die Grenzen, sondern die vielfältigen auch netzwerkbezogenen Möglichkeiten, die im Folgenden interessieren und die abschließend noch einmal beleuchtet werden.

5.5 *Ein Chor ist immer auch ein Netzwerk*

Betrachtet man die Anbindung der Chöre, könnte man sie unter einer organisatorischen Perspektive als typisches Angebot einer Gemeinde sehen. So sind auch die meisten Kirchenchöre fest an eine Kirchengemeinde angebunden. Nicht selten sind die Leiter von Kirchenchören heute nebenamtliche Kirchenmusiker, bei den Kantoreien und Oratorienchören meist auch hauptberufliche Kantore.

Neben dieser organisatorischen Anbindung an eine Gemeinde haben Chöre immer auch eine netzförmige Gestalt. Beispielsweise kommen, wenn Chöre einen gewissen Ruf genießen und eigene Konzerte geben, nicht nur die Zuhörer*innen sondern auch ihre Sänger*innen aus vielen anderen Gemeinden. Eine umgekehrte, vom Effekt aber ähnliche Bedarfslage, kann sich ergeben, wenn in einer Gemeinde nicht genug Sänger*innen zusammenkommen und man deswegen in einer anderen Gemeinde am Chorleben teilnimmt. Diese vielfältige Bindungskraft des Singens in einem Chor gilt auch über das Evangelische hinaus, wie wir am Beispiel von Herrn Robert gesehen haben. Er sagt selbst *„Wir sind nicht hier aus der Gemeinde. Ich bin – wir sind zu zweit und katholisch, also es ist ganz gemischt hier im Chor.“* Solch „ökumenische“ Zusammensetzungen sind keineswegs selten. Offensichtlich erlaubt das gemeinsame Interesse „Singen“ über diese Unterschiede hinweg zu sehen, wie auch darüber, dass in vielen Kirchenchören auch Personen singen, die sich weniger oder überhaupt nicht religiös definieren.[221] Wie bei allen Netzwerken gibt es zudem neben dem eigentlichen Zweck viele andere Ebenen netzwerkbezogenen Austausches und netzförmiger Unterstützung.

> „Früher waren wir in einem Dorf bei einer Kirche. Da hat alles zusammen stattgefunden. Da hat man zusammen den Chor gemacht und zusammen hat man da geputzt, die Kirche und so weiter. Jetzt ist das nicht der Fall. Ich habe versucht, auch in der Kirche einen Anschluss zu finden. .... Glaube ist für mich ein sehr wichtiger Punkt, ohne den könnte ich das alles nicht bewältigen. Da suche ich auch meine Unterstützung und Schutz. Und da kann ich, über das kann ich jetzt mit meinen Freunden im Chor oft besser sprechen als mit meiner Familie.“ (Frau Behm, 71)

> „... Ja. Ich habe sogar bei dem Chor paar bisschen engere Leute, zu denen ich mich in gewissen Fragen hinwenden kann.“ (Frau Christiansen, 64)

> „Ja, also Chor da bin ich 100 Prozent dabei, auf jeden Fall. Da sind welche dabei, da denke ich mir immer, ein Wahnsinn, was die teilweise immer an der Backe haben. Der ist wirklich super aktiv. Und das ist was, was viel ausmacht, da kann man sich immer verlassen.“ (Herr Reglisch, 61)

---

[221] Ein Teil ist auch der Tatsache geschuldet, dass bestimmte Stimmlagen aus Sicht eines Chors sehr wichtig sind, faktisch aber eher seltener vorkommen (männliche Bässe, ...) oder phasenweise unterbesetzt sind.

Aus einer Netzwerkperspektive kann man zusammenfassend festhalten, ist ein Chor deswegen interessant, weil sich in ihm viele netzwerkbezogene Aspekte mischen:

- Chöre schaffen über die Kontinuität und Regelmäßigkeit ihrer Treffen und Auftritte die Basis für viele Freundschaften (Kirchen- und Lebensfreundschaften).
- Chöre bestehen aus einer Vielzahl von „strong und weak ties" zur Gemeinde und zum „Evangelisch-Sein". Sie sind das klassische Beispiel eines Kernangebots, zu dem sich „streng gläubige" und nur peripher gebundene Gemeindemitglieder zusammenfinden. In Chören finden sich oft distanzierte Mitglieder neben anderen, die lange Jahre Kirchenvorstände sind.
- Es ist aus einer Bindungsperspektive ein offenes Angebot. So kann es der Einstieg in eine (Wieder-)Annäherung an die Gemeinde und ein „Evangelisch-Sein" darstellen, aber auch nur als ein Ort an dem man gerne singt, der aber spirituell für einen keine weitere Bedeutung hat.
- Chöre sind neben der beschriebenen integrativen Heterogenität altersübergreifend angelegt. Oft finden sich Personen ganz unterschiedlicher Altersgruppen zusammen. *„Im Gospel-Chor haben wir auch welche, die sechzig sind. Und die Jüngsten sind nach der Konfirmation mal bei uns geblieben."* (Frau Elefert)

Und Chöre gibt es in nahezu allen Gemeinden. Sie stellen ein Angebot mit einem auch quantitativ sehr großem Vernetzungspotenzial dar. Das Musikinformationszentrum des Deutschen Musikrats (www.miz.org) dokumentiert, dass im Bereich der Evangelischen Kirche 408.000 Sängerinnen und Sänger, davon 98.500 Kinder und Jugendliche, regelmäßig in mehr als 21.000 Chören singen.[222] In unserer Studie war immerhin jede*r Achte im Bereich eines musikalischen Angebots als Ehrenamtlicher tätig.

---

[222] http://www.choere-evangelisch.de/index.php?option=com_content&view=article&id=45&Itemid=37, aktualisiert 13.4.2014. Vgl. Auch Zeit-Online: Die Macht der Musik (http://www.zeit.de/zeit-wissen/2012/01/Psychologie-Musik/seite-2).

6 Kindertageseinrichtungen – eine wichtige Brücke zum Alltag

Fast alle Kirchengemeinden, die wir untersucht haben, sind auch Träger von Kindertagesstätten. In einer Gemeinde (Unterschleißheim) haben wir eine Fallstudie zur Bedeutung einer Kindertageseinrichtung für die evangelische Gemeinde erstellt.[223] Die Kirchengemeinde Unterschleißheim war zum Zeitpunkt der Befragung Träger von drei Kindergärten, einem Kinderhort und einem Krippenbereich im Kinderhaus Arche.[224] Zuständig für den gesamten Kinderbetreuungsbereich war einer der hauptamtlichen Pfarrer. Das umfasst die gesamte Personalverantwortung und die Geschäftsführung.

Die Frage der Trägerschaft solcher Einrichtungen durch einzelne Kirchengemeinden ist nicht unumstritten. So gab und gibt es immer wieder Diskussionen darüber, dass sich die Gemeinden auf das „Kerngeschäft" der seelsorgerischen Begleitung der Gemeindemitglieder konzentrieren sollten. Ein Argument dafür ist der große organisatorische Aufwand. Auch in Unterschleißheim wurde immer wieder laut darüber nachgedacht, die Kindereinrichtungen abzugeben um die Seelsorger zu entlasten. Ein anderes Argument ist, dass die öffentliche Bezuschussung der Kindertagesstätte dazu führt, dass „das Evangelische" der Einrichtung gar nicht mehr wirklich zum Tragen käme. Die Bezuschussung führt in den meisten Gemeinden dazu, dass die Vergabe der Plätze nicht in der Hand der Kirchengemeinde allein ist. So erfolgte die Vergabe der Kindergartenplätze in Unterschleißheim zentral über die Kommune. Das spiegelt sich in der Konfessionszugehörigkeit der von uns Befragten wider: Bei drei der Befragten ist die ganze Familie katholisch, in einer weiteren Familie sind die Eltern aus der katholischen Kirche ausgetreten, das Kind ist aber katholisch getauft. Bei vier Befragten sind die Kinder nicht getauft. Die Begründung dafür lautet unisono: „Die Kinder sollen selbst entscheiden können". In einer Familie ist ein Elternteil orthodox, der andere evangelisch, das Kind ist evangelisch getauft. Drei Familien haben Migrationshintergrund (Kroatien, Ukraine). Eine Befragte ist alleinerziehend, die Übrigen sind verheiratet.[225]

---

223 Im Rahmen unserer Gemeindestudie wurden neun Elternteile - ausschließlich Mütter - von Kindern aus den evangelischen Kindergärten in Unterschleißheim telefonisch befragt. Damit konnte die Engagementbereitschaft und Haltung zur Kirche der Kindergarteneltern exemplarisch ausgelotet werden.

224 Das Kinderhaus Arche ist ein neu gebautes Kinderbetreuungszentrum. Unter einem Dach sind dort jetzt einer der Kindergärten, der evangelische Kinderhort und eine Krippe zusammengefasst.

225 Das Durchschnittsalter der Befragten liegt bei 25 Jahren. Sechs Familien haben zwei Kinder, zwei Familien ein Kind, und eine Familie hat drei Kinder. Vier der Befragten sind in unterschiedlicher Form berufstätig (Teilzeit bzw. freiberuflich), fünf sind in Elternzeit.

Die Befürworter solcher Trägerschaften sehen aber darin auch Vorteile. So kann man auch den evangelischen Glauben nach außen tragen und es gibt ein relevantes Engagementpotenzial. Doch wie realistisch ist dies? Eltern mit kleinen Kindern – junge Familien – sind in einer Lebensphase, in der Frage der Versorgung und Förderung der Kinder zentral ist. Diese Lebensphase lässt häufig wenig Raum, neben Beruf und Familie noch viele andere Interessen zu verfolgen. Und trotzdem, das zeigen alle Freiwilligensurveys seit 2009, sind viele junge Eltern bereit sich zu engagieren, wenn es um Fragen der Kinderbetreuung geht oder bildungspolitische, erziehungsrelevante Fragen im Fokus stehen.

Der evangelische Kindergarten war bei fünf unserer Befragten der Wunschkindergarten. Zwei waren froh, überhaupt einen Platz bekommen zu haben, zwei hätten mit erster Priorität einen anderen Kindergarten gewählt (katholisch bzw. AWO). Für die Mehrzahl der Familien ist es wichtig, dass die Kinder an den christlichen Glauben, an christliche Werte herangeführt werden. Gleichzeitig betonen aber die befragten Mütter auch, dass ihnen Offenheit für andere Glaubensrichtungen wichtig sei.

Trotz der vorher nicht vorhandenen Nähe vieler Kindergarteneltern zur Kirchengemeinde, sehen wir doch in den Ergebnissen die Bereitschaft sich positiv damit auseinanderzusetzen, dass der Träger der Kindertageseinrichtung eine evangelische Gemeinde ist. Durch die Kinder besuchten sechs Familien auch mal den Kindergottesdienst bzw. den Familiengottesdienst. Ein weitergehender Kontakt zur Kirchengemeinde besteht bei einer Befragten, die auch Ideen für eigenes Engagement im Rahmen der Kirchengemeinde mitbringt. Aktiv am Kindergartenleben beteiligen sich sechs der befragten Mütter. Sie nehmen an Sitzungen teil, bereiten Feste und Feiern mit vor, sind aktuell im Elternbeirat oder waren es bis vor Kurzem, oder wollen es in der nächsten Wahlperiode werden. Die drei, die nicht aktiv teilnehmen, tun dies aus zeitlichen Gründen nicht (Vollzeit berufstätig, alleinerziehend, bzw. drei Kinder). Die kleine Fallstudie zeigt also einerseits ein Engagementpotenzial zumindest bezogen auf die Kinder. Auch der Glaube und die religiöse Werterziehung sind ein akzeptiertes Thema. Hier bieten sich für die Kirchengemeinde auf jeden Fall Anknüpfungsmöglichkeiten. Wichtig zu sehen ist auch, dass der Bereich Schule/Kindergarten zu den fünf beliebtesten Themenbereichen fürs Engagement gehört. Wie wir auch am Beispiel der Migrant*innen in der evangelischen Kirche zeigen können (siehe den übernächsten Abschnitt), ist der Kindergarten ein wesentlicher Berührungspunkt mit der evangelischen Kirche.

Im Kindergarten treffen sich Menschen verschiedener Glaubenszugehörigkeit und unterschiedlicher Kirchenbindung. Die Kinder sind ein Bindeglied zur Gemeinde, über das sich auch Kontakt zu den Schlüsselpersonen in der Ge-

---

Vier der Befragten haben einen Hochschulabschluss. Die Übrigen sind/waren in kaufmännischen bzw. Verwaltungsberufen tätig.

meinde herstellen lässt. Netzwerkbezogen sind Kitas für die evangelische Gemeindearbeit eine Chance, weil sie in mehrfacher Hinsicht fast ideale Brücken in den Alltag der Familien bilden:

- Sie ermöglichen einen Kontakt zur Gruppe junger Familien, für die viele Gemeinden meist wenige andere Angebote haben.
- Sie knüpfen, wie beschrieben, an eine hohe Engagementbereitschaft der Eltern an. Wie unsere Interviews zeigen, wäre die Hälfte der Befragten auch bereit (aus Dankbarkeit oder/und Verbundenheit), sich punktuell noch mehr in der Gemeinde zu engagieren. Diese Haltung basiert auf typischen weak ties-Beziehungen und macht nochmal das Potenzial dieser so genannten schwachen Beziehungen gut deutlich.
- Sie erlauben explizit die Vermittlung evangelisch-christlicher Inhalte, solange es nicht ins Missionarische geht. Die Befragten haben deutlich gemacht, dass Glaube und religiöse Werterziehung ein akzeptiertes und auch erwartetes Thema ist. Erforderlich ist natürlich eine Offenheit und Toleranz Andersdenkenden gegenüber.

Die Kindergärten werden zwar unter technisch-organisatorischen und finanziellen Gesichtspunkten häufig als nicht zum Kerngeschäft der Evangelischen Kirche gehörig eingestuft, unter einem bindungstheoretischen und engagementorientierten Blick sind sie aber unverzichtbar. Zu diesem Ergebnis kommen auch die Netzwerkanalysen im Rahmen der Fünften Kirchenmitgliedsschaftstudie der EKD „Kindertagesstätten bilden eine ziemlich große Kontaktfläche zwischen engagierten Gemeindemitgliedern und solchen, die sich mit der Gemeinde kaum verbunden fühlen. In der untersuchten Gemeinde waren etwa 15% der Gemeindemitglieder aktuell mit von Kirchen getragenen Kindereinrichtungen in Kontakt“ (vgl. Stegbauer 2018, 74f., vgl. auch Roleder, Weyel 2019, 108ff.). Stegbauer sieht eine sehr wichtige Brückenfunktion. Dies „bedeutet, dass eine stärkere Reichweite von Kirche eigentlich nur über Institutionen zu ermöglichen ist, die aufgrund ihrer Aufgabe auch in solche Bereiche der Gemeinde hineinreicht, die den ‚inner circle‘ der stark engagierten haupt- und ehrenamtlichen Kirchenmitarbeiter überschreitet. Das scheint insbesondere bei den Kindertagesstätten der Fall zu sein“ (ebd., 80).

7 Die Bewältigung von räumlicher und sozialer Distanz – Zum Verhältnis von Innengemeinden – Außengemeinden

> „Die guten, alten Zeiten, als noch jede Kirche ihren eigenen Pfarrer hatte. Das ist heute anders.“[226]

Der hier zitierte Pfarrer aus Brandenburg verweist auf eine Veränderung, die viele in der Evangelischen Kirche mit Sorge sehen. Er muss von seinem Wohnort aus zwölf weitere Kirchen und Kirchgemeinden betreuen.[227] In Bayern ist die Situation in den evangelischen Kirchengemeinden zwar deutlich besser als in Brandenburg. Aber auch hier sind die Pfarrer*innen oft für größere Einzugsbereiche zuständig und müssen sich inzwischen um mehrere Kirchengemeinden mit den jeweils unterschiedlichen Bedarfen und Erwartungen kümmern.[228] Auch in den von uns untersuchten Gemeinden gab es, wenngleich in abgeschwächter Form, Mehrfachzuständigkeiten. Beispielsweise hatten in Ingolstadt vier der fünf Stadtgemeinden auch zugehörige Umlandgemeinden. Teilweise waren diese so weit entfernt, dass es dort eigene Kirchenräume gab, in denen auch Gottesdienste stattfanden. Im oberfränkischen Höchstädt war es kurz vor Beginn unserer Studie zu einer Zusammenlegung mit der Gemeinde Thierstein gekommen. Zum großen Bedauern der Höchstädter Gemeindemitglieder wohnte ihr Pfarrer nun in Thierstein. Und auch der Pfarrer aus der oberfränkisch/oberpfälzischen Grenzregion Waldershof war zugleich für die kleinere Gemeinde Neusorg zuständig.

Unter einer Organisationsperspektive bedeutet dies, es gibt eine Kerngemeinde und eine bzw. mehrere Außengemeinden. Die Kerngemeinde ist die, wo der/die ersten Pfarrer*in lebt und die Hauptkirche steht. Zumeist ist es auch die Gemeinde, in der mehr Mitglieder angesiedelt sind. Drei der typischen Probleme, die aus solchen Konstellationen entstehen, sind:

- Ein großer organisatorischer Mehraufwand für die Hauptamtlichen.
- Eine zunehmende Heterogenität der verschiedenen sozialen Gruppierungen.

---

226 http://www.deutschlandradiokultur.de/die-kirche-im-dorf-lassen.1001.de.print?dram:article_id=156588 In der Radiosendung von Deutschland Kultur vom 16.07.2008 wird Pfarrer Zörner aus Brandenburg u. a. mit diesen Worten zitiert.

227 Ähnliche auch „Fünf eigenständige Gemeinden, fünf Kirchen, fünf Gemeinderäte – und ein Pfarrer, der für alles gleichzeitig zuständig ist“, siehe den Artikel ‚Von Dorf zu Dorf‘ in der SZ vom 27.Februar 2016.

228 http://www.sueddeutsche.de/leben/2.220/stress-in-der-seelsorge-von-dorf-zu-dorf-1.2879622.

– Mehr Konkurrenz, Identitätsfragen und das Streben nach parochialer Eigenständigkeit.

Im Folgenden sollen diese Probleme beispielhaft beschrieben werden. In Kapitel 4 wird es dann darum gehen, ob und welche alternative Lösungsmöglichkeiten eine stärkere Netzwerkorientierung bringen kann, d. h. auch, ob und wie Parochie und Netzwerk zusammengehen können.

Ein großer organisatorischer Mehraufwand für die Hauptamtlichen. Eine typische Antwort auf die teilweise große räumliche Ausdehnung der Kirchengemeinden besteht darin, dass Gottesdienste und Veranstaltungen nicht nur in den Kirchen innerhalb der Kerngemeinde stattfinden, sondern auch die Kirchen und Gemeindezentren außerhalb der Stadtgrenze genutzt werden. Damit kommt man den Gläubigen in den Außengemeinden entgegen, die ansonsten den weiteren Weg in die Kerngemeinde antreten müssten, und man versucht zu verhindern, dass allein aufgrund des Wegs Gläubige verloren gehen. Für die Hauptamtlichen bedeutet dies Mehrarbeit.

> „Für mich ergibt sich aus der räumlichen Ausdehnung ein nicht unerheblicher Zeitaufwand, wenn man die Präsenz in den Außengemeinden sicherstellen will." (Pfarrer X)

> „Was ich auch zunehmend merke, ist ein großer Erwartungsdruck, allen soll ich, sollen wir es gerecht machen." (Pfarrer Y)

Versucht man neben der Präsenz auch eine Angebotsgerechtigkeit walten zu lassen, wird es noch schwieriger. Was bei den Gottesdiensten im Wechsel der Gemeinden noch gehen mag, wird bei anderen Angeboten nahezu unmöglich. Eine zweite, dritte Senioren- oder Jugendgruppe anzubieten, ist zeitlich kaum zu leisten. Zudem scheitert dieser Versuch oft daran, dass es in den kleineren Gemeinden zu wenig Senior*innen bzw. Jugendliche gibt, für die sich ein eigenes Angebot „lohnen" würde.

Die Heterogenität der sozialen Gruppierungen. Doch nicht nur dieser organisatorische Mehraufwand erschwert die Arbeit. Bereits in den ersten Gesprächen mit den jeweiligen Pfarrern*innen und Kirchenvorständ*innen zu Beginn der Studien wurde deutlich, dass es neben dem Wunsch nach gerechten Lösungen für alle auch um das Bewältigen von Heterogenität geht. Hinsichtlich der Bevölkerungsstruktur, deren Lebensumstände und Lebenswelt sowie der damit verbundenen Bindung an die Kirchengemeinde bestehen oft deutliche Unterschiede zwischen der Kerngemeinde und den Außengemeinden. Typisch dafür sind einige der Gemeinden in Ingolstadt. Hier findet sich in den Stadtgemeinden häufiger eine alteingesessene Bevölkerung mit einem deutlich höheren Altersdurchschnitt. Manchmal bündeln sich hier auch ethnisch geprägte Gruppen (Menschen aus Russland und Rumänien). Anders stellt sich die Situation in Umlandgemeinden dar, die vielfach Neubaugebiete ausgewiesen haben. Dort siedelten sich in der jüngeren Vergangenheit zunehmend junge Familien an, die aufgrund der günstigen wirtschaftlichen Entwicklung der Region Ingolstadt eine Beschäftigung in der Stadt und im Raum Ingolstadt gefunden haben. Charakteristisch für diese Familien ist, es handelt sich um:

- Eher jüngere Kirchenmitglieder.
- Mittlere bis gehobene Bildungsschicht.
- Gehobenes Einkommen.
- Wohnen im Eigenheim.
- Familien mit Kindern und Jugendlichen.

Aus diesen Unterschieden resultieren unterschiedliche Haltungen, Werte und Interessen. Diese unterschiedlichen Lebenswelten der Kirchenmitglieder stellen für die Pfarrer*innen und die Kirchengemeinden nun eine strukturelle Herausforderung dar. Um erfolgreiche Gemeindearbeit zu leisten, müssen sie sehr unterschiedliche Bevölkerungsgruppen berücksichtigen, die mit jeweils spezifischen Angeboten angesprochen werden müssten.[229] Oft resultiert daraus nicht nur ein zeitlicher, sondern auch ein inhaltlicher Spagat.

Mehr Konkurrenz, Identitätsfragen und das Streben nach parochialer Eigenständigkeit. Die ersten beiden Problemkreise sind bedeutende Herausforderungen, aber scheinen durch geschickte Organisationsmodelle und differenzierte Angebote noch einigermaßen lösbar. Schwieriger wird es jedoch, wenn aus dem Konstrukt Innen- und Außengemeinde massive Konkurrenzen mit Identitätsproblemen folgen. Sehr schwierig wird es, wenn der meist ökonomisch bedingten Zusammenlegung die Gegenstrategie nach mehr parochialer Eigenständigkeit entgegengesetzt wird. Vier Fallbeispiele sollen im Folgenden zeigen, wie unterschiedlich diese Konstellation Innen- und Außengemeinde sich zum Zeitpunkt der Untersuchung (2007—2015) gezeigt hat:

Beispiel (A) Ingolstadt St. Paulus: Zur Kirchengemeinde St. Paulus gehören mit den Umlandgemeinden Kösching, Lenting und Hepberg drei Standorte außerhalb von Ingolstadt.[230] Sie liegen zwischen 6 und 8 km nördlich, Kösching zudem

---

229 In diesen Herausforderungen liegen natürlich auch Potenziale. Zum einen gilt es, die traditionell orientierten Kirchgänger zu ‚halten'. Hier kann auf bewährte, wenig aufwändige Routinen zurückgegriffen werden. Bei der zweiten Zielgruppe liegt das Potenzial in der Offenheit für Entwicklungsprozesse, die mit den richtigen Themen und einer attraktiven Projektstruktur angestoßen und gefördert werden können.

230 In diesem Gebiet wohnen zurzeit etwa 4.500 evangelische Christinnen und Christen, etwa 2.200 davon im zweiten Sprengel, zu dem Hepberg, Kösching und Lenting gehören. Die Zahl der Evangelischen in diesen drei Orten ist in den 1960er Jahren durch den Bau der Raffinerien um Ingolstadt und das Wachstum der Auto-Union besonders in Lenting stark angewachsen. Seit den 1990er Jahren ziehen durch das Wachstum der Audi AG und seiner Zulieferfirmen vor allem in Kösching und Hepberg Menschen vermehrt mit evangelischer Religionszugehörigkeit in die Gemeinde.

auf der anderen Seite der A9. Mit dem Auto sind es nur 10—15 Minuten, aber öffentlich ist der Weg zur Hauptkirche St. Paulus beschwerlich. Deshalb gibt es zum einen die Ladenkirche in Kösching und zum anderen das Gemeindezentrum in Lenting. Für die Kirchenmitglieder in Kösching und Lenting sind dies Anlaufstellen, aber keine Orte, an denen sie sich wirklich zu Hause fühlen. Bei beiden Standorten handelt es sich um Provisorien, die keine optimale Versorgung und gute Anbindung der Kirchenmitglieder ermöglichen. In Hepberg verfügt die evangelische Kirche nicht einmal über vergleichbare Provisiorien. Für Kirchenmitglieder aus den Gemeinden Hepberg, Kösching und Lenting war diese unbefriedigende Situation der Anlass, sich zusammenzuschließen und im Juli 2010 einen Förderverein für den Bau eines gemeinsamen Gemeindezentrums zu gründen. Als wir 2011 unsere Interviews führten ergab sich folgendes Bild:

In einer weitgehend von Katholiken dominierten Region waren die evangelischen Christen in Kösching kaum präsent. „*Evangelisch hat in Kösching nie stattgefunden!*“, formulierte dazu ein Teilnehmer. Dies änderte sich schlagartig als sich der damalige Pfarrer 2001 auf dem Bürgerfest mit einem T-Shirt zeigte, das die Aufschrift ‚Evangelisch in Kösching‘ trug. In der Folge entstanden eine Reihe von Initiativen und Gruppen in der evangelischen Gemeinde. Die Menschen schienen geradezu darauf gewartet zu haben, Raum für ihr Engagement zu finden. „*Wenn die Leute angesprochen wurden, haben die gesagt: ‚Ja ich möchte ...‘*“ Mit dieser Formulierung beschreibt einer der damals Anwesenden, dass es relativ einfach war, die Menschen zum Engagement für die neue Kirchengründung zu bringen. Als typische Motivlagen werden in dem Gruppengespräch die Wünsche nach Heimat, nach einem gefühlten Zuhause und nach einer guten Atmosphäre genannt. Die zuständigen Pfarrer von St. Paulus signalisieren, dass sie das Anliegen der Außengemeinden sehr ernst nahmen und im Rahmen ihrer Möglichkeiten unterstützten. Unterstrichen wurde dies dadurch, dass ein Pfarrer in Kösching, also vor Ort wohnte.

Wichtig war eine Verständigung über Gemeindegrenzen hinweg. Der Plan eines gemeinsamen Gemeindezentrums für drei Gemeinden war ambitioniert. Natürlich hätte jeder gerne dieses Zentrum bei sich in der Gemeinde angesiedelt. Die offene Kommunikation darüber erlaubte es jedoch, sich auf eine gemeinsame Lösung zu verständigen. Dabei müssen zwar alle Abstriche machen, sie gewinnen aber auch. Für eine einzelne Außengemeinde wäre das Projekt in keinem Fall realisierbar. Das gemeinsame Engagement im Aufbau des Gemeindezentrums soll insgesamt zu einem gesteigerten Zusammenhalt und dem Gefühl einer gemeinsamen Heimat führen.

Drei Jahre nach Ende unserer Studie in Ingolstadt begannen im Juni 2016 die Bauarbeiten. In der Gründungsbroschüre[231] hieß es:

> „Nun beginnt der Bau des neuen Evang.-Luth. Gemeindezentrums mit der Kirche für die Evangelische Gemeinde in Hepberg, Kösching und Lenting. Manch einer hat

231 Schürmann, „Wir bauen Kirche! - Komm, bau mit!“, Broschüre, April 2016.

schon gar nicht mehr damit gerechnet, dass das Projekt Wirklichkeit werden könnte. So lange schon verfolgen evangelische Christinnen und Christen in den drei Ortschaften das Ziel, eine eigene Kirche und zeitgemäße Gemeinderäume zu bekommen. Erste Überlegungen dazu gab es bereits in den 90er Jahren des letzten Jahrhunderts. Jetzt also geht es endlich los!"

Nur zwei Jahren später, am 21. Mai 2018 war schließlich die Einweihung der Dietrich Bonhoeffer- Kirche. Insofern ist die Förderung eines gemeinsamen Gemeindezentrums einerseits ein Beispiel einer netzwerkorientierten Gemeindeentwicklung: Engagement findet seinen Platz, Bindungen entstehen und stabilisieren sich, Netzwerke wachsen zusammen, überwinden regionale Grenzen und werden funktionaler. Anderseits ist es auch eine klassische parochiale Lösung. Faktisch wird es zu einer weitgehenden Ablösung von der Stammgemeinde St. Paulus kommen, auch wenn organisatorisch nach wie vor eine Einheit besteht. Eine stärker netzwerkorientierte Lösung hätte zwar auch Vorteile gebracht, so gehört St. Paulus zu den schnell alternden Gemeinden, der die deutlich jüngere Klientel in den Umlandgemeinden gutgetan hätte. Andererseits sind die Verkehrsanbindungen so schwierig, dass die gemeinsame Nutzung von Angeboten sich schwierig gestaltet.[232]

Beispiel (B) Ingolstadt St. Lukas: In den Vorgesprächen zur schriftlichen Befragung im Vorstand der Kirchengemeinde St. Lukas wurde deutlich, dass die räumliche Trennung der Gemeinde in einen innerstädtischen und einen außerstädtischen Bereich (Großmehring) schon seit längerer Zeit zu besonderen Bindungsproblemen geführt hat. Die organisatorische Einbindung der Gemeindeglieder sieht vor, dass über die regionale Ausdehnung der Kirchengemeinde hinweg ein gemeinsamer Kirchenvorstand gewählt wird. Die Sicht der Kirchenvorstände, die aus dem innerstädtischen Bereich stammten, orientiert sich am Bild einer gemeinsam handelnden Kirchengemeinde. Die Großmehringer fühlten sich darin nicht adäquat vertreten:

- Als Problematik ergibt sich bei nicht wenigen Kirchenmitgliedern aus Großmehring, dass sie sich nicht ausreichend wertgeschätzt sehen und sich als ‚Anhängsel' der innerstädtischen Kirchengemeinde wahrnehmen.
- Die in der Periode davor in den Kirchenvorstand gewählten Kirchenmitglieder aus Großmehring haben daraus die Konsequenz gezogen, 2012 nicht mehr für den Vorstand zu kandidieren. Stattdessen konstituierten sie in Großmehring ein eigenes Gremium, das danach strebte, die Organisation des Kirchenlebens vor Ort zu prägen und zu gestalten.

232 Dies verdeutlicht die örtliche Kirchenzeitung. Vergleicht man die im Paulusboten veröffentlichten Beiträge und Angebote beziehen sich über zwei Drittel auf das neue Gemeindezentrum in Kösching.

– Die Konfliktpunkte der Auseinandersetzung scheinen sich auf die Durchführung von Gottesdiensten und die Präsenz des Pfarrers vor Ort zu konzentrieren. Das zeigt sich etwa daran, dass die Zuständigkeit des „Pfarrers zur Anstellung" für Großmehring als Abwertung erlebt wird. Wichtige kirchliche Veranstaltungen sollen vom ‚eigentlichen' Pfarrer übernommen werden. Auch wurde seitens der Großmehringer regelmäßig die Forderung aufgestellt, dass der Weihnachtsgottesdienst in Großmehring zu einer Uhrzeit stattfindet, die für die dortigen Kirchenmitglieder günstig ist. Und durchführen soll ihn natürlich der erste Pfarrer.

Ein wichtiger Hintergrund für diese Wahrnehmung ist der Vergleich mit den Katholiken. Anders als die Evangelischen in Großmehring bilden sie eine eigene, selbständige Kirchengemeinde. Zudem gibt es keine eigene evangelische Kirche in Großmehring. Man ist in einer katholischen Kirche nur zu Gast. Und auch in der (ihrer) Kirchengemeinde St. Lukas sehen sie sich als eine Minderheit, die um ihre Interessen kämpfen muss. Damit tritt eine gemeinsame Handlungsorientierung in den Hintergrund. Als Lösung erscheint eine eigenständige Gemeinde, die zugleich aber im Unterschied zum Beispiel A kirchenpolitisch unerreichbar sein dürfte.

Beispiel (C) Höchstädt/Thierstein: Die Kirchengemeinden von Höchstädt und Thierstein sind nur etwa zwei Kilometer voneinander entfernt und dennoch scheinen Welten zwischen diesen Gemeinden zu liegen. Kurz vor Beginn unserer Analysen kam es im Januar 2012 zur Zusammenlegung und zu einem Kooperationsvertrag. In Höchstädt lebten zu diesem Zeitpunkt knapp 800 Gemeindemitglieder, in der Gemeinde Thierstein etwa 1.200. Auch hier prägte die Geschichte der Zusammenlegung die ersten Gespräche von uns. So beschreibt ein Höchstädter Kirchvorstandsmitglied seine Emotionen:

> „Für mich und die anderen Kirchvorstände war es eine sehr schwere Zeit. Die schlimmste Erfahrung war der Verlust unseres Pfarrsitzes und damit auch des Pfarrhauses. Und das, nachdem wir so lange vor dem Hintergrund der Stellenkürzungen der Landeskirche verhandelt hatten. Wir waren erfolglos, und das hat schon einiges an Narben zurückgelassen."

Dieses Zitat lässt erahnen, welcher Kampf um den Erhalt der Eigenständigkeit der Pfarrei Höchstädt vorausging und wie bitter das Scheitern damals noch nachwirkte. Daran ändert auch die Tatsache wenig, dass man einen Weg fand, um in den alten Räumen bleiben zu können.[233]

---

[233] „Im November kamen die Verhandlungen bezüglich des Verkaufs des Pfarrhauses zu einem guten Abschluss. Das Pfarrhaus wurde mitsamt dem Grundstück an die politische Gemeinde Höchstädt verkauft, welche nun eine Sanierung des Hauses plant. Die Kirchengemeinde verzichtete auf ihren Anteil am Verkaufspreis und erhält dafür ein Nutzungsrecht im Erdgeschoss, so dass Pfarrbüro und Amtszimmer weiter der Kirchengemeinde

> „Nach den langen und zermürbenden Kämpfen um 1,0, 0,75 oder 0,5 Pfarrstellen, um die Bedeutung von Pfarramt oder Pfarrbüro, war uns in den Gemeinden der eigentliche Auftrag zur Vermittlung der christlichen Botschaft abhanden gekommen."

Es gelang in der Folge immer wieder, einen der für Thierstein und Höchstädt zuständigen Pfarrer enger an Höchstädt zu binden. Der Weggang des Pfarrers in 2018 und die anstehende Interimsvertretung durch die in Thierstein wohnende Pfarrerin zeigt jedoch, dass die Sorgen und Fragen von 2012 nach sieben Jahren immer noch ein Thema sind. So schreibt die Interimsvertreterin im Kirchboten (Ausgabe Nov-Januar 2019):

> „Liebe Gemeindeglieder, viele Fragen haben mich in den letzten Wochen erreicht: Bleibt das Gemeindebüro in Höchstädt bestehen? Wie erreichen wir jetzt einen Seelsorger, eine Seelsorgerin? Ist das jetzt eine Übernahme der Gemeinde von Thierstein aus? Wird die Pfarrstelle neu besetzt? .... Natürlich ist es bitter für eine Gemeinde und es schmerzt, wenn kein Pfarrer/keine Pfarrerin mehr vor Ort wohnt. Das sind Veränderungen, die wir zurzeit nicht steuern können. Vielleicht tröstet es zu wissen, dass 1,4 km von Kirchturm zu Kirchturm kein allzu großer Weg sind und andere Gemeinden das als einen glücklichen Umstand zu schätzen wüssten.
>
> Seit einigen Jahren bilden Thierstein und Höchstädt nun schon eine Pfarrei. Dieser Weg wird und muss sogar weiter beschritten werden. Die Gemeindemitgliederzahlen lassen uns nur diesen Weg gehen. Beide Gemeinden brauchen sich gegenseitig, um weiter ein lebendiges Gemeindeleben zu fördern, d. h. natürlich auch, dass nicht eine Gemeinde im Vordergrund stehen darf. Beide sind aufeinander angewiesen in diesen Zeiten, in denen sich viel verändert. Wir können vor diesen Veränderungen Angst haben und uns am Alten festhalten, oder aber wir sind mutig, freuen uns auf frischen Wind und versuchen, miteinander neue Wege zu gehen."

Interessant ist aber auch, dass sie nicht nur die Unausweichlichkeit der von außen geforderten Zusammenarbeit beschreibt, sondern auch die Chancen betont, neue Wege gehen zu können:

> „Neue Wege gehen heißt für mich: Wir werden Bewährtes fortsetzen können, dürfen Neues ausprobieren und gemeinsam Gemeindeleben gestalten, so dass es Jung und Alt, Thiersteinern und Höchstädtern gleichermaßen zugutekommt. Konkret bedeutet das: Es wird weiterhin Dinge geben, die in der jeweiligen Gemeinde stattfinden wie z. B. die Konfirmation, der Mitarbeiterdank etc. Es wird Dinge geben, die es nur in einer Gemeinde gibt: den Burggottesdienst, das Taizegebet. Und es wird Dinge geben, die gemeindeübergreifend und damit auch abwechselnd in den Gemeinden stattfinden wie z. B. die Konfirmandenarbeit."

Eine ähnliche Botschaft hat der Höchstädter Vertrauensmann. Rückblickend auf die sieben Jahre der Kooperationsvereinbarung sagt dieser im gleichen Heft:

---

zur Verfügung stehen. Auch für den Pfarrgarten wurde eine Nutzungsvereinbarung getroffen" (Kirchenbote Jan/März 2013, 27).

> „So stehen für jeden von uns in unmittelbarer Nähe nicht nur zwei wunderbare Kirchengebäude für Gebet und Einkehr zur Verfügung. Allein die Vielfalt der unterschiedlichen Gottesdienstformen wird wohl nicht nur im oberfränkischen Raum seinesgleichen suchen. Von Taize-, Erlebnis- und Themengottesdiensten bis hin zu aufwändigen musikalischen Formen bietet auch der sonntägliche Gottesdienst wieder ein starkes Gerüst, um sich den Anforderungen des Alltags und somit den Lebens- und Glaubensfragen stellen zu können. Dafür sei an dieser Stelle allen Pfarrern und Lektoren von Herzen gedankt. Wir haben gut funktionierende Gruppen und Kreise für fast alle Altersgruppen, eine außerordentliche Konfirmandenarbeit, und selbst die Hartgesottenen können über unsere Kirche mit den ‚Holy Riders' ins Gespräch kommen."

Offensichtlich hat die Zusammenlegung die für eher netzförmige Gebilde typischen Vorteile gebracht. Es gibt mehr und differenziertere Angebote, die den individualisierten Erwartungen der Gemeindemitglieder gerechter werden. Allerdings muss man auch bereit sein, Angebote aus der „anderen" Gemeinde zu nutzen. Wie ein vernetztes Zusammenarbeiten funktionieren kann, beschreibt noch einmal die Pfarrerin im gleichen Heft.

> „Lebendiges Gemeindeleben funktioniert, wenn wir nicht nur uns selbst im Blick haben, sondern einander. Das ist auch der Grundgedanke der christlichen Botschaft: Dass ich nicht auf mich schaue, sondern den Nächsten, sogar den Fremden liebevoll im Blick haben darf. Meine Beziehung zu Gott und mein Glaube an Jesus, der zu den Menschen gegangen ist, ist nicht an einen Ort gebunden. Unterwegs sein und Aufbrechen ist ein zentrales Motiv in der Bibel – ich denke dabei an Abraham, an Mose und an die Jünger Jesu. So ein besonderes und extremes Aufbrechen ist uns nicht einmal abverlangt. Aber wenn wir in Zukunft nicht bereit sind, Veranstaltungen in der jeweils anderen Gemeinde wahrzunehmen, werden unsere Gemeinden irgendwann vereinsamen."

Beispiel (D) Waldershof-Neusorg: Die oberpfälzische Kleinstadt Waldershof mit etwa 4.300 Einwohnern liegt zwischen Fichtelgebirge und Steinwald. Die Kirchengemeinde Waldershof verteilt sich auf Waldershof und mehrere kleinere Ortschaften. Zusammen mit der flächenmäßig noch größeren Gemeinde Neusorg bildet sie die Pfarrei Waldershof. Die Kirchengemeinden Waldershof und Neusorg liegen etwa 10 km auseinander. Als Besonderheit kommt hinzu, dass es sich bei der Region um eine evangelische Diaspora handelt. Der Großteil der Bevölkerung ist katholisch und gegenüber evangelischen Christen traditionell zurückhaltend bis skeptisch. Das Anliegen von Kirchenvorstand und zuständigem Pfarrersehepaar ist es daher, den Evangelischen im römisch katholischen Umfeld eine „Heimat" zu bieten.[234]

Die Gemeindemitglieder in Waldershof und Neusorg sind mit den Angeboten ihrer Kirchengemeinde im Rahmen unserer Studie überdurchschnittlich zufrieden. Dies gilt gleichermaßen für die Engagierten und die befragten Mitglieder.

---

234 Zitiert nach der Homepage (abgerufen März 2019).

„Ich kann mich also erinnern, ... wir haben immer zusammengeholfen.“ Der aktive Aufbau einer funktionierenden Struktur hat in den Kirchengemeinden eine langjährige Tradition. Ihre persönlichen Beziehungen zu ihren Kirchengemeinden beschreiben zahlreiche der befragten Mitglieder der Kirchenvorstände über biografische Bezüge. Mitunter waren bereits die Eltern – und sogar die Großeltern – in der Gemeinde engagiert.

> „Aw: Also es ist praktisch bedingt: Mein Großvater war dabei beim Kirchenbau, also wir waren also eine der ersten evangelischen Familien in Neusorg mit: vorm ersten Weltkrieg schon, und dann hat sich das so fortgeführt, Großvater ...
>
> A1: ... gute Tradition ...
>
> Aw: Ja, freiwillige Pflicht, so ungefähr. Und wie mein Vater gestorben ist, bin dann ich nachgekommen und, mei ...“ (Frau Brenninger 51, Neusorg)

Später kamen weitere Bereiche hinzu, wie etwa der Bau des Gemeindezentrums und die Errichtung des Glockenturmes. Üblich war aber auch Engagement durch die Übernahme einfacher Dienstleistungen:

> „Aber es war für mich selbstverständlich da mitzumachen. Ich kann mich an meine Anfänge noch erinnern, da haben wir auch noch keine Putzfrau gehabt, dann hab' ich so ein Team gebildet, wo man also mit verschiedenen Frauen die Kirche geputzt hat und die Innenräume, die Stühle und so weiter – weiß ich noch gut. Und – ja: Es war selbstverständlich, und das, muss ich sagen, ist aber geblieben: dieser Zusammenhalt.“ (Pfarrer)

Diese Tradition wird nahezu bruchlos in die Gegenwart verlängert.

> „Ja, schuld ist eigentlich der H., dass ich hier bin. Also der H., der hat damals, da ging's ja um den Altar und so andere Sachen – da kam er zu mir und sagt: ‚Du bist doch Schreiner, wir bräuchten einen längeren Altar'. – Ja, dann schau'n wir halt amal. Wir kannten uns zwar vom Sehen, aber nicht von der Kirche. Und ich muss gestehen, ich bin eigentlich vorher in die evangelische Kirche nicht gegangen, weil wir waren – also ich war jetzt auch kein so großer Kirchengänger. Aber durch meine Schwägerin, die hat zwei Kinder – jetzt sind sie auch schon groß – und die sind katholisch, und dann sind wir halt mit den Kindern immer in die katholische Kirche. Deswegen – ich kannte weder Pfarrer, noch kannte ich hier dieses Gemeindehaus. Und erst durch den H. bin ich eigentlich mal, das erste Mal hier.“ (Herr Brenninger, 55).

Diese Tradition des gegenseitigen Helfens gehört in allen Kirchengemeinden zur Gemeinschaftskonstruktion. In dieser selbstverständlichen und alltagsnahen Form ist sie uns jedoch in keiner der anderen Gemeinden begegnet. Nicht zuletzt wird sie auch vom ersten Pfarrer selbst verkörpert, wie die folgenden Interviewausschnitte veranschaulichen:

> „Das ist sehr wichtig, dass man das mal sagt, dass unser Pfarrer alle Tätigkeiten hier macht: Gartenarbeiten, Putzen, Saubermachen, Streichen – der macht alles mit. Unkrautzupfen, alles.“ (Frau Liebknecht, 46)

> „Klettert auch aufs Kirchendach rauf und bringt das neu renovierte Kreuz wieder an.“ (Frau Meidolf, 34)

> „Also das muss man ehrlich sagen: Das motiviert einen auch, selbst wenn man in der Kirche mitarbeitet. Wenn der Pfarrer dann auch noch mitarbeitet, das macht einfach Spaß, so was.“ (Herr Weiser)

Statt Konkurrenz „Team und eine gemeinsame Heimat“. Folge oder/und Grund für diese gute Kooperation ist das Fehlen von Konkurrenz. Stattdessen überwiegt der Teamgedanke innerhalb der Gremien und in der Zusammenarbeit Ehrenamtliche, Hauptamtliche und Pfarrer. In den Aussagen der befragten Ehrenamtlichen ist erkennbar, dass sie in ihren Haltungen und Überzeugungen geschätzt und gewürdigt werden. Einige typische Aussagen:

> „Ja, was gibt's noch zu erzählen? Hier macht mir die Arbeit auch Spaß. ... Der Pfarrer hat mir auch zugeredet, und jetzt bin ich echt froh, dass ich dabei bin. Und das ist eine ganz eine tolle Gemeinschaft.“ (Herr Weiser, 61)

> „Aber mir macht das sehr viel Spaß, und ich hab' das bis heute nie bereut, dass ich mich da engagiert habe. Nie bereut! Und wir sind natürlich auch eine tolle Truppe, das macht natürlich auch viel aus.“ (Herr Brenninger, 55)

> „Und ich bin also jetzt das erste Mal im Kirchenvorstand und bin da im Vertrauensausschuss frei gewählt worden. Seit 2006 im Kirchen ... oder berufen worden. Und ich find's echt, es macht Spaß, und ich komm' eigentlich gern her. Und ich weiß auch, da ist mein Platz; und auch im Gottesdienst, wo ich einfach sag': Da gehörst du hin.“ (Frau Liefers, 49)

Bei der Darstellung der jeweiligen Interessen, Engagement- und Kompetenzbereiche gibt es keine Unterschiede, ob der/die Betreffende aus Neusorg oder aus Waldershof stammt. Lob und Anerkennung ist völlig unabhängig von Ort und Tätigkeitsfeld. Es überwiegt der Stolz auf das, was man gemeinsam erreicht hat.

> „Ja, wenn man überlegt, was in der Zeit alles entstanden ist, was wir vorher nicht hatten: Jungschar, Chor, die Krabbelgruppe, der Posaunenchor ... Also alles in diesen paar Jahren, das ist schon, er war der Impulsgeber.“ (Frau Brenninger, 51)

> „Das sind aber tolle Leut' hier auch!“ (Pfarrer)

Aus den Interviews erwächst der Eindruck einer großen Familie bzw. eines dichten Netzwerks, in das viele Personen aus den beiden Gemeinden eingebunden sind.

Diaspora im ländlichen Raum. Einen Hintergrund für diesen engen Zusammenhalt sehen die Kirchenvorstände auch in der historisch bedingten Diaspora-Situation. 1910 kamen durch die Porzellanfabrik Haviland evangelische Arbeiter in den römisch-katholisch geprägten Ort. Nach dem Zweiten Weltkrieg nahm die Zahl der Evangelischen durch zahlreiche Heimatvertriebene zu. Ein Gemeindeverein setzte sich für die Errichtung einer eigenen Kirchengemeinde ein. Dieses

Ziel wurde 1968 erreicht, ein Jahr, nachdem das eigene Martin-Luther-Gemeindehaus fertiggestellt war.

> „Ich glaub', das da auch die Diaspora einen großen Anteil mit hat, dass man da mehr zusammenhält als zum Beispiel in einer anonymeren Kirchengemeinde, ob das in Marktredwitz schon ist oder noch in einer Großstadt." (Herr Brenninger, 55)

Allerdings resultiert das Gemeinschaftsgefühl nicht aus einer Abgrenzung zu den Katholiken, sondern einem regionalen Anderssein. Beispielsweise können die Neusorger nicht nur die katholische Kirche mit nutzen, mittlerweile gibt es eine zu den katholischen Gemeindemitgliedern von gegenseitiger Achtung und Wertschätzung getragene Kooperationsbeziehung auf Augenhöhe.

Fazit. In diesen vier Beispielen sehen wir im Verhältnis von Kerngemeinde und einer bzw. mehrerer Außengemeinden sehr unterschiedliche Praktiken. Analysiert man die Gesamtsituation in Beispiel D wird diese weniger durch das Bild einer Zentralgemeinde (Waldershof) und einer angegliederten Gemeinde (Neusorg) beschrieben. Wir finden eher das Bild eines „familienähnlichen Netzwerks", in dessen Mittelpunkt der Pfarrer steht und es um diesen eine Vielzahl enger Beziehungen von Engagierten und Aktiven gibt. Sie basiert auf einer gemeinsamen Geschichte und Biografie mit dem Narrativ einer prosperierenden Gemeinde mit zwei nur räumlich getrennten Ortsteilen. Ganz anders liest sich das Verhältnis in Beispiel B. Hier sind die Gewichtungen klar und scheinen zementiert. Großmehring ist gefühlt ein Anhängsel und die Bindungsprobleme an die innerstädtische „Zentralgemeinde" sind offensichtlich. Das herrschende Narrativ ist das Gefühl der Benachteiligung, Ungerechtigkeit und Unveränderlichkeit. Ähnliche Erzählungen finden wir auch im Beispiel C. Hier war zum Zeitpunkt der Studie die Zusammenlegung zweier Gemeinden noch frisch im Gedächtnis, die Gefühle der „teilweise verlorenen Identität" und der Bitterkeit, ob des verlorenen Kampfes um die Eigenständigkeit bei den Höchstädtern allgegenwärtig. Sieben Jahre später ist dies nicht vergessen, aber die Hoffnung auf eine besser vernetzte, gemeinsame Doppelgemeinde mit einer attraktiven Angebotspalette spürbar. Ganz anders verlief die Geschichte in Beispiel A. Hier führt das Gefühl bei den Außengemeinden, keine wirkliche evangelische Heimat zu haben, zur Aktion sich diese zu schaffen. Bei allerdings auch günstigeren Rahmenbedingungen als in Beispiel B und C gelingt der Bau einer eigenen Kirche. Organisatorisch bleiben die inner- und außerstädtischen Gemeinden zusammen und bilden weiter einen gemeinsamen Kirchvorstand. Nur im Fallbeispiel D kann das Verhältnis als unproblematisch gewertet werden. Alle anderen drei Beispiele zeigen, welche große fortwährende Herausforderung in der Kooperation von Kerngemeine und Außengemeinde steckt. Dabei geht es um Identität und Heimat, um das „Kommen und Gehen" und den Wohnort der Pfarrer*innen. Und es geht um die Idee der Parochie.[235] Dies beinhaltet die Einheit von Zugehörigkeit (zu einem Pfarrbezirk), zentralem Kirchengebäude (meine Kirche samt Pfarrhof) und dem Parochus d. h. den für die Gemeindemitglieder zuständigen ersten Pfarrer bzw. Pfarrerin einer Gemeinde. Diese parochiale Idee ist noch tief verwurzelt und führt immer dann zu Problemen, wenn die Entwicklung einer Gemeinde eine eindeutige Zugehörigkeit nicht mehr zulässt. Organisatorisch scheinen diese Probleme unter den Rahmenbedingungen knapper Kassen und sinkender Mitgliederzahlen kaum lösbar. Unter einer Netzwerkperspektive geht es weniger darum, wo der räumliche Mittelpunkt einer Gemeinde ist, als vielmehr, ob das komplexe Geflecht der Beziehungen zwischen Ehren- und Hauptamtlichen, einer pluralisierten Angebotsstruktur sowie den Bedarfen der Nutzer*innen so ausgewogen ist, dass die Frage von Heimat und Identität nicht am Ort festgemacht wird.

8 Evangelisch mit Migrationshintergrund – Deutsche aus Russland und Rumänien

Migrationshintergrund und evangelisch? Diese beiden Begriffe scheinen nicht zusammen zu gehören, denkt man bei Migrationshintergrund und Religion doch heute in erster Linie an Flüchtlinge aus islamisch geprägten Weltgegenden. Auch die Arbeitsmigranten der 1960er und 1970er Jahre waren überwiegend islamisch, katholisch oder orthodox. Im folgenden Kapitel geht es um die Gruppe der Deutschen Aussiedler*innen[236] – vor allem aus Staaten der ehemaligen Sow-

235 Parochie (griech.: paroika = Aufenthalt in der Fremde) bezeichnete ursprünglich die christliche Gemeinde, die in der Welt lebt. Heute wird darunter ein abgegrenzter Pfarrbezirk innerhalb einer Kirchengemeinde verstanden. Entsprechend wurde der Pfarrer auch Parochus genannt. Zitiert nach EKD: https://archiv.ekd.de/glauben/abc/parochie.html.

236 (Spät-)Aussiedler sind im amtlichen Sprachgebrauch seit dem 1. Januar 1993 Menschen, die im Rahmen eines Aufnahmeverfahrens als deutsche Volkszugehörige nach Deutschland übersiedelt sind. Vorher benannte man sie nach dem Bundesvertriebenengesetz als Aussiedler. Der Begriff umfasst vor allem die Angehörigen von deutschen Minderheiten, deren Familien teilweise seit Generationen in Ostmitteleuropa, Osteuropa, Südosteuropa und teilweise in Asien gelebt haben und die seit 1990 in die Bundesrepublik Deutschland eingereist sind. Nach Artikel 116 des Grundgesetzes sind Spätaussiedler deutsche Staatsbürger*innen. Aufnahmeverfahren und Unterstützungsmaßnahmen wie Integrationskurse sind im Bundesvertriebenengesetz (BVFG) geregelt. Seit Beginn der Aussiedleraufnahme im Jahr 1950 sind fast 4,5 Millionen (Spät-)Aussiedler einschließlich Familienangehörigen nach Deutschland zugewandert. Seit 1990 gehen die Zuwanderungszahlen stetig zurück. Im Jahr 2012 kamen noch 1.817 Personen als Spätaussiedler nach Deutschland.

jetunion und Rumänien. Unter diesen gibt es eine relevante Gruppe von Menschen evangelischen Glaubens. Im Rahmen des Gesamtprojekts konnte in einer Gemeinde[237] eine Fallstudie zu den evangelischen Deutschen aus Russland und Rumänien durchgeführt werden.

„Seit der markgräflichen Aufnahme hugenottischer Auswanderer im 17. Jahrhundert hatte es das Phänomen einer erheblichen fremdkulturellen und fremdsprachigen evangelischen Gruppe in Bayern faktisch nicht gegeben", schreibt Christian Eyselein in seinem Buch „Russlanddeutsche Aussiedler verstehen" (Eyselein 2006, 51). Damit sind den betroffenen Kirchengemeinden neue Herausforderungen erwachsen.

*8.1 Ausgewanderte und Ausgesiedelte – Ein Exkurs zur Geschichte der deutschen Aussiedler*innen*

Deutsche aus Russland. Am Beginn der Geschichte von deutschstämmigen Siedlern in Russland stand die Anwerbung. Peter der Große verordnete dem riesigen russischen Reich Ende des 17., Anfang des 18. Jahrhunderts eine radikale Modernisierungspolitik. Diese ging einher mit der Anwerbung von „Siedlern" – zunächst Fachleuten für Wirtschaft, Verwaltung und Militär. Im Verlauf des 18. Jahrhunderts ging es vermehrt um die Besiedelung der bis dahin menschenleeren Gebiete, vor allem entlang der Wolga. Den russischen Werbungen folgten viele Deutsche. Die Kolonisten wurden entlang der Wolga nach genauen staatlichen Vorgaben angesiedelt. Entlang der Wolga entstand so ein relativ geschlossenes Siedlungsgebiet aus Deutschen. Die Dörfer waren getrennt nach Herkunft und Religion.

Der Anwerbepolitik des 18. Jahrhunderts folgte eine weitere im 19. Jahrhundert. Dieses Mal ging es vor allem um die Besiedelung Kleinrusslands, also im Süden, am Schwarzen Meer. Diese Kolonisten erhielten Privilegien und eine relativ weitgehende Selbstverwaltung durch die Gemeindeversammlungen in den neu entstandenen Dörfern. Es entwickelte sich ein konfessionelles Schulwesen, das zwar hauptsächlich der Vorbereitung der Kinder auf die Konfirmation (bzw.

---

[237] Ausgewählt wurde eine Stadtgemeinde in Ingolstadt, in der Deutsche aus Russland und Rumänien eine relevante Migrantengruppe darstellen. In dieser Gemeinde liegt der Fokus auf interkultureller und interreligiöser Arbeit. Im Rahmen der Fallstudie wurden Deutsche aus Russland interviewt, die quantitativen Daten zu den Engagierten und den jüngeren Gemeindemitgliedern sekundär ausgewertet sowie Expertengespräche und Literaturstudien durchgeführt. Hilfreich war in diesem Zusammenhang eine Masterarbeit zum Thema (Frank, Fabian 2009). Persönliche Netzwerke russlanddeutscher (Spät-)Aussiedler in ihrer Ressourcenfunktion. Eine Analyse sozialer Unterstützung aus sozialarbeiterischer Perspektive. (Masterarbeit, München).

die Firmung) diente, aber sozusagen als Nebeneffekt eine hohe Alphabetisierungsrate unter der deutschstämmigen Bevölkerung zur Folge hatte. Vor dem Ersten Weltkrieg lebten in Russland etwa 2,5 Millionen Deutsche, vor allem im Wolgagebiet, am Schwarzen Meer und in den polnischen Provinzen. Die Erbschaftsregelungen – das Land ging nur an einen Erben und durfte nicht geteilt werden – führten zu einer weiteren Ausdehnung der deutschen Siedlungsgebiete, aber auch zu Auswanderungswellen, vor allem nach Nord- und Südamerika.

Im Ersten Weltkrieg wurden die deutschstämmigen Siedler*innen und ihre Nachfahren als potentielle Spione und Verräter in östliche Landesteile verbannt bzw. interniert. Die (bürgerliche) Februarrevolution von 1917 beendete die Diskriminierungspolitik mit dem Gesetz zur Gleichstellung aller Nationen und Konfessionen. Auch die bolschewistische Oktoberrevolution brachte den Deutschen zunächst Autonomierechte ein. Hungersnöte und die unter Stalin Ende der 1920er Jahre einsetzende Enteignungspolitik führte dann aber zu einer großen Auswanderungsbewegung. In den 1930er Jahren setzte eine Verfolgung von Minderheiten ein, die zu großen Umsiedlungen und Verbannungsaktionen führte. Die deutsche Bevölkerung wurde weiter östlich angesiedelt, vor allem in Kasachstan, Kirgisien, dem Ural und in Sibirien. Ein Teil der Deutschstämmigen konnte als Folge des Hitler-Stalin-Paktes nach Deutschland ausreisen.

Für die Verbliebenen begann im Zweiten Weltkrieg eine große Deportationswelle. Krieg, Arbeitslager und Hungersnöte dezimierten die deutsche Bevölkerung in der Sowjetunion. Nach Stalins Tod setzte eine allmähliche Liberalisierung und Rehabilitierung der Deutschen ein. Mit den Ostverträgen zwischen der Bundesrepublik und der Sowjetunion kamen auch die ersten Aussiedler*innen nach Deutschland. Anfangs waren es nur ganz wenige, ab 1989 stiegen die Zahlen an. Von 1992 bis 1995 kamen jährlich rund 200.000 Spätaussiedler*innen aus Russland und den ehemaligen Sowjetrepubliken. Von 1996—2002 waren es jährlich noch rund 100.000. Erst dann ging der Zuzug deutlich auf einige Tausend zurück (vgl. hierzu: Landsmannschaft der Deutschen aus Russland e. V, Hg., 2006 und Bundesministerium des Inneren, Hg., 2012). Anders als bei den Deutschen aus Rumänien kamen die Spätaussiedler*innen aus Russland aus verschiedenen Teilen der russischen Föderation und Nachfolgestaaten der Sowjetunion wie Kasachstan, Kirgisien etc. Auch konfessionell waren und sind sie ganz unterschiedlich gebunden. Etwa die Hälfte aller Aussiedler*innen gibt an, evangelisch zu sein. Das bezieht sich auf verschiedene Formen des Protestantismus: Lutheraner, Evangeliumschristen, Adventisten, Mennoniten und weitere freikirchliche Gruppierungen.[238] Die prinzipiell atheistische Politik der Sowjetunion seit den 1920er Jahren führte dazu, dass bis 1989 die Glaubensausübung eher in privaten Kreisen, in Form von Betbruderschaften stattfand.

---

[238] Quelle: http://www.ekiba.de/1317_2456.php.

Deutsche aus Rumänien. Seit dem 12. Jahrhundert wanderten deutschstämmige Siedler*innen in Gebiete des heutigen Rumäniens aus (Transsylvanien). Die „Siebenbürger Sachsen" wurden von dem ungarischen König Geysa II (1141–1161) angeworben, um die Grenzen gegen die Mongolen und Hunnen zu schützen und um das Land zu entwickeln. Diese Anwerbung wurde mit Privilegien belohnt: etwa freie Richter- und Pfarrerwahl, die Gerichtsbarkeit nach eigenem Gewohnheitsrecht, Zollfreiheit und freie Märkte. Diese relativ große politische und wirtschaftliche Eigenständigkeit ging einher mit Glaubensfreiheit. Im 16. Jahrhundert führten die Siebenbürger Sachsen[239] Religionsfreiheit ein und traten geschlossen dem lutherischen Glauben bei. Der Kirche zugrunde gelegt ist das Augsburger Bekenntnis.[240] Durch die Gründung der österreichischen Doppelmonarchie 1867 verloren die Siebenbürger Sachsen ihre politische Autonomie. Nach dem Ersten Weltkrieg votierten die deutschstämmigen Minderheiten für einen Anschluss an das Königreich Rumänien. Dieses hielt die Versprechen (deutschsprachiger Unterricht, Besitzstandswahrung) aber nicht. In den 1930er Jahren sympathisierten viele der Deutschrumänen mit nationalsozialistischen Gedanken. Das rumänische Königreich schloss sich im Zweiten Weltkrieg zunächst Deutschland und Italien an.

Als Folge des Hitler-Stalin-Paktes besetzte die deutsche Wehrmacht auch Teile des rumänischen Territoriums. Viele deutschstämmige Rumänen kämpften in der deutschen Wehrmacht, vor allem in der Waffen-SS. Ein Teil der deutschstämmigen Bevölkerung wurde ins Deutsche Reich übersiedelt. Nach der Besetzung Rumäniens durch die Rote Armee kam es zu Verschleppungen der arbeitsfähigen deutschen Bevölkerung in sowjetische Arbeitslager. Im rumänischen Territorium verlor die deutschstämmige Bevölkerung ihre Privilegien und ihren (Grund-)Besitz. Die Lage besserte sich nach Stalins Tod. Die Bundesrepublik Deutschland nahm diplomatische Beziehungen zu Rumänien auf.

Unter Nicolae Ceausescu trat ein Ausreiseabkommen in Kraft. Die Bundesregierung bezahlte für jede*n ausreisenden deutschstämmigen rumänischen Bürger*in – je nach Alter und Ausbildung – zwischen 1.500 und 12.000 DM (Kroner, Michael 1998). Diese „Freikaufpolitik" brachte dem rumänischen Staat bis zur Wende 1990 geschätzt ca. 1 Milliarde DM ein. Nach dem Zusammenbruch des Kommunismus in Rumänien verließen die deutschstämmigen Rumän*innen massenhaft das Land und siedelten in die Bundesrepublik über. Die bis dahin geregelte und überschaubare Ausreise wurde außer Kraft gesetzt. 1990 kamen über 100.000 Menschen in den Westen. Nach dieser Spitze nahm der Zuzug von Spätaussiedlern aus Rumänien deutlich ab. Seit 1998 reisen praktisch keine Rumäniendeutschen mehr in die Bundesrepublik ein.

---

239 Im Folgenden beziehen wir uns weitgehend auf die Siebenbürger Sachsen, da es um die evangelischen Rumäniendeutschen geht. Die Banater Schwaben etwa, eine weitere relevante Gruppe deutschstämmiger Rumänen, sind überwiegend katholischen Glaubens.

240 Das Augsburger Bekenntnis wurde 1530 von Philip Melanchthon in Augsburg Karl V. übergeben. http://www.ekd.de/glauben/bekenntnisse/augsburger_bekenntnis.html.

Die Normen und Gebräuche der Siebenbürger Sachsen waren vergleichsweise konservativ, was sich jedoch aus ihrer bewussten Abgrenzung zu den anderen Volksgruppen in Siebenbürgen erklärt. Strenge Regeln und das Einhalten der Bräuche sollten den Zusammenhalt der Gemeinschaft und das Überleben der Volksgruppe auch in widrigen Zeiten sicherstellen. Zu den größten Tabus gehörten bis zur großen Auswanderung Ehen mit anderen Ethnien. Dies wurde als Untergraben des Zusammenhaltes der Volksgruppe gewertet und oftmals mit einer Ausgrenzung und Stigmatisierung der betroffenen Personen und deren Kindern beantwortet[241].

8.2 Neue Kulturen und Netzwerke? – Spätaussiedler*innen als Herausforderung

Mit den Spätaussiedlern aus Russland und Rumänien kam eine große Gruppe von Evangelischen mit einer Migrationsgeschichte und Religionsgeschichte, die sich von den gewachsenen Traditionen und Diskussionen in der westdeutschen Kirche deutlich abhob. Die evangelischen Migrantinnen und Migranten galten als Deutsche und sprachen zum Teil kein Wort Deutsch, sie wurden in sozialistischen Ländern sozialisiert, in denen Religionsausübung allenfalls geduldet, aber nicht unterstützt wurde. Sie waren zum Teil nicht getauft, nicht konfirmiert.

Etwa die Hälfte aller Aussiedler*innen gibt bei der Einreise an, evangelisch zu sein.[242] Darunter fallen verschiedenste Ausrichtungen: Vor allem Lutheraner, aber auch Evangeliumschristen, Adventisten, Mennoniten und weitere freikirchliche Gruppierungen.

Gerade bei der Gruppe der Deutschen aus Russland zeigt sich eine Zweiteilung. Während ein Teil – vor allem der Älteren – eine tiefe und spezifische Religiosität lebt, ist ein großer Teil der jüngeren Russlanddeutschen gar nicht religiös. Aus Konvention oder den Großeltern zuliebe werden die Kasualien eingehalten, aber die Berührungsängste zur Kirche sind groß. Für Ingolstadt notiert Eyselein: „In fünf von elf Stadtteilen übersteigt ihr Anteil 10 Prozent der Gesamtbevölkerung, in sieben von 64 Unterbezirken liegt er zwischen 20 Prozent und 30 Prozent. In einigen Kirchengemeinden reicht ihr Anteil bis über 50 Prozent; Religionsklassen und Konfirmandengruppen werden dort teilweise zu über 80 Prozent von Aussiedler*innen besucht. Gottesdienste in betroffenen Gemeinden zum Befremden mancher Einheimischen mehrheitlich." (Eyselein 2006, 64)

---

241 Quelle: http://de.wikipedia.org/wiki/Siebenbürger_Sachsen

242 Bei den in den letzten Jahren eingereisten Aussiedlern aus Staaten der ehemaligen Sowjetunion nimmt der Anteil der russisch-orthodoxen leicht, der Anteil der Menschen ohne Bekenntnis deutlich zu.

„... dass die einzig wachsende Gruppe innerhalb unserer Gemeinden bayernweit die Gruppe der Russlanddeutschen ist. Alle anderen werden weniger und treten aus, die Russlanddeutschen bleiben relativ konstant da. Da gibt's auch Austritte, aber es ist zahlenmäßig und prozentual wesentlich weniger. Und wenn wir uns nicht als Landeskirche, uns da einfach mehr auf diese Menschen einstellen, haben wir ein echtes Problem in ein paar Jahren." (Pfarrer A)

Damit ist stellvertretend für viele Gemeinden eine besondere Problemlage formuliert

- Es gibt einen größeren Anteil von Gemeindemitgliedern mit anderen kulturellen Hintergründen und teilweise geringen Deutschkenntnissen.
- Für einen Teil der Älteren unter ihnen ist Religiosität wichtig. Sie besuchen neben eigenen Bibelkreisen und Versammlungen auch den Hauptgottesdienst.[243]
- Jüngere Russlanddeutsche werden getauft und konfirmiert, sind aber für die Mitarbeit in der Gemeinde kaum zu gewinnen.

Im Rahmen der netzwerkorientierten Gemeindeentwicklung lag es deshalb nahe, die besonderen Potenziale oder Hemmnisse der deutschen Aussiedler*innen für die Gemeindeentwicklung zu beleuchten. Zunächst vergleichen wir das Verhältnis zu Kirche und Glauben und die religiösen Alltagspraxen. Daran schließen sich drei Migrationsgeschichten, Verdichtungen der qualitativen Interviews, die in einer Untersuchungsgemeinde durchgeführt wurden. Aus Datenschutzgründen wurden die personenbezogenen Angaben leicht verfremdet. Diese Einzelschicksale haben ihre Gemeinsamkeit in der Geschichte der (evangelischen) deutschen Aussiedler*innen.

8.3 *Das Verhältnis zu Kirche und Glauben und die Alltagspraxis*

Der historische Hintergrund und die so erfolgten Prägungen des Glaubens und der Religionsausübung beeinflussen noch heute die Haltung der Deutschen aus Russland und Rumänien. Anhaltspunkte dafür finden sich in der Sonderauswertung der Mitgliederbefragung des IPP in den fünf Stadtgemeinden in Ingolstadt, auf der dieser Abschnitt beruht. Die Mitgliederbefragung in den evangelischen Gemeinden Ingolstadt umfasst insgesamt 62 Spätaussiedler*innen 30 aus dem

[243] Als Folge davon bleiben teilweise noch mehr der ‚einheimischen Deutschen' dem Gottesdienst fern (vgl. dazu auch Süddeutsche Zeitung vom 9.9.2010).

Gebiet der ehemaligen Sowjetunion und 32 aus Rumänien. Das entspricht 26 Prozent der in Ingolstadt befragten Gemeindemitglieder.

Die meisten der Spätaussiedler*innen leben seit mehr als zehn Jahren in Ingolstadt, sind teilweise innerhalb von Ingolstadt umgezogen. In der aktuellen Kirchengemeinde leben sie zum größeren Teil seit fünf bis zehn Jahren (Russlanddeutsche) bzw. seit weniger als fünf Jahren (Rumäniendeutsche).

Vor allem die Deutschen aus Rumänien (kurz: Ru) fühlen sich mit der Kirchengemeinde verbunden: (48,4 Prozent), bei den Deutschen aus der ehemaligen Sowjetunion (im Folgenden Deutsche aus Russland, kurz: DaR) sind es 31 Prozent und bei den „einheimischen" Deutschen (D) 28 Prozent. Trotzdem empfinden sich die Deutschen aus Rumänien zu über der Hälfte in der Kirchengemeinde als etwas fremd (53,6 Prozent, DaR 35,7 Prozent, D 67,6 Prozent) und nur 16,1 Prozent betrachten die Gemeinde als ihre Heimat (DaR 23,3 Prozent, D 18,1 Prozent).

Auch bezogen auf die Familientradition sind es vor allem die Deutschen aus Rumänen, die eine Bindung zur Kirche mitbringen. 62,1 Prozent der Rumänen geben an, dass ihre Mutter der Kirche sehr verbunden war, 55,6 Prozent sagen dies über ihren Vater. Bei den Deutschen sind 42,8 Prozent der Mütter mit der Kirche verbunden, aber nur 28 Prozent der Väter, bei den Deutschen aus Russland 33,3 Prozent der Mütter und 20 Prozent der Väter.

Diese Verbundenheit mit der Kirchengemeinde drückt sich bei 10,7 Prozent der Deutschen und 12,5 Prozent der Deutschen aus Rumänien auch in einem Engagement innerhalb der Kirchengemeinde aus. Für die Deutschen aus Russland stellt dies deutlich seltener eine Option dar (3,3 Prozent). Auch außerhalb der Gemeinde sind diese am seltensten engagiert (10 Prozent), während ein Viertel der Deutschen aus Rumänien und gut die Hälfte der Deutschen in den unterschiedlichsten Engagementfeldern tätig sind.

Religiosität. Als religiös bezeichnen sich 23,7 Prozent der Deutschen, 26,7 Prozent der Deutschen aus Russland und 37,6 Prozent der Deutschen aus Rumänien. Entsprechend der kirchlichen Tradition aus den Herkunftsländern zeigen sich letztere in fast allen Punkten als besonders traditionsverbunden bzw. geprägt von einem konservativen Glaubens- und Kirchenverständnis. Sie haben in 12 der 15 Antwortitems die höchsten Werte.

Tabelle 4: Was gehört zum Evangelisch-Sein? – Vergleich der Gruppen (Angabe in Prozent, gehört dazu/ gehört unbedingt dazu, der jeweils höchste Wert ist fett markiert)

Es gehört zum Evangelisch sein dazu, dass man...	Dtl (N=165)	Dtl	DaR (N=29)	DaR	Rum (N=31)	Rum
über seinen Glauben selbst bestimmt	**82,4**	1	80,0	3	81,3	6
seinem Gewissen folgt	78,8	2	83,3	2	**87,5**	2
die Freiheit anderer tolerant achtet	78,2	3	73,4	**4**	**87,5**	**2**
getauft ist	75,9	4	70,0	5	**78,1**	8
konfirmiert ist	67,1	**5**	53,3	9	**84,4**	4
gute Werke tut	57,7	6	66,7	6	**71,9**	10
sich an der Botschaft Jesu orientiert	50,6	7	53,3	**9**	**84,4**	4

nach den zehn Geboten lebt	47,0	8	60,0	**7**	**78,1**	**8**
Mitglied der evangelischen Kirche ist	40,0	9	36,9	**12**	**65,7**	**11**
als bekennender Christ lebt	37,1	10	60,0	7	**65,7**	11
sich bemüht, ein anständiger und zuverlässiger Mensch zu sein	29,4	11	86,7	1	**90,6**	1
am Abendmahl teilnimmt	25,3	12	30,0	13	**40,6**	13
zur Kirche (zum Gottesdienst geht	17,1	13	**26,7**	14	25,0	15
die Bibel liest	15,9	14	**40,0**	11	28,2	14
mitbekommt, was in der Kirche und Gemeinde passiert	14,7	15	23,3	**15**	**81,3**	**6**

Während die ersten drei Items in der Tabelle, die eine individualisierte Glaubensinterpretation spiegeln, von allen drei Gruppen als wichtig erachtet werden, sehen vor allem die Deutschen aus Rumänien institutionelle und formale Themen als zentral für das Evangelisch-Sein an. Das Leben nach genuinen christlichen Wertvorstellungen auszurichten, wird als Forderung von den Deutschen aus Russland geteilt. Letztere legen aber weniger Gewicht auf bestimmte kirchlichen Rituale (Konfirmation, Abendmahl) – was die Situation der evangelischen Christen in der Sowjetunion widerspiegelt, für die Religionsausübung als Privatsache in die eigene Wohnung verwiesen war. Bei aller Betonung formaler Aspekte der Religionszugehörigkeit – auch die Deutschen aus Rumänien sagen nur noch zu einem Viertel, dass der Gottesdienstbesuch zum Evangelisch-Sein dazu gehört, und unterscheiden sich damit kaum von den Deutschen aus Russland. Bei den ‚einheimischen Deutschen' liegt diese Zahl allerdings noch deutlich niedriger: hier sind es in der Sonderauswertung nur 17 Prozent.

Die Aufgaben der Kirche. Die Aufgaben, die der Kirche zugeschrieben werden, unterscheiden sich in einigen Punkten deutlich nach dem Herkunftsland. Die Kirchenmitglieder, die aus russischen Gebieten ausgesiedelt sind, tendieren eher zu einer umfassenden Aufgabenzuweisung an die Kirche.

Relative Einigkeit über alle Gruppen hinweg herrscht bei den spirituellen Angeboten (Raum für Stille) und bei der Erwartung, dass sich die Kirche klar gegen Ausländerhass und Fremdenfeindlichkeit positioniert.

Tabelle 5: „Aufgaben der Kirche", Mitglieder nach Geburtsland, Angaben in Prozent

Aufgabe der Kirche ist es ...	Mitglieder 15–40 Jahren		
	Deutschland (N=169)	Rumänien (N=31)	Russland/ GUS (N=29)
Mission und Gottesdienst & Glaubensgemeinschaft (Betonung der Glaubensgemeinschaft, der Glaube als vereinendes Element, das die Gemeinschaft zusammenhält)			
...Menschen Gemeinschaft und Geborgenheit zu vermitteln	**92,4**	75	75
...Raum für Gebet, innere Stille...	78,7	**83,8**	75
...Menschen mit Taufe... durchs Lebens begleiten	78,5	93,8	**96,6**
...von Gott zu reden	64	65,7	65,5
...Menschen für Gott zu gewinnen	41,3	48,4	**50**

Diakonische Gemeinschaft für Notleidende (durch Institutionen der Kirche und auch durch die Glaubensgemeinde)			
...Alte, Kranke und Behinderte zu betreuen	71,9	**78,2**	67,8
...für sozial Schwache zu sorgen	63,0	68,8	**92,9**
Einsatz für Werte (Solidarität, Gerechtigkeit und kulturelle Vielfalt) = Gestaltung der Gesellschaft nach christlichen Werten und Dialog mit den verschiedenen gesellschaftlichen Gruppen und Entscheidungsträgern (Politik, Institutionen, Vertretern der Kulturen in der Gesellschaft)			
... gegen Fremdenhass und Ausländerfeindlichkeit zu sein	78,1	71,9	**79,6**
...Kinder Ethik und Verantwortung zu lehren	76,9	**90.7**	82,7
...Gespräch mit nicht-christlichen Religionen verstärken	**45,7**	34,4	42,9
...kulturelle Angebote zu machen	38,1	40,7	**58,6**
...sich zu politischen Grundsatzfragen zu äußern	24,0	**25,1**	21,4
Einsatz für eine soziale Arbeitswelt (Dialog mit den arbeitenden Menschen, unternehmerischen Entscheidungsträgern, relevanten politischen und gesellschaftlichen Organisationen)			
...sich um Arbeitsalltag und Beruf zu kümmern	38,1	40,7	**58,6**

Mission, Gottesdienst und Glaubensgemeinschaft. Für die Deutschen ist die Vermittlung von Gemeinschaft und Geborgenheit besonders wichtig. Das spirituelle Moment (Raum für Gebet und innere Stille) steht für alle drei Gruppen an zweiter Stelle. Im Vergleich mit „einheimischen" Deutschen (79 Prozent) zeigt sich, dass Deutsche aus Rumänien (94 Prozent) und Russland (97 Prozent) mehr Wert darauf legen, dass die Kirche Menschen mit der Taufe durch das Leben begleitet. Die Taufe ist hierbei Zeichen der Aufnahme in die Religionsgemeinschaft und ritualisierte Handlung im evangelischen Glauben. Dem missionarischen Auftrag der Kirche („Menschen für Gott zu gewinnen") stimmen in diesem Bereich die wenigsten der Befragten zu.

Diakonische Gemeinschaft für Notleidende. Auffällig ist, dass die Deutschen aus Russland es als große Aufgabe der Kirche sehen, sich für sozial Schwache einzusetzen (93 Prozent). Hier liegen sie deutlich über den Werten bei den Deutschen (63 Prozent) und Deutschen aus Rumänen (69 Prozent). Die Sorge für Alte, Kranke und Behinderte hat demgegenüber einen schwächeren Stellenwert (DaR 68 Prozent, D 72 Prozent, Ru 78 Prozent).[244] Für Deutsche und Deutsche aus Rumänen steht die Sorge für Alte, Kranke und Behinderte über der Sorge für sozial Schwache.

244 Interessant wäre hier zu sehen, ob sich bei Aufgliederung in a) Alte, b) Kranke, c) Behinderte innerhalb dieser Gruppe noch Unterschiede zeigen würden (auf der einen Seite Familienzusammenhalt mit der älteren Generation - auf der anderen Seite evtl. Wertigkeit von Leben im Falle von Behinderung).

Einsatz für Werte. Im Vergleich zu Deutschen (77 Prozent) und Russlanddeutschen (83 Prozent) ist es den Deutschen aus Rumänien (91 Prozent) am wichtigsten, Kindern Ethik und Verantwortung zu lehren. Die Deutschen aus Russland (59 Prozent) legen vergleichsweise großen Wert auf kulturelle Angebote. Das Eintreten gegen Ausländerfeindlichkeit und Fremdenhass wird von allen drei Gruppen als wichtige Aufgabe der Kirche definiert. Vergleichsweise gering wiegt jedoch der hierzu auch beitragende Ansatz, das Gespräch mit nichtchristlichen Religionen zu verstärken (deutlich weniger als 50 Prozent treten hierfür ein). Von den drei Gruppen haben die Rumänen (34 Prozent) das geringste Bedürfnis, den Dialog mit anderen Religionen zu verstärken.

Einsatz für eine soziale Arbeitswelt. Eine soziale Arbeitswelt ist für die Russlanddeutschen mit Abstand am wichtigsten im Vergleich mit Deutschen oder Rumänen (knapp 60 Prozent im Vergleich zu ca. 40 Prozent).

*8.4 Aussiedler*innen in Ehrenämtern der evangelischen Gemeinde*

An der schriftlichen Befragung der Ehrenamtlichen nahmen 34 Deutsche mit Aussiedlerhintergrund teil, 6 Männer und 27 Frauen. Vier stammen aus Staaten der ehemaligen Sowjetunion, 30 aus Rumänien. Das sind rund 13 Prozent aller befragten Engagierten in Ingolstadt. Ausnahmslos alle Engagierten mit Aussiedlerhintergrund sind evangelisch, während 7,5 Prozent der engagierten Deutschen eine andere oder gar keine Religion/Konfession angeben.

Rund ein Drittel ist seit mehr als zehn Jahren aktiv, rund ein Drittel seit 5 bis10 Jahren und rund ein Drittel seit weniger als fünf Jahren. Die allermeisten wurden angesprochen – entweder vom Pfarrer oder von Mitgliedern des Kirchenvorstands bzw. der Kirchengemeinde, von Freunden, Verwandten und Bekannten. Für sechs Personen waren eigene Erfahrungen die Motivation für das Engagement.

Die Engagementfelder verteilen sich auf verschiedene Bereiche – außer auf Kinder- und Jugendarbeit. Dies verwundert nicht, wenn man einen Blick auf das Alter wirft: 44 Prozent der Befragten sind 70 Jahre und älter, 23 Prozent sind 60 bis 69 Jahre alt, 21 Prozent sind 40 bis 59 Jahre alt und nur 12 Prozent sind jünger als 40. Damit sind die Ehrenamtlichen aus Rumänien bzw. Russland noch ein gutes Stück älter als die ehrenamtlichen „einheimischen Deutschen". Die meisten der engagierten Aussiedler*innen beschränken sich auf eher einfache Tätigkeiten: 22 verteilen die Gemeindezeitung, sieben helfen bei Veranstaltungen und Festen mit. Sechs engagierte Aussiedler*innen sind in verschiedenen Musikgruppen beteiligt. Bei Gottesdiensten helfen fünf Personen mit, vier sind in Seniorenangeboten aktiv, drei arbeiten im oder mit dem Kirchenvorstand und eine

Person ist im „Konfi-Team“ dabei. Diese gehört zur kleinen Gruppe der unter 40-Jährigen. Die Hälfte der Deutschen aus Russland ist in der Versammlung bzw. der Bibelstunde für die Deutschen aus Russland aktiv. Rund 63 Prozent bezeichnen sich als ziemlich bis sehr religiös, 37 Prozent als mittel religiös. Diese Verbundenheit mit dem Glauben speist sich bei fast allen aus einer familiären Tradition. Bei 90 Prozent haben sich bereits die Großeltern mit der Kirche verbunden gefühlt, bei ebenso vielen war es der Vater und bei 95 Prozent die Mutter. Hier unterschieden sich die ehrenamtlich tätigen Aussiedler*innen deutlich – sowohl von den „einheimischen Deutschen“ als auch von den Gemeindemitgliedern mit Aussiedlerhintergrund. Die Konfession sehen drei Viertel der Deutschen, 74 Prozent der Rumäniendeutschen und 100 Prozent der ehrenamtlichen Deutschen aus Russland als wichtigen Teil ihrer religiösen Identität.

8.5 Drei Migrationsgeschichten (am Beispiel russlanddeutscher Aussiedlerinnen)

Beispiel Frau Gylikow[245]

Frau Gylikow, 34 ist vor sieben Jahren mit einem ‚Brautvisum‘[246] eingereist. Frau Gylikow, eine „echte“ Russin, hatte ihren heutigen Ehemann in Russland kennengelernt. Einige Jahre lebten sie eine Fernbeziehung, sie in Moskau, er im Petersburger Gebiet. Dann siedelte er als Deutschstämmiger nach Deutschland aus. Der Kontakt zwischen beiden verlor sich zunächst, wurde dann über gemeinsame Freunde wiederhergestellt und erfolgte zunächst über E-Mail und Telefon. Bei einem Besuch des Mannes in Moskau wurden schließlich Heiratspläne geschmiedet. Frau Gylikow beendete zunächst ihr Studium und bereitete die Migration nach Deutschland vor – eine aufwändige Prozedur. Es dauerte neun Monate, bis alle Dokumente vorlagen, die für eine Auswanderung nach Deutschland nötig waren.

Die erste Zeit in Deutschland war für Frau Gylikow schwer, da sie außer ihrem Mann und dessen Familie, die auch in Ingolstadt lebt, niemanden kannte und über keine Deutschkenntnisse verfügte.

---

245 In drei Migrationsgeschichten werden Erkenntnisse aus den qualitativen Interviews, die mit Deutschen aus Russland geführt wurden, exemplarisch dargestellt. Auswahlkriterium war der jeweilige Rechtsstatus nach dem Bundesvertriebenengesetz (BVFG). Es wurden unterschiedliche rechtliche Situationen gewählt: Aussiedler, Spätaussiedler und Familienangehörige. Die Namen wurden geändert und aus Anonymitätsgründen wurden Details verfremdet.

246 Ein Brautvisum hat drei Monate Gültigkeit. Um einen Aufenthaltstitel aufrecht zu erhalten, ist in dieser Zeit eine Eheschließung notwendig.

„Ja war sehr schwer, weil ich war vier Monate erst nur zu Hause. Ich hatte keine Familie, keine Freunde, kein Kontakt und keine Schule, keine Arbeit, gar nichts. Zu Hause in Russland mein Leben war sehr aktiv."

Nach vier Monaten besuchte Frau Gylikow einen mehrmonatigen Deutschkurs. Dort konnte sie erste eigene soziale Kontakte knüpfen. Sie freundete sich mit zwei anderen Teilnehmerinnen an, mit denen sie ausschließlich Deutsch spricht.

Frau Gylikow ist zum Zeitpunkt des Interviews nicht berufstätig. Ihr Studienabschluss wird nicht anerkannt und es fehlen ihr noch die Sprachkenntnisse für eine qualifizierte Erwerbstätigkeit. Ein neues Studium kommt nicht in Frage. Das dauert zu lange und kostet zu viel. Frau Gylikow kümmert sich also um die dreijährige Tochter und den Haushalt. Später möchte sie sich fortbilden oder eine Ausbildung machen, etwa als Zahnarzthelferin. Der Ehemann von Frau Gylikow arbeitet als Facharbeiter in der Autoindustrie. Die meisten Freizeitaktivitäten und sozialen Kontakte von Frau Gylikow sind auf ihre Tochter ausgerichtet. Für sich alleine geht sie manchmal shoppen oder spazieren. Mit ihrem Mann zusammen geht sie gerne ins Kino. Die meisten Bekannten von Frau Gylikow stammen aus der ehemaligen Sowjetunion. Der Kontakt kam zumeist über die Kinder zustande. Auch die übrigen Kontakte pflegt sie überwiegend mit russischsprachigen Menschen.

Mittlerweile fühlt sich Frau Gylikow in Ingolstadt zumindest teilweise zuhause. Sie sieht auch Vorteile von Deutschland im Gegensatz zu Russland, wobei sie ein besonderes Augenmerk auf die wirtschaftliche, die ökologische und die Situation in der Kinderbetreuung legt:

„Ich fühle mich schon wie zu Hause, ich habe mich gewöhnt, aber mit Grenze. (...) Ohne Sprache ich habe wenige Möglichkeiten. Und Ausbildung, Beruf. Aber wenn ich nach Russland komme, ich fühle mich schon begrenzter als früher. (...) Ökologie ist schlecht und Luft und viele Autos. In großer Stadt im Sommer, wenn so heiß ist, das ist unglaublich. Atmen, und Wasser ist auch nicht gut. Und dort ist nicht so viele Möglichkeiten."

In die Zukunft blickend ist es Frau Gylikow wichtig, beruflich Fuß zu fassen und ihre Deutschkenntnisse weiter zu verbessern. Der Kontakt zur evangelischen Gemeinde ist durch die Tochter entstanden, die den gemeindeeigenen evangelischen Kindergarten besucht.

Beispiel Frau Lysenka

Frau Lysenka,38 ist 1997 gemeinsam mit ihren Eltern und ihrem Ehemann in die Bundesrepublik ausgesiedelt. Ein Bruder lebt noch in Russland und will auch dort bleiben. Als Grund für die Aussiedlung nennt Frau Lysenka ihre deutsche Abstammung sowie die Tatsache, dass „alle" Deutschen aus Russland nach Deutschland migriert sind. Zunächst wohnten Frau Lysenka und ihre Familie in Norddeutschland bei den Eltern. Als diese berufsbedingt nach Ingolstadt zogen, folgte ihnen das Ehepaar Lysenka einige Zeit später nach. Vorher beendete Frau Lysenka noch ihre Ausbildung zur EDV-Kauffrau.

Fehlende Sprachkenntnisse und wenig soziale Kontakte waren für Frau Lysenka die größten Hürden in der ersten Zeit in Deutschland. Ein halbjähriger Sprachkurs verhalf ihr zu ersten Bekanntschaften – mehrheitlich zu anderen Deutschen aus Russland. Kontakte zu ‚einheimischen Deutschen' (wie Frau Lysenka die Deutschen nennt) ergaben sich vor allem in der Nachbarschaft. Die Sprache bezeichnet sie noch immer als größte Barriere. Frau Lysenka hat zwei Söhne im Kindergartenalter. Die Familie stellt für sie den zentralen Lebensinhalt dar:

> „Die Familie steht an erster Stelle, ohne Familie geht nicht."

Frau Lysenka ist derzeit nicht erwerbstätig. Sie kümmert sich um die Kinder und den Haushalt:

> „Das ist meine Freizeit. Den ganzen Tag von früh bis abends, kann man so sagen. Essen kochen, saubermachen, waschen, bügeln. Das Ganze, jeden Tag."

Ihr Ehemann arbeitet im Schichtdienst. Was er genau tut, ist ihr aber nicht bekannt („irgendwas mit Maschinen"). Fast alle Freizeitaktivitäten finden innerhalb der Familie statt und werden um die Bedürfnisse der Kinder herum arrangiert. Kontakte zu anderen Aussiedlern sind eher unregelmäßig und auf die Kinder bezogen. Dies gilt für alle außerfamiliären Beziehungen. Angebote der Gemeinschaft der Deutschen aus Russland werden nur genutzt, wenn sie für die Kinder passen. Auch die Kontakte zu ‚einheimischen Deutschen' etwa in der Nachbarschaft kamen über die Kinder zustande:

> „Alles geht um die Kinder. (...) Ohne Kinder weiß ich nicht, war so leer...Wir haben zu Hause nur gesessen, vor dem Fernsehen und haben nichts gemacht und mit den Kindern schon ein bisschen freundlicher."

Die Zukunft ihrer Kinder, deren Gesundheit sowie deren Bildung sind für Frau Lysenka das Wichtigste im Leben. Aber auch die erweiterte Familie liegt ihr sehr am Herzen. Sie ist sehr froh, dass ihre Eltern in der Nachbarschaft leben und sie sich nahezu täglich besuchen können.

Generell fühlt sich Frau Lysenka in Deutschland „mittelmäßig willkommen". In Ingolstadt selbst fühlt sie sich zwar wie zu Hause, von Seiten der ‚einheimischen Deutschen' spürt sie aber Ablehnung, etwa, wenn diese sie als ‚Russin' bzw. als ‚Deutsche aus Russland' bezeichnen. Der Kontakt zur evangelischen Gemeinde ist durch die Söhne entstanden, die beide den gemeindeeigenen evangelischen Kindergarten besuchen.

Beispiel Frau Dobkowa

Frau Dobkowa, 52 reiste 1992 mit ihrem Ehemann und den drei Söhnen in die Bundesrepublik Deutschland ein. Die Dobkowas folgten der Familie des Mannes, dessen Eltern, Geschwister und Großeltern bereits in Deutschland waren (Kettenmigration). Aus eigenem Antrieb wären sie und ihr Mann wohl eher nicht ausgesiedelt:

> „Dann die Eltern haben gesagt, wir fahren alle nach Deutschland. Und ... ja, zwei Jahre später sind wir gekommen nach Deutschland."

Eltern und Geschwister von Frau Dobkowa selbst leben alle noch in Kasachstan. Die Familienmitglieder ihres Ehemannes leben fast alle schon länger im Großraum Ingolstadt. Insofern bestanden bereits zum Einreisezeitpunkt persönliche Kontakte zu anderen Aussiedlern in Deutschland. Familie Dobkowa wurde zunächst im Auffanglager Friedland untergebracht und anschließend für jeweils ein halbes Jahr nach Eichstätt und Buchsheim verlegt. Danach wohnten Frau Dobkowa und ihre Familie für fünf Jahre in einem kleinen Dorf. Dort pflegte Frau Dobkowa freundschaftliche Kontakte zu den Nachbarn, welche ihr sehr wichtig waren. Seit nunmehr zwölf Jahren wohnt Familie Dobkowa in einem Vorort von Ingolstadt.

Die letzten Jahre in Kasachstan waren durch wirtschaftliche Probleme gekennzeichnet. So gab es zwar Arbeit, der Lohn deckte aber nicht die Lebenshaltungskosten:

> „Das war (...) 1991 war bisschen Problem ja das, Arbeit schon hat gehabt und ich habe gearbeitet und aber war so wenig Geld und, unser Arbeitslohn meine ich. Und ja, dass alles teuer war. In dieser Zeit war ein bisschen problematisch. (...) Früher war besser natürlich und ja, wir waren nicht so schlecht gewöhnt. Wir haben alles gehabt, Wohnung und Garten und alles, drei Kinder und die Eltern sind nach Deutschland gefahren und wir sind dann auch."

Die deutsche Sprache erlernte Frau Dobkowa durch einen achtmonatigen Sprachkurs und im Selbststudium, wobei sie Hilfe durch zwei Gemeindemitarbeiterinnen erhielt. Der Ehemann von Frau Dobkowa konnte zum Aussiedlungszeitpunkt bereits Deutsch. Für die Söhne stellte der Spracherwerb nach Aussagen von Frau Dobkowa keine größeren Schwierigkeiten dar.

In der Anfangsphase war Frau Dobkowa erwerbslos, arbeitet nun aber bereits seit zehn Jahren als Reinigungskraft. Ihr Mann ist bereits seit siebzehn Jahren erwerbstätig. Einer der Söhne war ebenfalls bereits in der Anfangsphase erwerbstätig, die anderen beiden Söhne besuchten zum Einreisezeitpunkt noch die Schule. Die Familie stellt für Frau Dobkowa einen zentralen Lebensinhalt dar:

> „Ganze meine Familie das ist wichtig für mich, natürlich Freunde auch. (...). Aber das ist erste."

Ein Sohn lebt mit Frau und Tochter in der direkten Nachbarschaft, der andere Sohn lebt mit seiner Lebenspartnerin – der Patentochter von Frau Dobkowa – etwa 100 Kilometer entfernt. Zu beiden Söhnen besteht ein (fast) täglicher telefonischer Kontakt. Der benachbarte Sohn kommt zudem zwei bis dreimal pro Woche zu Besuch, auch mit dem anderen Sohn finden regelmäßige Besuche statt. Der dritte Sohn ist gestorben. Zur verwitweten Schwiegertochter und der sechsjährigen Enkelin besteht ebenfalls enger Kontakt.

Wenn Frau Dobkowa nicht arbeitet, sich um den Haushalt kümmert oder mit ihrer Familie zusammen ist, strickt sie – ein Hobby, das auch der Familie dient.

Zudem zählt Frau Dobkowa viele Verwandte und Freunde auf, die über ganz Deutschland verteilt leben und – zumindest zu festlichen Anlässen – besucht werden. Die Freunde kennt sie größtenteils schon aus Kasachstan:

> „Wir haben zusammengearbeitet und alle sind nach Deutschland gefahren und jetzt seit fast neunzehn Jahren wir sind wieder zusammen."

Auch zu Deutschen und den Nachbarn im Ort pflegt Frau Dobkowa gute Kontakte:

> „Deutsche Freunde, ja natürlich habe ich. Das ganze Dorf meine Freunde. (...) Wir sprechen oft am Telefon, Frau B. und Frau C. Alle meine Nachbarn sie sind freundlich und wir sprechen, das ganz gut".

Insgesamt fühlt Frau Dobkowa sich in Deutschland wohl und sozial gut eingebunden:

> „Ich fühl' mich wie, wie zu Hause, so kann man sagen. Mein Mann hat auch viel Freunde. Er hat Arbeit und Arbeitskollegen. Wir treffen oft mit Arbeitskollegen, meinem Mann seine Arbeitskollegen meine ich. Bei mir zum Beispiel, meine Arbeitskollegen sind auch ganz gut, der Kontakt ganz gut ... ich fühle mich wie zu Hause."

Kontakt zur evangelischen Gemeinde besteht durch Besuche von Gottesdiensten und Festen. Außerdem hat Frau Dobkowa sporadisch Kontakt zu den Pfarrern in der Gemeinde.

8.6 *Vor allem die Familie – Netzwerke von deutschen Aussiedlern in Ingolstadt*

Ganz oben steht die Familie. Alle drei Interviewpartnerinnen definieren sich vor allem über die Familie und die Kinder. Die wichtigsten Personen und Kontakte sind die innerhalb der Familie. Diesen folgen in der Wichtigkeit die Kontakte zu Menschen mit ähnlicher Geschichte – Deutschen aus Russland, die in Ingolstadt leben. Kontakte zu ‚einheimischen Deutschen' sind eher selten und ranken sich bei den Frauen vor allem um die Kinder. Frau Dobkowa und Frau Gylikow sagen übereinstimmend, dass sie erst über den evangelischen Kindergarten auch deutsche Eltern kennengelernt haben.

Auch wenn die Deutschen aus Russland die besondere rechtliche Stellung von genuinen deutschen Staatsbürgern innehaben, sind sie für die einheimische Bevölkerung doch fremd oder zumindest anders. Das beginnt mit der Sprache – die meisten sprechen zu Hause Russisch und mussten Deutsch erst lernen. Und auch diejenigen, die in Russland in der Familie Deutsch gesprochen haben, haben einen eigenen Dialekt gesprochen, der in Deutschland unbekannt und ungewohnt ist. Dies verstärkt die Konzentration auf die eigene Familie und auf Menschen mit ähnlicher Migrationsgeschichte. Dazu kommt, dass die Interviewten in der Sowjetunion aufgewachsen sind. Die zentrale Bedeutung der Familie resultiert dabei zum einen aus einem Kollektivismus, nach dem das Individuum als Teil einer Gemeinschaft gesehen wird, und das Selbstverständnis als dessen Mitglied wesentlich für die eigene Identität ist. Dies ist historisch durch den Minoritätenstatus der Russlanddeutschen in der ehemaligen Sowjetunion erklärbar, da sich in den Zeiten der Diskriminierung auf familiäre Bindungen zurückgezogen wurde (Reich 2005, 138). In diesem Zusammenhang war die Familie Schutz und Rückzugsraum und sorgte für die Weitergabe der russlanddeutschen Lebensform und Identität. Insgesamt bot die Familie somit Halt, Zuflucht, Gemeinschaft, Problemlösungen und enge Bindungen, Gemeinschaftssinn und Unterstützung im Alltag (Frank 2009, 43). Auch die Ausübung der Religion war unter den dortigen Bedingungen nur in kleinsten privaten Gemeinschaften möglich. In der Sowjetunion gab es kaum evangelische Pfarrer, fast keine Kirchengebäude.

Welche Rolle spielt die Religion? Frau Gylikow und Frau Dobkowa sind beide russisch-orthodox getauft. Frau Gylikow glaubt selbst nicht an Gott, besucht den Gottesdienst nicht und nimmt auch an keinen Gemeindeaktivitäten teil. Kirche, Religion und Glaube spielen für sie keine Rolle. Eine Verbundenheit mit der evangelischen Kirche besteht für sie vor allem durch den Kindergarten. Für ihre Tochter würde sie auch am Gemeindeleben teilnehmen:

> „Wenn das mit meiner Tochter ist, ja. Alleine, nein. Und helfen und bleiben ja. Wenn das ist nur für mich, nein, ich brauche nicht. Wenn für meine Tochter, gerne".

Frau Dobkowa fühlt sich der evangelischen Gemeinde zugehörig und ist seit ihrer Einreise nach Deutschland auch offiziell evangelisch:

> „Wir sind evangelisch natürlich. Mein Mann ist evangelisch, da ich bin automatisch mit. Weil wir sind nach Deutschland gekommen, da war automatisch. Die Kinder auch alle evangelisch. Aber ehrlich, ich bin orthodox."

Für Frau Dobkowa und ihre Familie ist der Glaube an Gott sehr wichtig. Sie lesen regelmäßig in der Bibel. Dabei sehen sie Gott und den Glauben unabhängig von der Religions- und Konfessionszugehörigkeit:

> „Ich glaube an Gott. Das ist egal welche Religion, ich denke so. Richtig oder nicht, ich weiß nicht, aber das ist meine Meinung."

Frau Dobkowa geht selbst unregelmäßig und – nach eigener Aussage – selten in die Kirche. Aber wenn, dann besucht sie sowohl evangelische als auch katholische Gottesdienste. Auch Frau Lysenka bezeichnet sich als gläubig. Religion, Kirche und Gemeinde spielen für sie jedoch keine größere Rolle. Sie besucht (unregelmäßig) den Gottesdienst und dies auch nur wegen der Kinder. Diese sollen wissen, was in der Kirche passiert. Das haben schon ihre Eltern so gemacht:

> „Wenn ich ehrlich bin, es ist egal um welche Religion, evangelisch, katholisch es geht. Ich glaube mit dem Herzen. Aber mit dem, weiß nicht in die Kirche gehen, so was, es ist nicht mein Ding. Weiß ich nicht warum. Aber wir gehen ein bisschen mit den Kindern, die Kinder müssen wissen, was gibt es, was machen die dort, aber sonst nicht. (...) Wir haben auch so das alles gewusst, von unseren Eltern. Ich denke, dass sie müssen das auch wissen."

Unabhängig von den verschiedenen Ausgangslagen und Zugängen zu Kirche und Gemeinde haben alle Befragten eine Anbindung an die Gemeinden. Für Frau Gylikow und Frau Lysenka ergibt sie sich durch die Kinder, die den evangelischen Kindergarten der Gemeinde besuchen. Frau Dobkowa und Frau Lysenka nehmen an kirchlichen Festen und Feiern teil und nutzen diese auch als Kontaktmöglichkeiten. Auch Frau Gylikow kennt Menschen aus der Gemeinde, weil sie ihre Nachbarn sind. Frau Dobkowa und Frau Lysenka sehen sich als Teil der Gemeinde und fühlen sich in dieser geborgen, zumindest, wenn sie eine kirchliche Veranstaltung besuchen:

> „Wenn ich dort bin, ja. Weil so, die Höflichkeit von den Leuten und so freundliche, wie soll ich sagen noch. Dort fühlt sich so leicht, so ruhig, ja schon."

Über – mehr oder weniger regelmäßige – Kontakte zum Pfarrer der Gemeinde verfügt nur Frau Dobkowa. Frau Lysenka hatte Kontakt zum Pfarrer bisher nur im Rahmen der Taufe ihrer Kinder. Ob sie Probleme oder Fragestellungen mit dem Pfarrer besprechen würde, macht sie vom Thema abhängig – generell tendiert sie jedoch dazu, diesen nur bei kirchlichen Belangen als Ansprechpartner zu sehen und ansonsten Probleme und Fragestellungen innerhalb ihrer Familie zu erörtern. Frau Gylikow hatte sich bisher lediglich einmal mit einer organisatorischen Fragestellung zum Kindergarten an den Pfarrer gewandt. Probleme und persönliche Fragestellungen würde sie eher mit Familienangehörigen und Freunden oder spezialisierten sozialen Einrichtungen besprechen. In allen Netzwerkkarten dominiert die Familie und der Kirchenbereich ist vergleichsweise eher anonym, d. h. er beinhaltet Gruppen, aber keine konkreten Personen.

8.7 *Folgerungen für die evangelische Gemeinde*

Evangelisch sein wird – vor allem von den Deutschen aus Russland – stark verknüpft mit Glaubenshandlungen im Alltag wie z. B. regelmäßig in der Bibel lesen und sich an der Botschaft Jesus Christi orientieren. Zwar wird die Taufe als wichtiges Kriterium genannt, die Teilnahme an Abendmahl oder Gottesdienst wird aber weniger stark gewichtet, ebenso wie die Konfirmation.

Eine wichtige Rolle für das Andocken an die Kirchengemeinde kann dabei der Kindergarten spielen. Hier sind vor allem die Frauen ansprechbar. Die deutschen Aussiedler*innen verfolgen eher traditionelle Lebensführungsmuster z. B.

bezogen auf geschlechtsspezifische Rollenverteilung in der Familie. Die Frauen sind zuständig für Kinder und Familienarbeit und damit auch diejenigen, die offen sind für Angebote, die sich auf die Kinder bzw. die Familie beziehen.

Bei den deutschen Aussiedlern ist die demografische Entwicklung für die Kirchengemeinde noch dramatischer als bei den „einheimischen Deutschen". Die Wahrscheinlichkeit, die jüngeren Gemeindemitglieder mit Aussiedlerhintergrund für ein Ehrenamt zu gewinnen, scheint dann am höchsten, wenn es gelingt, Kirche als Familie (dem zentralen Lebensinhalt) zu präsentieren. Zugehörigkeit und Bindung müssten über persönliche Ansprache und verlässliche, vertrauensvolle und familienähnliche Angebote hergestellt werden.

Ein weiterer Ansatzpunkt sind integrationsfördernde Angebote. Integration der Deutschen mit Aussiedlerhintergrund (hier v. a. die Deutschen aus Russland) ist bisher nur in Teilbereichen gelungen.[247] Die Segregation ist bei den Deutschen aus Russland noch sehr stark ausgeprägt. Jugendliche, vor allem Jungen und junge Männer, gelten noch immer leicht als Problemgruppe. Hier leistet die evangelische Aussiedlerarbeit im Dekanat Ingolstadt viel, auch konfessionsübergreifend. Die Verknüpfung der Aussiedlerarbeit mit den Kirchengemeinden scheint aber ausbaufähig, z. B. bei den Konfirmand*innen mit Aussiedlerhintergrund. Angebote für Kinder und Jugendliche in der Gemeinde könnten auf Gemeinde-Ebene mit Angeboten der evangelischen Aussiedlerarbeit verknüpft werden. Denkbar wären z. B. Hausaufgabenhilfen, Patenschaften für die Unterstützung bei der Ausbildung und Ähnliches. Evangelische Aussiedlerarbeit im Dekanat Ingolstadt als zentrales Angebot könnte in den einzelnen Kirchengemeinden ergänzt werden durch niederschwellige Gesprächskreise für Eltern und Kinder, wie z. B. Elterntalk.[248] Dies wäre auch ein Anknüpfungspunkt für diese Gruppen neue Netzwerkkontakte zu finden.

---

247 Auch die Integration der Aussiedler*innen in das Ehrenamt ist faktisch meist beschränkt auf eher einfache Handreichungen wie die Verteilung des Kirchenboten.

248 Elterntalk ist ein Angebot der Aktion Jugendschutz. Geschulte Moderatorinnen leiten Gespräche zu Erziehungsthemen in kleinen privaten Runden. Eine Gastgeberin/ein Gastgeber lädt Freunde und Bekannte zu sich nach Hause ein. Die Moderatorin gibt Gesprächsanreize. Dieser Ansatz hat sich besonders bei Familien mit Migrationshintergrund bewährt. Elterntalk erreicht überdurchschnittlich viele Eltern aus dieser Zielgruppe und ist u.a. auch in Ingolstadt etabliert (http://www.elterntalk.net/elterntalk/default.aspx).

Kapitel IV Die Netzwerkperspektive als Chance für eine lebendige Gemeindearbeit

Was kann eine Netzwerkperspektive für die Weiterentwicklung evangelischer Gemeinden leisten? In fünf Abschnitten werden die Grundideen beschrieben, die sich aus einer Netzwerkperspektive und unseren empirischen Analysen ergeben und im sechsten Abschnitt mit existierenden Beispielen aus evangelischen Gemeinden veranschaulicht. Ziel ist eine lebendige, offene Volkskirche, die die Folgen der Säkularisierung und Individualisierung zwar nicht völlig aufhält, ihr aber mit modernen Strategien und „Strahlkraft" begegnen kann.[249]

1 McKinsey hat nicht Recht – Pluralisierung statt Fokussierung

Muss nicht jedes neue Angebot sich daran messen lassen, ob diejenigen, die über dieses Angebot neu gewonnen werden, auch die Kernangebote der evangelischen Gemeindearbeit nutzen? Herr Weidemann (siehe Kapitel 3.2) hat dies ziemlich klar formuliert und im Kirchenvorstand gegen ein neues Angebot gestimmt, weil er (vermutlich auch zu recht) annahm, dass von den neuen Nutzer*innen nur ein sehr geringer Teil auch zusätzlich den Gottesdienst besuchen wird. Die Logik, die hinter Herrn Weidemanns Überlegung steht ist einfach und einleuchtend. Es gibt im weiten Angebotsspektrum der evangelischen Kirche bestimmte Angebote, die institutionell im Kern stehen und als unverzichtbar gelten müssen. Dies sind der Gottesdienst, die Bibel- und Hauskreise und die vier zentralen Kasualien (Taufe, Heirat, Konfirmation und Beerdigung). Eine zweite Gruppe von Angeboten findet sich ebenfalls fast in jeder Gemeinde. Sie sind aufgrund ihrer traditionalen Konstanz kaum schwächer verankert und erscheinen ebenfalls nicht verhandelbar. Darunter fallen Chöre aller Art und die Jugend- und Seniorenarbeit. Diese Liste ließe sich für die einzelnen Angebotsbereiche noch ausdifferenzieren. Im Bereich der Seniorenarbeit gibt es beispielsweise Se-

249 Eine ähnliche Zielsetzung, allerdings mit einem weniger explizit netzförmigen Ansatz, verfolgt das ökumenische Projekt „Mitgliederorientierung" Die Ergebnisse finden sich in Gutmann, D., Peters, F., Kendel, A., Faix, T.,Riegel, U. (Hrsg.) Kirche – ja bitte! Innovative Modelle und strategische Perspektiven von gelungener Mitgliederorientierung, 2019.

niorengruppen, Seniorenfreizeiten, Seniorenbetreuung/Hausbesuche, Seniorenbildung, usw. Schließlich gibt es Angebote, die immer wieder im Angebotsspektrum von Gemeinden vorkommen, aber auch mal wegfallen können, d. h. mit verschiedenen Begründungen auch zur Disposition gestellt werden können. Darunter zählen Frauen-, Mütter-, Krabbelgruppen, Dritte-Welt-Gruppen ebenso wie Kindertagesstätten. Und dann kommen noch jene Angebote, die manche als wichtig, andere als Luxus bzw. als entbehrlich bzw. überflüssig bezeichnen: Freiwilligenbörsen, Asylgruppen, Umweltarbeitskreise, Meditations- und Tanzgruppen und vieles mehr.

Diese Hierarchisierung in die Pole unverzichtbare Kernangebote und verzichtbare Angebote, die man sich leisten kann, aber nicht muss, findet sich auch als Credo in vielen Konzepten zur Unternehmensberatung. Hier wird häufig nach dem Markenkern einer Einrichtung gesucht um dann Strategien entwickelt, wie man den Markenkern profilieren kann. Dahinter steht die These, dass es vor allem dieser Markenkern ist, der in der Konkurrenz mit anderen Unternehmen die Chance der Profilierung und Wettbewerbsfähigkeit definiert. Dieser Markenkern findet sich dort, wo eine Einrichtung ein Alleinstellungsmerkmal besitzt.[250] Weitere Merkmale, die man zur Findung heranziehen kann, sind das Corporate Design bzw. die Corporate Identity, die Unternehmensphilosophie und -identität. Ebenfalls dazu gehören auch sichtbare Eigenschaften wie das Logo oder der Markenname, die sichtbare Tradition, die Tonalität und die Bildsprache. Wichtig ist, dass diese trotz historischer Entwicklung und Veränderungsfacetten letztlich weiterhin unverändert und konstant bleiben. Nur diese Konstanz kann für einen ausreichend hohen Wiedererkennungswert sorgen.

Dieser ausführliche Exkurs in die Denkweise von Unternehmensberatung wäre nicht notwendig, wenn es nicht seit den 90er Jahren eine enge Verknüpfung zwischen der evangelischen Kirche und ihren Sorgen vor Marginalisierung und Attraktivitätsverlust und ebensolchen Konzepten und Herangehensweisen von Unternehmensberatern gegeben hätte. Letztere wurden als Helfer und geholt und haben, wie in dem im Folgenden kurz beschriebenen Beispiel der evangelischen Kirche in München[251] „Rettungspläne" mit geformt.

---

[250] Der englische Begriff Unique Selling Proposition (Abk.: USP), der 1940 von dem amerikanischen Werbefach-mann Rosser Reeves geprägt wurde, bezeichnet im Marketing einen einzigartigen Verkaufsvorteil, der ein Pro-dukt oder eine Dienstleistung deutlich von der Konkurrenz abhebt. Reeves sagte dazu: „Es muss ein Anspruch sein, den die Konkurrenz nicht erheben kann oder nicht erhebt. Er muss einzigartig sein, muss entweder etwas Einzigartiges in der Marke selbst beinhalten oder aber etwas, das auf diesem speziellen Gebiet nirgendwo in der Werbung geltend gemacht wird". Dieses Alleinstellungsmerkmal (USP) bildet die Grundlage für erfolgreiche Werbung (https://www.coupling-media.de/marketing-lexikon/usp-unique-selling-proposition.html).

[251] Wichtig zu sehen ist auch, dass die Unternehmensberatung meist auf ehrenamtlicher bzw. Spendenbasis ihre Dienste angeboten haben.

Beispiel eMp München. Der Partner in München war die Unternehmensberatung McKinsey & Company, Inc. In einem zweistufigen Prozess[252] wurde zunächst die gegenwärtige Situation (am Beispiel von zwei Gemeinden) analysiert und daraus dann Empfehlungen erarbeitet. Zusammen bildeten sie das Evangelische Münchenprogramm (eMp).[253]

Die Analyse der damaligen Situation fiel eher pessimistisch aus: „Aktuelle gesellschaftliche Trends wie eine ungünstige Bevölkerungsentwicklung, Arbeitsmarktveränderungen, kommunikative Revolution und instabile soziale Sicherungssysteme (die) bisherige gesellschaftliche Überzeugungen und individuelle Lebensentwürfe in Frage (stellen)" führen zu Veränderungen, die vor dem Hintergrund einer pluralistischen Gesellschaft zunehmend Orientierungs- und Sinnkrisen auch bei den Mitgliedern der Kirche auslösen. Die evangelische Kirche steht damit vor Herausforderungen, die in dieser Dringlichkeit so noch nicht gesehen wurden (eMp, 1998, 3). Aufrüttelnd an der durch Befragungen der Mitglieder in zwei Gemeinden getragenen Analyse war vor allem, dass „nur noch die Hälfte der Mitglieder in kirchengeprägten Glaubensformen leben" (ebda, 9).

In den Empfehlungen einer „Neuausrichtung der Evangelisch-Lutherischen Kirche in München" wird ein dreifaches deutliches „Ja" eingefordert: „Diese Vision kann nur verwirklicht werden, wenn alle Mitarbeiter und Mitarbeiterinnen und schließlich auch die Mitglieder drei wesentlichen Punkten zustimmen:

- Sie bejahen das Glaubensthema als Kernkompetenz und Perspektivpunkt kirchlichen Handelns, denn nur dadurch kann die Kirche ihre Einzigartigkeit entfalten, die sie von anderen Institutionen unterscheidet.
- Sie bejahen die Entwicklung der Evangelisch-Lutherischen Kirche als Institution, da nur sie als organisierte, gesellschaftlich relevante Gruppe ihren Auftrag dauerhaft und umfassend zur Geltung bringen kann.
- Sie bejahen professionelles Arbeiten im Dienst an den Menschen und machen sich dabei aktuelle Methoden und Instrumente wie z. B. in den Bereichen der Informationsgewinnung, Planung und Kommunikation zunutze. So wird die erforderliche gesellschaftliche Wirkung mit den vorhandenen Ressourcen erreicht." (ebda, 13f.)

In der Konkretisierung dieser Vision fordern die Autor*innen des eMp klare Entscheidungs- und Führungsstrukturen sowie transparente Abläufe, um die institutionellen Fähigkeiten zu verbessern. Gestärkt werden sollte insbesondere das Gemeindeteam (das Team der Hauptamtlichen). Zum anderen fordern sie auf der

---

252 „In einer ersten Projektphase (April-Dezember 1995) wurden exemplarisch zwei Gemeinden und eine übergemeindliche Einrichtung der Erwachsenenbildung untersucht. In einer zweiten Projektphase (Januar-Juli 1996) wurden Empfehlungen für konkrete Verbesserungen erarbeitet."(siehe eMp, 1998, 3)

253 Evangelisch-Lutherisches Dekanat München 1998: „Das Evangelische Münchenprogramm (eMp)" Arbeitspapier vom 30.7.1998.

inhaltlichen Ebene „Auftragskonformität: Die Kommunikation des Evangeliums von Gottes Liebe und Gerechtigkeit erfolgt durch Verkündigung, zeichenhaftes Handeln und das Erleben von Gemeinschaft. Kirchliche Angebote sollen diesem Zweck entsprechen"(eMp, 1998, 25).

Die Reaktion auf diese Neuausrichtung enthielt viel Kritik. So sprach beispielsweise der Münchner Pfarrer Unger davon, dass hier eine „fundamentalistische Revolution von oben am Werk (sei). In Umkehrung des normalen Revolutionsverlaufs eines emanzipatorischen Aufbegehrens der Unteren gegen auf Herrschaft beharrende Obere initiieren diesmal höchste und mittelhohe kirchenleitende Ebenen weitreichende Veränderungen, nicht aus geistlichem Innovationsinteresse heraus, sondern zum Zweck des besseren Sparens, Rationalisierens im betriebswirtschaftlichen Sinne, Kontrollierens und Einflussnehmens und vor allem -bewahrens" (Unger, 2000, 6).[254]

München stellte Ende der Neunziger Jahre keinen Einzelfall dar. Auch in vielen anderen Orten und selbst von der Zentrale der EKD wurden zur Unterstützung Unternehmensberater geholt. Und ähnlich wie in München setzt auch hier bald die Kritik ein. „Wir sind weder Siemens noch Apple oder Microsoft."[255] Unter diesem Motto warfen die Kritiker des EKD-Kurses den Verantwortlichen vor, Säkularisierung und Mitgliederschwund mit rein betriebswirtschaftlichen Methoden begegnen zu wollen. Das Wort von der „McKinsey-Kirche" macht die Runde. In einem Artikel der Frankfurter Rundschau zum „Konzern Kirche" berichtet der Autor Harald Biskup über ein EKD Papier, „das nie offiziell ad acta gelegt wurde, (in dem) von Kerngeschäft und von Märkten die Rede (ist), vom Wettbewerb mit anderen Anbietern, von Qualitätsmanagement, ja sogar von Quoten für Taufen und Trauungen". Geschwärmt wird von regionalen Zentren, „Profilgemeinden" und „Leuchttürmen", die in die Provinz ausstrahlen. Bis heute sei die EKD-Zentrale in Hannover, findet Pastor Borries, „ein selbstreferenzielles System, das den Realitätsbezug zur normalen Gemeinde völlig verloren hat".[256] Alle diese Stimmen treibt die Sorge um, dass ein technokratischer, effizienzorientierter Blick die Oberhand gewinnen könnte, der im Widerspruch zur von mitmenschlicher Nähe geprägten Kirche steht. Der oben schon zitierte Pfarrer Unger stellt fest: „Die Kirche ist kein Unternehmen. Organisationstypologisch hat die Kirche, je nach örtlichem Erscheinungsbild, die meisten Ähnlichkeiten mit einem Familienbetrieb, einem Verein, einer ‚Non-Profit-Organisation', einer Bürokratie und einem Netzwerk – die wenigsten aber mit einem Unternehmen" (Unger, 2000, 7). Und erst jüngst stellte Thomas Schmidt fest, dass die Kirche gerade dabei ist „ihre fehlende organisationale Professionalität durch eine Überdosis Managementstrategien zu kompensieren, was fatale Folgen für

[254] Günter Unger, Pfarrer in München, „Konservative Revolution" in Bericht von der 72. Sitzung der Pfarrerkommission, https://www.pfarrverein-bayern.de/sites/www.pfarrverein-bayern.de/files/korrespondenzblaetter/Mai2000.pdf.

[255] Harald Biskup in FR 14.12.2017.

[256] Diese Stimmen stammen aus dem Artikel von Harald Biskup in FR 14.12.2017.

die beiden anderen Ebenem haben könnte." (Schmidt 2019, 172). Mit den anderen beiden Ebenen meint Schmidt Kirche als Gemeinschaft und Kirche als Netzwerk.

Analysiert man die Kirche aus einer **Netzwerkperspektive** kommt man in der Tat zu anderen Einschätzungen und Empfehlungen. Die erste betrifft beispielsweise die in dem Münchner eMp getroffene pessimistische Bewertung von Individualisierung und Pluralisierungsprozessen. Diese Einschätzung übersieht, dass die meisten Menschen die damit verbundene Freisetzung aus Traditionen und den damit größer gewordenen Entscheidungsspielraum als Chance und Gewinn ansehen. Pluralisierung ist also nicht der „Feind", den es zu bekämpfen gilt, sondern eher eine „Verbündete", deren Eigenarten man verstehen muss, um sie in einem evangelischen Sinn zu nutzen.

Eine Netzwerkperspektive bewertet in einem zweiten Aspekt vor allem jene Angebote als wertvoll, die positive Bindungserlebnisse ermöglichen und die auch im Sinne der „weak ties" immer wieder neue Netzwerkkontakte und Andockmöglichkeiten für Menschen bieten. Und zum Dritten favorisiert eine netzwerkorientierte Perspektive den „Bottom up-Blick", d. h. die Suche nach dem, was sich die Mitglieder bei ihrer Sinnsuche, Lebensbewältigung, aber auch für eine erfüllte Freizeit wünschen und wofür sie bereit sind sich in der Kirche zu engagieren.

Statt stärker den Fokus auf (Marken-)Kernangebote zu richten, geht es darum eine Vielfalt von Angeboten mit unterschiedlichen Bindungserlebnissen und -qualitäten bereitzustellen. Die empirischen Analysen zeigen schonungslos deutlich, dass beispielsweise der Gottesdienst weder faktisch regelmäßig besucht wird, noch von der Mehrheit der (vor allem jüngeren) Gläubigen zum Muss des Evangelisch-Seins gezählt wird. Es gibt seit langem keine Anzeichen, dass dieser Trend sich umkehren könnte, eher sprechen die Hinweise dafür, dass er sich verstärkt. Eine evangelische Kirche, die sich auf diese Kernangebote beschränken würde, könnte mittelfristig von einer Volkskirche zu einer Gruppierung mit Nischendasein mutieren. Allerdings kann das Ziel auch nicht sein solche Angebote aufzugeben. Nicht nur, dass viele evangelische Christen Gottesdienste im Rahmen der Kasualien und an besonderen Festen durchaus schätzen und gerne besuchen, würde man zahlenmäßig die weniger attraktiven Kernangebote aus dem Programm streichen, würde man eine wichtige Gruppe an Gläubigen verlieren. Die Losung heißt also nicht „entweder-oder" sondern „sowohl-als-auch". Die Kirche benötigt sowohl die klassischen Kernangebote, wie auch eine Vielzahl von Angeboten mit neuen zum Lebensalltag der Mitglieder passenden offenen Bindungsangeboten, die auch „weak ties" ermöglichen.

Es gibt in der Kirche mit dem Chor seit jeher ein Angebot, an dem man dieses Potenzial von „weak ties" und Bindungserfahrungen gut erkennen kann. Wie wir in Kapitel 3.5 gesehen haben, gehen in den Kirchenchor sowohl sehr gläubige Menschen, als auch solche, die mit Kirche wenig am Hut haben und nur gerne in einem guten Chor singen wollen. Chöre integrieren Kirchenferne und auch Andersgläubige. Wem es gefällt und wer im Chor akzeptiert wird, bleibt in aller Regel länger. Er/Sie wird nicht nur singen, sondern auch an evangelischen Gottesdiensten teilnehmen. Die Erfahrungen zeigen, dass auch die „Schwachgebundenen" oder die Nicht-Evangelischen über ihre Chormitgliedschaft andere kirchliche Angebote wie Hoffeste, Flohmärkte, Flüchtlingsgruppen unterstützen. Die Interviews zeigen auch, dass zugleich die Chance steigt, dass Teile eines Chors auch andere Angebote der Kirche für sich entdecken und mittragen oder/und der Kirche spirituell näher kommen. Aber selbst wenn sie dies nicht tun, halten diese Menschen das Netzwerk einer evangelischen Gemeinde lebendig. Auch wenn sie in einem spirituellen Sinn nur „weak ties" sind, so erhöhen sie die Reichweite einer evangelischen Gemeinde. Viele der Nutzer*innen von gemeindlichen Angeboten bringen Teile ihres jeweiligen Netzwerks mit und erhöhen damit die Chance für alle anderen neue Personen kennenzulernen. Die Ergebnisse zeigen, dass daraus wieder Freundschaften und Engagement entstehen können. Je pluraler und vielseitiger das Angebotsspektrum einer Gemeinde ist, desto größer die Vielfalt der Menschen, Altersgruppen und Lebensphasen, die sich im kirchlichen Rahmen begegnen.

2 Vorhandene Potenziale besser nutzen

Wie wir gesehen haben, deuten die diversen empirischen Studien zur Kirchenbindung darauf hin, dass die klassischen Bindungslinien brüchig werden. Der Quasiautomatismus – Kind evangelischer Eltern wird evangelisch getauft, evangelisch sozialisiert und bleibt zumindest als zahlendes Mitglied ein Leben lang in der Kirche – greift nicht mehr voraussetzungslos. Vielmehr wird die Mitgliedschaft immer wieder einem Entscheidungsprozess unterzogen. Drinbleiben oder austreten? Aktiv teilnehmen oder aus der Distanz beobachten? Kirche steht damit vor der Aufgabe, das Bindungserleben ihrer Mitglieder immer wieder neu herzustellen bzw. Bindungserfahrungen zu ermöglichen und auf die Zweifel Antworten zu finden, die viele auch der Mitglieder bei einem kirchlichen Engagement haben. In unseren Fallstudien und Befragungen haben sich immer wieder Personen und Gruppen herauskristallisiert, die für eine Teilnahme oder/und ein Engagement in der evangelischen Gemeinde offen sind, obwohl sie der Institution Kirche gegenüber skeptisch sind, teilweise gar kein Mitglied mehr sind oder es noch nie waren.

Für die Bindung dieser Potenzialgruppen gibt es kein Patentrezept. Die Motivlagen für ein Engagement sind stark individualisiert und beziehen sich auf lebensphasische eigene Bedürfnisse und Bedarfe. Auch die Kirchengemeinde wird aus einem komplexen Motivbündel als Bezugspunkt für Engagement gewählt:

sozialpolitische Positionierungen der Kirche, soziale Engagementfelder, spirituelle Bedürfnisse mischen sich individuell unterschiedlich. Aus einer Netzwerkperspektive kommt anderen Personen eine zentrale Bedeutung zu. Wir haben gesehen, dass viele Entscheidungen für eine teilweise auch befristete, projektförmige Mitarbeit in der Gemeinde über eine persönliche Ansprache erfolgen. Für die Kirchengemeinden bedeutet dies aber auch: Neue Zugangswege müssen gefunden, mehr und andere, passgenaue Angebote entwickelt werden. Dies bedeutet auch, dass die regelmäßigen Erhebungen zur Kirchenmitgliedschaft zu praktischen Konsequenzen führen müssen. Die evangelische Kirche kann sich den „paradoxen Status Quo" (Kretzschmar 2012) nicht mehr leisten: Erheben von Motivlagen, ohne darauf zu reagieren. „Trotz der hohen theologischen Wertigkeit des einzelnen Menschen haben kirchliche Institutionen bislang auffallend wenig Interesse an den gestellten Fragen gezeigt. Was wollen die Menschen heute von der Kirche? – im Hinblick auf eine Organisation, deren Existenz von der Unterstützung durch Mitglieder voll und ganz abhängig ist, ist das eine nur allzu einleuchtende Frage. Im Kontext kirchlicher Reformprozesse wird diese Frage bislang jedoch nur halbherzig gestellt. In Zeiten drastisch sinkender finanzieller, personeller und materieller Ressourcen stellt sie sich umso dringlicher." (Ebda, 152)

Wie (auch) unsere Erhebungen gezeigt haben, ist das traditionelle Engagement in der Kirchengemeinde oft eine Sache von und für ältere Menschen. Vor allem Menschen, die lebensphasisch mit der Familiengründung und dem beruflichen Vorankommen beschäftigt sind, engagieren sich wenig in kirchlichen Kontexten. Sie gehen nur selten zum Gottesdienst, besuchen kaum Veranstaltungen der Kirche, kennen den Pfarrer/die Pfarrerin nicht – und trotzdem kann etwa ein Drittel dieser Gruppe evangelisch Getaufter als Potenzialgruppe gelten. Drei Gruppen sollen hier besonders erwähnt werden:

Junge Familien. Kinder haben bei den jungen Familien einen hohen Stellenwert. Für eine qualitativ hochwertige und den Vereinbarkeitsbedürfnissen von Familie und Beruf entsprechende Kinderbetreuung bringen die Eltern zusätzlich Engagement auf. Sie kochen im Kindergarten, gestalten Feste mit, übernehmen Programmpunkte bis hin zu pädagogischen Aufgaben. Hier liegt eine Chance bei den Kirchengemeinden, denen es gelungen ist, beispielsweise den gemeindlichen Kindergarten gegenüber der kirchlichen Rationalisierungs- und Sparpolitik zu verteidigen. Hier können die jungen Familien angesprochen werden. Hier können die jungen Familien niederschwellig erreicht werden, wenn die Verbindung zur Kirchengemeinde deutlich wird, wenn es z. B. eine gemeinsame Raumnutzung gibt, wenn der Pfarrer/die Pfarrerin immer wieder mal präsent ist.

Sowohl die Befragung der Kindergarteneltern, als auch die Fallstudien der Deutschen aus Russland und Rumänien haben gezeigt, über die Kinder werden die Eltern erreicht, werden für Engagement im modernen Sinn – projektförmig und zeitlich befristet – gewonnen.

„Ich könnte mir gut vorstellen, etwas Kreatives mit Kindern zu machen im Rahmen der evangelischen Gemeinde. Also Malen und Gestalten mit Kindern und eben so, dass es nichts kostet, dass alle sich das leisten können. Ich habe schon überlegt, einen Verein zu gründen oder eine Kunstschule. Für die evangelische Gemeinde wäre das doch eine tolle Sache. Das wäre ja auch ihr Auftrag, etwas für Kinder aus ärmeren Familien zu tun", sagt zum Beispiel die 39jährige Margarita Kundera. Ihr Sohn ist evangelisch getauft und besucht den evangelischen Kindergarten, sie selbst ist orthodox getauft.

Auch für die 32jährige Olga Berg kommt ein Engagement im Moment nur dann in Frage, wenn es mit ihrer dreijährigen Tochter in Verbindung steht. So würde sie z. B. bei Kindergartenfesten mitorganisieren und verschiedene Aufgaben im Kindergarten übernehmen, wenn ihre noch geringen Deutschkenntnisse das erlauben. Im Kindergarten bieten sich so auch für die übrigen befragten Kindergarteneltern Anknüpfungspunkte für ein Engagement. Kinder- und Erziehungsthemen stehen hier lebensphasisch im Vordergrund. Die sozialen Kontakte werden viel über die Kinder definiert. Man trifft sich mit anderen Eltern, man lädt die Freunde der Kinder ein und lernt die Eltern beim Abholen kennen, bespricht bei diesen Gelegenheiten Aktuelles aus der KiTa – und ist für die Kinder offen für Engagement, obwohl bei vielen Kindergarteneltern die Zeit ein knappes Gut ist, müssen sie doch Berufstätigkeit und Familie in Einklang bringen.

Konfirmandinnen und Konfirmanden. Eine weitere wichtige Potenzialgruppe sind die Konfirmandinnen und Konfirmanden. Bis zur Konfirmation selbst ist ein Teil von ihnen in einen intensiven Dialog mit der Kirchengemeinde eingebunden, der nach der Konfirmation oft abbricht. Insbesondere dann, wenn keine attraktive Jugendarbeit rund um die Konfirmation existiert. Für die Gemeindebindung auch problematisch erweist sich eine an einen externen Träger (Beispiel CVJM) ausgelagerte Jugendarbeit.

Die Bindung aufrechtzuerhalten, vor allem bei denjenigen, die Antworten auf Lebensfragen suchen und/oder am Gemeinschaftserleben in Jugendgruppen Gefallen gefunden haben, wäre eine wichtige, zukunftsweisende Aufgabe. Gerade im ländlichen Raum ist diese Anbindung der Jugendarbeit an die Kirchengemeinde vorteilhaft, wenn die Jugendlichen noch nicht so mobil sind, um die weiter entfernten, zentralisierten Angebote anderer freier und kommerzieller Anbieter wahrzunehmen. In den Befragungen im Rahmen dieser Studie wünschten sich die jüngeren Gemeindemitglieder häufig solche Angebote etwa in Form eines Schüler-Cafés oder themenbezogene Diskussions- und Engagementangebote (z. B. Klimaschutz, geflüchtete Menschen, Glauben und Religion). Ein Gruppenraum, der zu bestimmten Zeiten auch ohne festes Angebot als Treffpunkt geöffnet ist und mehr Musikangebote wurden von den Jugendlichen ebenfalls genannt. Wenn Gemeinden alleine überfordert sind, attraktive Angebote für ältere Jugendliche (14 bis 18) auf die Beine zu stellen, kann die Lösung nicht lauten, dann eben keine Angebote zu haben.

Junge Erwachsene. Junge Erwachsene stehen mehrheitlich noch vor der Familiengründung und der beruflichen Etablierung. Für diese Gruppe gibt es in allen Kontexten eher wenige Angebote. In stillschweigender Übereinkunft geht man davon aus, dass junge Erwachsene als Gruppe schwierig zu erreichen sind. Sie gelten einerseits als erwachsen, haben aber andererseits noch Entwicklungsaufgaben und Übergänge vor sich. Fragen nach dem Lebenssinn, nach persönlichen Zielen, die sich vielen dieser jungen Erwachsenen in dieser Zeit zentral stellen, werden als Selbstoptimierungsaufgaben verschiedenen Coaching-Angeboten und dem Internet überlassen. Zu kurz kommt dabei das Potenzial spiritueller, weltanschaulicher Thematisierungen. Auch diese Fragen könnten – konfessionsübergreifend – durch gemeindliche Angebote aufgegriffen werden.

Vor allem unter den befragten Frauen im Alter von 25 bis 40 Jahren verbirgt sich eine Gruppe, die für ein Engagement in der Kirchengemeinde gewonnen werden kann – wenn die passenden Angebote vorhanden sind. Diese Frauen können sich themen- und zielgruppenspezifisches Engagement vorstellen und sind nach eigener Aussage für spirituelle Themen ansprechbar. Wie flexibel, spontan und zuverlässig dieses Engagementpotenzial abgerufen werden kann, hat sich im Zusammenhang mit der Aufnahme der vielen Geflüchteten 2015/2016 und danach eindrucksvoll gezeigt.

Das Zugehen auf diese Gruppen erfordert eine große Offenheit der Kirchengemeinde. Nicht das „Mitgliedsbuch" darf den Ausschlag geben, sondern vielmehr die gemeinsam vertretenen Interessen. So unkompliziert offen im Zugang für alle wie die Kindertagesstätten sollten auch die Gemeinden bei diesen Angeboten sein und Menschen unterschiedlichen Glaubens und unterschiedlicher Lebenslagen zum Mitmachen einladen. In eher großstädtischen Gemeinden gelingt diese Offenheit immer mal wieder. Es gibt dort aktiv am gemeindlichen Leben beteiligte Menschen, die längst aus der Kirche ausgetreten sind oder nie Mitglied waren, die aber viele Werte und Lebensthemen mit der evangelischen Kirche teilen. Dies drückt sich – wie wir an verschiedenen Stellen zeigen konnten – in einem Engagementpotenzial aus, das Kritik an der Institution Kirche nicht ausspart, das traditionelle Ausdrucksformen der Kirchenbindung wie den Gottesdienstbesuch verweigert, aber viel Zeit und Energie in soziale und/oder kulturelle Projekte investiert. Ulrich Wondratschek (vgl. Kapitel III.4 ist ein typisches Beispiel für diesen urbanen Typ: Katholisch getauft, engagiert er sich schon als Jugendlicher in der evangelischen Jugendarbeit, trat zum evangelischen Glauben über und schließlich aus der Kirche aus. Und trotzdem ist er in verschiedenen Bereichen seiner evangelischen Gemeinde engagiert. Er übernimmt handwerkliche Arbeiten bei Renovierungen und Umbauten, organisiert und gestaltet den Gemeindeboten – und die Gemeinde hält das aus.

Jugendliche nach der Konfirmation, junge Erwachsene und junge Familien sind drei Zielgruppen, bei denen erhebliche Defizite in der Angebotsstruktur der meisten Gemeinden existieren und die zugleich doch so wichtig für eine Kirche sind, die dem demografischen und säkularen Trend etwas entgegensetzen will.

Die Gemeinden sollten „gleichrangig die Bedürfnisse derer im Blick behalten, die nicht Mitglied sein wollen, wohl aber durch ihr Interesse oder ihre Mitwirkung dazu beitragen, dass Kirche als Gemeinschaft von Gemeinschaften, als Organisation von Organisationen und als Bewegung weiterhin aktiv sein kann“ (Schmidt, 2019, 172).

3 „Neue“ Kasualien braucht das Land?!

Verschiedene lebensphasische Übergänge werden in den meisten Kulturen mit bestimmten Ritualen begangen: der Eintritt ins Leben nach der Geburt eines Kindes, der Übergang von der Kindheit oder Jugend ins Erwachsenenleben, die Eheschließung, der Tod. Diese biografischen Eckpunkte begleitet die evangelische Kirche mit den Kasualien Taufe, Konfirmation, Trauung, Begräbnis. Auch in einer säkularen, individualisierten Gesellschaft der Postmoderne bleiben diese Rituale wichtig und stiften Gemeinschaft.

Die vierte EKD Mitgliederbefragung hat ergeben, dass die kirchliche Begleitung der biografischen Eckpunkte und Übergänge ein wichtiges Motiv für den Verbleib in der Kirche sein können (Kirchenamt der EKD, 2003, 15). Unsere Befragungen bei den Nutzer*innen von kirchlichen Kasualien zeigen, dass der Glaube immer noch eine Rolle spielt, warum man sich für eine kirchliche Rahmung dieser Lebensübergänge entscheidet. Auch wenn die klassischen und regelmäßigen Angebote wie insbesondere der Sonntagsgottesdienst, wenig besucht werden, bei den biografischen Eckpunkten ist den Kirchenmitgliedern die Begleitung durch die Kirche und durch die Seelsorge wichtig. Unsere Befragungsergebnisse verdeutlichen aber auch, die Tradition alleine oder der Wunsch der Angehörigen spielt eine eher untergeordnete Rolle bei der Entscheidung, den kirchlichen Rahmen zu wählen. Die Ergebnisse zeigen, dass es keinen Automatismus gibt: Nicht jede Kasualie bringt diejenigen, die sie nutzen der Kirche und ihrer Gemeinde näher. Andererseits sind Kasualien stets auch ein Anlass, den eigenen Glauben zu thematisieren, zu reflektieren. Somit bieten die Kasualien eine Folie für einen bewussten Auseinandersetzungsprozess mit dem eigenen Glauben und der eigenen Kirchenzugehörigkeit. Bisher bietet Kirche im Wesentlichen die klassischen Rituale für die klassischen biografischen Übergänge an: die Taufe für den Eintritt ins Leben (und in die Kirche), die Konfirmation als Initiation in die Erwachsenenwelt und die religionsbezogene Volljährigkeit, die Trauung im traditonellen Sinn als Initial für die Familiengründung und die Beerdigung als Abschied aus der diesseitigen Welt. Im Lebenslauf finden sich aber weitere Übergänge oder Einschnitte, die bisher individuell ohne ein dazugehöriges Ritual bewältigt werden. Kann Kirche mit neuen „Kasualien“ hier den Rahmen bieten, kann sie Angebote schaffen, Menschen intensiver in ihrem Leben zu begleiten?

2016 hatten sich katholische Theolog*innen im Rahmen einer Tagung der Katholischen Arbeitsstelle für missionarische Pastoral (KAMP) der Deutschen Bischofskonferenz mit „Postmodernen Ritualen als Herausforderung für die kirchliche Kasualpraxis“ auseinandergesetzt (Katholische Arbeitsstelle für missionarische Pastoral KAMP, Hg., 2017). Ein Ergebnis dieser Tagung war die Erkenntnis, dass es ein ungebrochenes Bedürfnis nach Ritualen gibt, dass diese veränderlich und flexibel sein können und dass gerade die Kasualien, „die unmittelbar den Knotenpunkten und Wechselfällen der individuellen Biographie zugeordnet sind“, Menschen in ihrer konkreten Situation ansprechen und somit „ein höchst spannendes Feld für pastorale Innovationen“ böten. Dabei stelle sich zentral die Relevanzfrage. Am Beginn stehe nicht das Produkt oder die Dienstleistung (What), sondern die Frage nach dem Warum (Why). So werde ein Traum, eine Sehnsucht, eine Vision in den Vordergrund gestellt, im kirchlichen Kontext beispielsweise die Sehnsucht auf neue Art Kirche zu sein oder eine Kirche, die relevant im Leben der Menschen ist. (vgl. ebda., 117f.).

Auf dieser Grundlage[257] könnten kreative neue Wege beschritten werden zur Gestaltung biografischer Eckpunkte wie etwa Einschulung, Übergang in den Beruf, Renteneintritt.

Einschulung. Die Einschulung ist der erste Übergang, der Übergang aus der unbeschwerten, spielerischen Kindheit in eine stärker strukturierte, „erwachsenere“ Kindheit. „Jetzt beginnt der Ernst des Lebens“, heißt es und bei jeder Einschulung wird dieser Satz auch gesprochen. Die Gesellschaft hat erkannt, dass Bildung eine wichtige Ressource für den Wohlstand ist. Auch deswegen gewinnt die Einschulung an Bedeutung. Dieser biografische Übergang wird zum Anlass für größere Familienfeiern mit zunächst säkularem Charakter und hat Ritualpotenzial, auch im Sinne einer spirituellen Rahmung.

Übergang in den Beruf. Wir leben in einer Gesellschaft, in der eine verlängerte Adoleszenz Normalität geworden ist. Die Konfirmation – früher nicht nur der Ritus der religiösen Reife, sondern auch des Übergangs in die Erwachsenenwelt – hat letztere Bedeutung nahezu verloren. Der Schritt vom Jugendlichen zum Erwachsenen ist fluider, individualisierter geworden. Je nach Schulbildung und Berufswahl liegt eine große Zeitspanne zwischen den Jugendlichen bzw. junge Erwachsenen, die mit dem Übergang in den Beruf einen wesentlichen Schritt zum Erwachsensein vollziehen. Ein neues Initiationsritual könnte diesen Übergang (auch spirituell) begleiten.

Übergang in den Ruhestand. Vereinzelt wird der Übergang in den Ruhestand schon durch kirchliche Feiern begleitet. In der Regel findet aber eine mehr oder weniger herzliche Abschiedsfeier im Betrieb statt. Dabei ist diese „goldene

---

257 Anregungen stammen auch aus einem Workshop im Rahmen der Ingolstädter Studie.

Lebenswende“ (ebda., 121) heute ein biografischer Übergang von großer Bedeutung. Der medizinische Fortschritt und die geringere körperliche Arbeitsbelastung führen u.a. dazu, dass die meisten Menschen eine verlängerte Lebenserwartung haben und somit nach dem Renteneintritt noch viele Jahre in guter gesundheitlicher Verfassung liegen können. Es wartet also heute oft ein neuer Lebensabschnitt nach der Erwerbsphase. Gleichzeitig ist der Abschied vom Beruf für viele Menschen nicht mehr die ersehnte Freiheit, sondern bedeutet auch Verlust: Verlust von Sinn, der in der Erwerbsarbeit gefunden wurde, Verlust von sozialen Kontakten und damit gekoppelt Verlust von Anerkennung und Wertschätzung. Insofern verlangt auch dieser Übergang nicht selten nach Begleitung, Gestaltung und einem neu zu gestaltenden Ritual. Und – wie unsere Analysen gezeigt haben – können die evangelischen Gemeinden ein breites Angebot an Engagementfeldern bereitstellen und somit konkrete Betätigungsmöglichkeiten für die Nacherwerbsphase bieten.

Trauerrituale. Für viele Hinterbliebene ist die Beerdigung ein wichtiges Ritual, um Abschied nehmen zu können. Mit der Trauer werden sie aber oft alleine gelassen. Eine Trauerbegleitung, die Gestaltung des Andenkens an die Verstorbenen können den Hinterbliebenen aus ihrer Einsamkeit helfen.[258] Dabei geht es im Wesentlichen um das Finden einer Balance zwischen der Bewältigung des Verlustes und den Anforderungen des „Weitermachens“. Grundsätzlich bedeutet das, dass sowohl für die Trauer, die Auseinandersetzung mit dem Verlust des Angehörigen und die damit verbundenen schmerzhaften Gefühle, als auch für den Blick nach vorne, für die Rückbesinnung auf eigene Interessen und Ziele und konkrete Optionen im Alltag Reflexionsräume bereitzustellen sind. Dies wird vor allem dann besonders wichtig, wenn es um den Tod eines Kindes geht oder um den unerwarteten Tod eines Angehörigen oder Freundes.

Aus der Hospizarbeit weiß man, wie wichtig eine Begleitung in der letzten Lebensphase ist. Diese bezieht im Idealfall auch die An- und Zugehörigen ein, erleichtert diesen das Abschiednehmen und ermöglicht die Auseinandersetzung mit der Beziehung und möglichen Konflikten. Wie eine Studie zur Hospizkultur und Palliativkompetenz in Pflegeheimen gezeigt hat, sind vor allem konfessionelle Träger hier aktiv (Schneider et.al. 2017), stellen sich doch bei Sterben und Tod zentrale spirituelle Fragen. Trauergruppen und Trauerrituale über den Gedenkgottesdienst hinaus können eine wesentliche Stütze für die Hinterbliebenen sein. Sie werden wichtiger, wenn die traditionelle Seelsorge der Pfarrer an dieser Stelle nicht mehr mit der gleichen Selbstverständlichkeit wie früher in Anspruch genommen werden.

Neben diesen Beispielen finden sich noch zahlreiche weitere biografische Eckpunkte, die mit einem Ritual verbunden auch das Gefühl mindern können,

---

258 Man könnte hier einwenden, dass gerade diese Trauerarbeit von den Pfarrer*innen traditionell bereits geleistet wird. Allerdings gibt es das zunehmende Problem, dass die Betroffenen diese Dienstleistung nicht mehr selbstverständlich in Anspruch nehmen.

der einzige Mensch zu sein, der gerade in so einer Situation ist, wie zum Beispiel nach einer gescheiterten Beziehung, nach einer Scheidung (vgl. Kamp, a.a.O.). Der Gestaltung solcher Wendepunkte des Lebens widmen sich zahlreiche säkulare Institutionen und Angebote wie Therapie, Coaching und Beratung. Auch hier gibt es Menschen mit der Sehnsucht, die „Rituale des Scheiterns" mit einem spirituellen Sinn zu unterlegen. Die Aufgabe der Kirche liegt nicht nur für die Kirchenmitglieder vor allem darin, den Menschen Gemeinschaft und Geborgenheit zu vermitteln. Dazu gehören auch die Begleitung im Lebenslauf und die Unterstützung Einzelner bei biographischen Eckpunkten und Übergängen. Die „Kirche lebt von Begegnungen im Nahraum". (Schmidt, 2019, 172)

4 Der Pfarrer als Manager oder als Netzwerker?

Beschäftigt man sich mit den organisatorischen Rahmenbedingungen der Kirchengemeinden, erkennt man, wie komplex und umfangreich das Aufgabenfeld der Pfarrer*innen ist. Die Aufgabe der Seelsorger*innen scheint nicht selten gegenüber Leitungs- und Managementaufgaben in den Hintergrund zu treten. *„Ich habe mich nicht für die Pfarrerlaufbahn entscheiden, um am Ende mehr und mehr Manager zu sein"*, sagt einer unserer interviewten Hauptpfarrer. Er tut dies seufzend, weil seine Leitungs- und Verwaltungsaufgaben ihn zunehmend mehr Zeit kosten. Dabei ist es nicht nur der Termindruck, der tatsächlich oft dem eines Managers ähnelt, als vielmehr die Vielfalt der administrativen Aufgaben, Aufgaben für die er sich zudem gar nicht ausreichend ausgebildet und berufen fühlt.

> „Theologen haben sich im Studium mit Griechisch, Hebräisch und Latein beschäftigt. Sie haben gelernt, wie man eine Predigt hält. Sie wurden zu Seelsorgern ausgebildet. Doch in der Praxis erwarten sie noch mehr Aufgaben. Plötzlich müssen sie Gremien vorstehen, eine Gruppe von Haupt- und Ehrenamtlichen führen, Immobilien verwalten, einen Haushalt überschauen und alles bestmöglich dokumentieren. Der Pfarrberuf hat sich gewaltig verändert", sagt Pastor Peer-Detlev Schladebusch (Hannover).[259]

Gerade dort wo Kirchenfusionen oder intensive Spardebatten geführt wurden und werden, verstärken diese nochmal dieses Anforderungsprofil und erfordern im Grunde genommen einen sanierungserfahrenen Manager. Da lag und liegt es nahe, dass sich einige an Vorbildern aus der Wirtschaft orientieren.

> „Die Kirche hat sich vieles von der Wirtschaft abgeschaut. Die Führungskultur in großen Unternehmen sei dabei zum Vorbild geworden." (ideaSpezial 1.2015, 22)

---

259 ideaSpezial 1.2015, 22.

Auch in den, die Pfarrer beratenden und unterstützenden Organisationen der Kirche gab und gibt es inzwischen zahlreiche Angebote zu Zeit-, Konflikt- und Projektmanagement und man sucht nach Werkzeugen, die einem den Alltag des Managers erleichtern. Ein illustrierendes Beispiel ist die Evangelische Kirche in Hessen und Nassau, die für ihr Reformationsjahr-Projekt „*keinen Tanker, sondern ein Schnellboot (suchte), mit dem man intuitiv und einfach ein Projekt planen, umsetzen und vorantreiben kann, und MindManager hat all diese Anforderungen erfüllt. ... die Visualisierungssoftware MindManager (bietet) genau das ..., was sich die Projektmitglieder wünschen: eine Plattform zum Informationen sammeln, Aufgaben ordnen, Ressourcen planen, Prioritäten setzen und für die schnelle Ganttchart-Erstellung*“.[260] So sinnvoll dies im Einzelfall (beispielsweise bei der Planung von Aktionen) auch sein mag, so kritisch wird, wie schon in Kapitel 4.1 gezeigt, diese Gesamttendenz gesehen. „*Wir verwalten uns zu Tode, anstatt Visionen zu entwickeln. Kurz: Wir managen, anstatt zu leiten.*“ „*... in der Kirche gehe es nicht nur um Zahlen, Normen und Statistiken, sondern vor allem um geistliche Leitung. Die spirituelle Praxis aber leidet oft im Tagesgeschäft.*“ *Pfarrer beschäftigten sich oft mit der Bibel – aber meist stellten sie sich* die Frage, wie sie Abschnitte für die nächste Predigt nutzen können: „*Die zweckfreie Beschäftigung mit der Heiligen Schrift kommt leider oft zu kurz*“.[261]

Diese Beschränkung trifft aber nicht nur die spirituelle Praxis, sondern auch das Netzwerken. In unseren Gesprächen mit den Pfarrer*innen der elf Gemeinden gab es viele Klagen, dass ihnen zu wenig Zeit für die eigentliche Netzwerkarbeit bleibt, d. h. für viele Gesprächen mit Gemeindemitgliedern und auch außenstehende Personen, die als mögliche Sympathisanten oder Suchende für einen Dialog mit der Kirche offen sind. Gerade die Netzwerkarbeit verlangt Zeit und lässt sich nicht wirklich durch ein Zeitmanagement optimieren. Unsere Befragungen und Interviews haben in den eher ländlichen Gebieten die herausragende Bedeutung der Pfarrer*innen als Netzwerker*innen bestätigt. Sie sind es, die viele „einfache Mitglieder“ zu einem intensiveren Engagement überzeugen oder/und Bindungserfahrungen zur evangelischen Kirche aufbauen und vertiefen. Ein Beispiel war Frau Brunner, die wir in Kapitel 3.4 kennengelernt haben. Sie hat im Moment einer tiefen Beziehungskrise die ihr vorher nur oberflächlich bekannte Pfarrerin als Vertraute und Ratgeberin erkannt und genutzt. Ähnlich wie sie haben auch andere die Begegnung mit „ihrem Pfarrer“/“ihrer Pfarrerin“ als etwas Besonders und Motivierendes erlebt. Frau Brunner fand nicht nur Hilfe, sondern arbeitet seit dieser Erfahrung sogar im Kirchenvorstand mit und setzt sich auch im politischen Bereich für die evangelische Gemeinde ein. Frau

---

260 Evangelische Kirche nutzt MindManager für Reformationsjahr-Projekt. Siehe https://www.mindjet.com/de/ wp-content/uploads/sites/2/2017/07/GER_CS_Evangelische-Kirche-Hessen.pdf.

261 Schladdebusch in idea Spezial, 2015, 22.

Brunner ist kein Einzelfall. Die personale Bindung und Motivation durch Pfarrer*innen, aber auch durch andere engagierte Kirchenmitglieder war für über 60% aller Engagierten ein wichtiger Grund für ihr Engagement. Ähnlich denken auch viele Pfarrer*innen, so beispielsweise Pfarrer Schladdebusch, der sagt:

> „In der Realität ist der Managementanteil bei Pfarrern viel zu hoch." Dabei könnten viele dieser Aufgaben von Verwaltungsmitarbeitern oder von qualifizierten Ehrenamtlichen übernommen werden: „Ein Pfarrer sollte Menschen anleiten und in ihnen die Lust wecken, etwas zu tun. Der Manager kontrolliert und hilft, dass alles umgesetzt wird. Von diesen Aufgaben sollte ein Pfarrer so viel wie möglich abgeben."[262]

Ist ein Pfarrer/eine Pfarrerin immer ein guter Netzwerker/eine gute Netzwerkerin? Zwar gibt es zwischen der Rolle des Seelsorgers/der Seelsorgerin und der des Netzwerkers/der Netzwerkerin Überschneidungen, aber es ist keineswegs so, dass ein guter Seelsorger/eine gute Seelsorgerin auch automatisch ein guter Netzwerker/eine gute Netzwerkerin sein muss. Ein typischer Fehler besteht beispielsweise darin, das Netzwerken als naturgegeben anzusehen, es ausschließlich intuitiv auszuüben. Dies bedeutet in der Regel, die Anforderungen zu unterschätzen. Doch was zeichnet einen guten Netzwerker/eine gute Netzwerkerin aus?

Das Netzwerken (Networking) ist, wie Scheler feststellt: „die Kunst, Beziehungen aufzubauen, sie zu pflegen und zu nutzen, aber vor allem umschreibt es die soziale Fähigkeit die Stärken anderer zu erkennen und sie mit den eigenen zu kombinieren." (Scheler 2007 (2), 21) Der/die Netzwerker*in ist damit jemand der Mut macht und Respekt und Wertschätzung vermitteln kann. Er/sie strahlt die Zuversicht aus, dass man nicht alleine mit seinen Fragen und Problemen ist und es neben dem Glauben immer Personen geben wird, die einem Antworten und Lösungen vermitteln können. Diese kann der/die Pfarrer*in sein, als Netzwerker*in weiß sie aber immer auch eine Vielzahl von Menschen, die als Tröster*in und Unterstützer*in helfen können. Mit diesen Eigenschaften ist der/die Netzwerker*in nicht nur jemand, der Kontakte und Begegnungen aktiv herbeizuführt, sondern bei dem man auch selbst das Interesse und die Anteilnahme für Fragen und Probleme von anderen Menschen spürt. Gute Netzwerker*innen nehmen sich Zeit für Beziehungen,[263] sie haben die Fähigkeit, Begegnungen zu entschleunigen. Fundamental ist aber, dass sie nicht auf Zweierkonstellationen abzielen, sondern immer versuchen, verschiedene Menschen mit ihren Stärken und Anliegen zusammenzuführen.

---

[262] IdeaSpezial 1/2015, 23.

[263] Das gilt auch für den/die Netzwerker*in selbst: Wenn sie so viel Arbeit haben, dass sie nicht mehr aufnahmefähig sind, dann werden sie nicht netzwerken können. Ruhen sie sich in diesem Fall lieber aus. Und gehen sie dann zu einem Netzwerk-Treffen, wenn sie mehr Energie haben. Denn wenn sie nicht aufnahmebereit, oder offen für Neues sind, können sie sich nicht auf andere Menschen einlassen.

In Netzwerkbeziehungen[264] geht es zudem immer auch um Kooperation anstelle von hierarchischen Lösungen, es geht um Informationsvielfalt statt Informationseinfalt. Der/die Netzwerker*in stellt das Akteurshandeln vor das Organisationshandeln. Interessante Netzwerkbeziehungen leben zudem vom Ideenreichtum und vermeiden eine bloße Reproduktion des Herkömmlichen. In ihrem Mittelpunkt stehen ein in vielen Aspekten lebendiges Arbeiten und keine Routinehandlungen und -begegnungen. Netzwerke leben vom Vertrauen als Fundament für erfolgreiches und dauerhaftes Netzwerken. Sie erfordern strategisches Handeln und ein entsprechendes Timing, um zur richtigen Zeit am richtigen Ort interessante Menschen kennenzulernen und Kontakte zu knüpfen. Gute Netzwerker*innen sind notorisch neugierig. Sie verfolgen mit offenen Augen und Ohren Menschen, Dinge, Zusammenhänge und prüfen sie auf Vernetzungsmöglichkeiten.

Reicht es aus, wenn der/die Pfarrer*in die Netzwerkarbeit übernimmt? Nein, Netzwerkarbeit lebt davon, dass es im Kern eines Netzwerks mehrere Netzwerker*innen gibt. Interessante und wirksame Netzwerke sind heterogen und verfügen über viele „weak ties“. Hier sind auch die Engagierten gefordert, weil je mehr unterschiedliche Personen, Lebensphasen und Altersgruppen in einem Netzwerk existieren, desto mehr Personen braucht es, die im Kern des Netzwerks diese unterschiedlichen Interessen und Lebenslagen auch bündeln und binden. Mancher wird an dieser Stelle an einen gut aufgestellten Kirchenvorstand denken. Allerdings ist ein Kirchenvorstand ein Gremium und folgt einer Organisations- und nicht einer Netzwerklogik. Natürlich können sich in einem Kirchenvorstand auch Netzwerker*innen finden, aber diese Rolle müssen sie außerhalb der Arbeit des Kirchenvorstands ausüben. Nicht selten finden sich deshalb in Gemeinden wichtige Netzwerker*innen eher außerhalb der Kirchenvorstände, manchmal sogar, wie das Beispiel von Herrn Wondratschek (Kapitel 3.4) zeigt, auch außerhalb der Mitgliedschaft in der evangelischen Kirche.

Das Netzwerken gehört, wie die theologischen Überlegungen in Kapitel II zeigen, immer schon auch zur christlichen Tradition. „Die ersten Christen waren Fischer und wurden von Jesus zu ‚Menschenfischern‘ berufen. Christenmenschen waren immer schon Netzwerker*innen und da unterwegs, wo die Menschen sind.“[265] In unserer individualisierten, enttraditionalisierten Gesellschaft braucht es wieder mehr Menschen, die in der Lage sind Brücken zu schlagen und auch auf Menschen zugehen, die unter zu wenig Aufmerksamkeit und Anerkennung leiden. So gesehen geht es beim Netzwerken der Pfarrer*innen nie alleine darum, die Gemeinschaft der evangelischen Christen zu stärken, sondern bietet immer auch die Chance, neue Menschen in dieses Netzwerk aufzunehmen.

---

264 Die folgenden Ausführungen lehnen sich an Gedanken von Tilly Miller, 2019 an.

265 Dieses Zitat stammt von der Pfarerin Mechthild Werner, auf die Frage, warum sollte die Kirche in die Online-Netzwerke gehen? (https://www.evangelisch.de/inhalte/88548/23-09-2013/mechthild-werner-christen-waren-immer-schon-netzwerker, abgerufen am 20.9.2020).

5 Parochie und Netzwerk – kein Gegensatz, wohl aber eine Herausforderung

Mit dem mittellateinischen Wort Parochie wird der Amtsbezirk einer Pfarrei beschrieben. Um eine Kirche und ein Gemeindehaus gibt es einen definierten geographischen Raum, der für die darin lebenden Personen definiert, was ihre Gemeinde ist. „Grundgedanke des Parochialprinzips ist, dass es keinen Raum gibt, der nicht zur Kirche gehört, jedes Kirchenmitglied also immer auch Teil einer Ortsgemeinde (Parochie) ist, umgekehrt der Seelsorger weiß, für wen er zuständig ist."[266]

Parochie ist Realität. Dieses Prinzip hat die kirchliche Gemeindearbeit über viele Jahrhunderte bis heute wesentlich bestimmt.[267] Früher sprach man sogar von einem Parochialzwang:

> „Das Pfarrergesetz baut das Territorialprinzip und das Parochialrecht weiter aus, wenn es bestimmt, dass der kirchliche Dienst an den in der Gemeinde wohnenden Glaubensgenossen ausschließlich dem zum Dienst an der Gemeinde berufenen Pfarrer zustehe. Die Gemeindeglieder stehen sonach grundsätzlich unter Parochialzwang. Die im Gesetz vorgesehenen Ausnahmen bestätigen diesen Grundsatz nur." (Weiss 1953)

Diese Regeln gelten heute zwar abgemildert, aber die Tradition, dass die jeweiligen Gemeinden und die Zuständigen (Team der Pfarrer*innen und der Kirchenvorstand) einen großen Teil des kirchlichen Alltags nahezu autonom gestalten können gilt auch heute. Nach wie vor trifft der Grundsatz zur Gestaltung einer Parochie zu „Ein Gott, ein Pfarrer, eine Gemeinde, ein Geist, ein Bekenntnis" (zit. nach Schramm, 2015, 173). Natürlich bleibt es jedem evangelischen Christen frei, sich auch für Angebote aus anderen Gemeinden zu interessieren, aber in unseren Studien wurde immer wieder deutlich, dass das eher Ausnahmen sind.[268] In der Regel gehen die Verantwortlichen eines Pfarrbezirks davon aus, dass die in ihrer Gemeinde lebenden Mitglieder auch die Angebote ihrer Parochie wahrnehmen. Welche Bedeutung die Zugehörigkeit zur nahen lokalen Kirche/Gemeinde hat, konnte man auch in den beiden Gemeinden sehen, in denen die historische Entwicklung dieses Parochialprinzip quasi durchbrochen hat:

---

266 https://de.wikipedia.org/wiki/Parochialprinzip.

267 „Die Entwicklung parochialer Organisation kann als Versuch verstanden werden, das Volkskirchenprinzip unter veränderten, modernen Bedingungen zu realisieren, weil nur Organisation es ermöglicht, den protestantischen Teil der konfessionell durchmischten Bevölkerung zu erfassen und flächendeckend religiös zu versorgen"(Schramm, 2015, 173).

268 Vor allem was die Häufigkeit der Inanspruchnahme betrifft. Die meisten Angebote, vor allem die regelmäßig genutzten, werden in der eigenen Gemeinde besucht, nur gelegentlich nutzen Gemeindemitglieder auch ein Angebot aus einer anderen Gemeinde.

- In Höchstädt wurden der Verlust des Pfarrers und die „von oben aufgezwungene Fusion“ mit der Nachbargemeinde Thierstein als schmerzhafter Verlust, ja als eine Gefährdung der eigenen evangelischen Identität gesehen.
- Im „aufstrebenden“ Ingolstädter Vorort Kösching wurde die Zugehörigkeit zur innerstädtischen Gemeinde St. Paulus als historisch bedingtes Übergangskonstrukt bewertet, das man möglichst schnell durch den Bau einer eigenen Kirche faktisch beenden wollte.

In unserer Untersuchung bildeten alle untersuchten Gemeinden solche Parochien. Zugleich waren sie stets auch in überparochiale Strukturen (Dekanate, Angebote überregionaler evangelischer Vereine und Dienste, ...) eingebunden. In Unterschleißheim, Ansbach, Thierstein/Höchstädt und Waldershof-Neuhaus waren die parochialen Gemeinden unsere direkten Ansprechpartner. In Ingolstadt war es das Dekanat und die von ihm ausgewählten fünf innerstädtischen Gemeinden.[269] Doch auch in Ingolstadt war von Beginn an spürbar, dass alle fünf Gemeinden eigenständig gesehen und in unserer Untersuchung entsprechend gewürdigt werden wollten.[270]

Diskussion um die Grenzen der Parochie. Zugleich gab und gibt es Probleme mit der Ausschließlichkeit, die das Parochialprinzip nahezulegen scheint. Um dies näher auszuführen soll ein Exkurs in die frühen fünfziger Jahre vorangestellt werden.

Exkurs: Ein historischer Blick[271] in das Jahr 1953 zeigt uns, dass schon vor über 60 Jahren es Zweifel und Abwehrkämpfe gab, wenn es um Strukturen neben einer Parochie geht. Pfarrer Georg Weiss bezieht sich in seinem Artikel auf die Gründung der überparochialen Werke für Männer und Frauen, die männliche und die weibliche Jugend. Er stellt sich hier die Frage, ob solche Gründungen zulässig sind oder ob sie die Arbeit der Ortskirchen gefährden:

> „Man kann hören, dass alle diese Werke überflüssig wären, wenn die Ortsgemeinden intakt wären. Man hält sie also für Krankheitserscheinungen am Leibe der parochial gegliederten Landeskirche. Das kann man gelten lassen, sobald die Verfechter dieser These bereit sind, die gesamte gesellschaftliche Struktur der Gegenwart für krank zu halten.“ (Weiss 1953)

---

269 Parochien können in der Diaspora sehr groß sein. So organisiert sich die Evangelische Kirche z.B. in Österreich in nur 9 Gemeinden, die zusammen das gesamte Staatsgebiet Österreichs ausmachen. Im Gegensatz zum Parochialprinzip steht die Personalgemeinde, der eine Person unabhängig von etwaigen Übersiedlungen so lange angehört, bis sie aus dieser Gemeinde austritt bzw. in eine andere Gemeinde eintritt, wobei – anders als bei parochialer Struktur – Mehrfachmitgliedschaften möglich sind.

270 Beispielsweise gab es für alle fünf Gemeinden eine eigene Auswertung und Präsentation der Ergebnisse.

271 Eine ausführliche Darstellung der Entwicklung verschiedener Parochialformen in der Geschichte der evangelischen Kirche findet sich in Schramm 2015.

Allerdings hält Weiss dies für eine Fehldiagnose. Er sieht stattdessen eine sich modernisierende Gesellschaft als Hintergrund:

> „Die moderne Gesellschaft ist durch eine noch nie dagewesene Differenzierung und Spezialisierung charakterisiert. Ist es aber geistlich ungesund gedacht und gehandelt, wenn die Kirche Christi die Last, oder sagen wir ruhig: die Krankheit dieses Zustandes willig mit auf ihre Schultern nimmt, wenn sie sich hier mit ihrer Zeit solidarisch erklärt und demgemäß handelt? Hier tut sich die schwere Frage auf in welcher Richtung sollen die „Werke" weitergeführt werden? Müssen sie planmäßig zu überparochialen Standesgemeinden ausgebaut werden? Keinesfalls dürfte dies zu einer Zersetzung der Parochien führen. Keinesfalls dürfte dies in der überheblichen Meinung getan werden, dass die Werke die eigentliche Gemeinde verkörpern und die Parochien bestenfalls Gemeinden zweiten Ranges seien. Oder soll dem so verschrieenen Expansionsdrang der Werke endlich ein Riegel vorgeschoben werden? Ist es nicht an der Zeit, der Ausgliederung und Spezialisierung Einhalt zu gebieten und um der Ortsgemeinde willen gerade dies mit aller Energie zu verhindern: die Entwicklung der kirchlichen Standeszusammenschlüsse zu Standesgemeinden?" (ebda.)

In der Konsequenz geht es ihm nicht um das Ende der Parochie, sondern um die Abschaffung des Ausschließlichkeitsprinzips:

> „Müssen wir in den Industriestädten nicht in klarer Weise die Entstehung von Werkgemeinden in den großen Betrieben anstreben? Wir glauben nicht, dass die natürlichen Stände der Jugend, der Männer und Frauen eigene Standesgemeinden bilden müssen. Aber wir fragen mit großem Ernst, ob nicht bestimmte Berufsstände eigene Geistliche brauchen, die den Auftrag haben, überparochiale Standesgemeinden ins Leben zu rufen. Auch für sie würde gelten, was für die Bruderschaften und für die Freizeitgemeinden gilt: Sie könnten nur gesund bleiben, wenn ihre Glieder sich mit der Zeit dienend der Parochie einordnen, in der sie wohnen. Nochmal: Es scheint uns vom Herrn der Kirche so gefügt zu sein, dass heute das, was Kirche in ihrer Fülle ist, nur begriffen werden kann, wenn der Christ zwei Gemeinden angehört, einer parochialen und einer überparochialen. Es gibt heute schon genug Christen, die es nur noch deshalb in der parochial gegliederten Landeskirche aushalten und mit Lust in ihr dienen können, weil sie gleichzeitig einer außerparochialen Gemeinde angehören. Dort empfangen sie Kraft und Freudigkeit zum Dienst in ihrer Ortsgemeinde." (ebda.)

Weiss sieht in der Überwindung der Ausschließlichkeit parochialer Strukturen die Chance Menschen an die Kirche zu binden, die in parochialen Strukturen nicht mehr zu halten wären. Er plädiert also bereits 1953 für eine Doppelstruktur und Parallelität von parochialen und überparochialen Strukturen:

> „...die Gestalt der parochial aufgebauten Landeskirche (reicht) nicht hin. Dazu brauchen wir Kirchenkörper, die im Gehorsam gegen die Wirklichkeit unserer Zeit den Mut aufbringen, neben den Ortsgemeinden überparochiale Gemeinden verschiedenster Art entschlossen zu bejahen. Wird die in der Verfassung der Landeskirche vorgesehene Kirchengemeindeordnung das ausschließliche Denken in Parochien überwinden und den inzwischen (1920—1953) entstandenen überparochialen Gemeindebildungen auch rechtlich den Weg freigeben?" (ebda.)

Überwindung parochialer Angebotsgrenzen. Vor einer ähnlichen Aufgabe steht die evangelische Kirche auch heute. Dabei geht es allerdings weniger um die von Weiss beschriebene Doppelstruktur, diese ist heute längst akzeptierte Realität, sondern um die Überwindung der parochialen Angebotsgrenzen zwischen den Gemeinden. Auch heute noch versuchen viele Gemeinden sich als eine Art „Vollsortimenter“ zu organisieren. Alle für wesentlich erachteten Angebote sollen in und durch die Gemeinde organisiert werden.

Unsere Studien zeigen, dass dies die Gemeinden immer mehr überfordert und auch zu dysfunktionalen Prozessen führt. Ein Beispiel ist die Jugendarbeit. Einerseits ist sie fundamental wichtig, andererseits ist eine gute Jugendarbeit sehr aufwändig und bei rückläufigen Stellenanteilen für die Jugendarbeit nur mehr einschränkt zu leisten. Nicht selten sind auch die Zahlen der Jugendlichen rückläufig. Gut besuchte Jugendgruppen gibt es immer weniger. Die Alternative wäre, dass sich mehrere Gemeinden (vor allem in städtischen Kontexten) zusammenschließen und eine gemeindeübergreifende Jugendarbeit aufbauen. Die Vorteile liegen auf der Hand, weil so nicht nur mehr Jugendliche erreicht werden, sondern auch eine qualitativ bessere und attraktivere Jugendarbeit möglich wäre. Der Nachteil wäre, dass man diese nicht in der eigenen Hand hat und „die Jugendlichen mit mehreren Gemeinden teilen“ müsste. Und genau dies scheint es bislang eher zu verhindern.

Ähnliche Probleme kann man auch an anderen Stellen sehen. Ob wir Ehrenamtliche befragt haben, wo sie sich noch mehr Engagement vorstellen können oder nicht aktive Gemeindemitglieder, bei welchen Themen sie bereit wären, Angebote ihrer Gemeinde zu nutzen, stoßen wir auf eine Vielzahl unterschiedlicher Angebotswünsche. Diese Pluralität überfordert die einzelnen Gemeinden und führt nicht selten dazu, dass man das Gegenteil tut und sich auf seine Kernangebote reduziert. Im ersten Moment eine durchaus verständliche Strategie, weil eine aktive, zeitgemäße und öffentliche Wahrnehmung des christlichen Auftrags und deren Verkündigung aus Sicht einer Kirche natürlich nie falsch sein kann. Andererseits muss man aber erkennen, dass die Bindungskraft dieser Kernangebote deutlich abgenommen hat und nur noch bei der Gruppe der traditional stark gebundenen, älteren evangelischen Mitglieder einer Gemeinde gut funktioniert. Die mittlerweile größte Gruppe der Mitglieder, die ihrer Kirche distanzierter gegenüberstehen und über viele Jahre keine traditionale Bindung an viele kirchlichen Kernpraktiken (Gottesdienst, regelmäßiges Beten,...) mehr kennen, zugleich aber unter bestimmten Umständen sehr wohl erreichbar sind, bleibt bei einer solchen Angebotsplanung außen vor.

Unter einer Netzwerkperspektive liegt ein anderes Vorgehen nahe. Statt an parochialen Grenzen Halt zu machen, geht es eher darum, in der Zusammenarbeit von mehreren Gemeinden ein größeres, vielfältiges Spektrum an Angeboten zu ermöglichen. Mit diesen Angeboten gehen doppelte Bindungschancen einher. Menschen, die dieses Angebot (beispielsweise an einem von der evangelischen Gemeinde organisierten Helferkreis im Flüchtlingsbereich) wahrnehmen, binden sich zum einem über das sie interessierende Thema an ein evangelisches Setting, in dem dieses Angebot stattfindet. Sie werden für eine bestimmte Phase ihres Lebens Teil des aktiven evangelischen Gemeindelebens. Zum anderen entstehen zwischen den Menschen, die sich zu diesem Angebot treffen persönlichen Beziehungen. Diese Beziehungen enthalten ein Bindungspotenzial, das oft auch über den Gruppenzweck hinausgeht. Oft gelingt es, die Treffen und Aktionen mit einem positiven, durchaus auch christlich geprägten Gemeinschaftsgefühl zu kombinieren. Nicht selten gelingt es, Menschen, die über ein bestimmtes Angebot (wieder) den Zugang zur evangelischen Gemeinde gefunden haben, auch für andere Angebote zu interessieren.

Am Beispiel der Gemeinde Höchstädt kann man gut sehen, wie die (hier allerdings nicht freiwillig vollzogene) Zusammenarbeit mit Thierstein auf der Angebotsebene auch Positives bewirkt hat. So schreibt der Höchstädter Vertrauensmann, wie in Kapitel III zitiert[272], *„Allein die Vielfalt der unterschiedlichen Gottesdienstformen wird wohl nicht nur im oberfränkischen Raum seinesgleichen suchen. Von Taize-, Erlebnis- und Themengottesdiensten bis hin zu aufwändigen musikalischen Formen bietet auch der sonntägliche Gottesdienst wieder ein starkes Gerüst, um sich den Anforderungen des Alltags und somit den Lebens- und Glaubensfragen stellen zu können“*. Dieser Gewinn an Vielfalt gilt auch für die Angebotspalette jenseits der Kernangebote. Allerdings muss man die systematische Überschreitung parochialer Grenzen akzeptieren. Und das scheint sehr oft noch der eigentliche Hemmfaktor zu sein, weil manche Gemeindemitglieder vielleicht unbewusst glauben, die eigene parochiale Gemeinde damit zu hintergehen.

Man könnte einwenden, dass sich solche überparochialen Angebotsnetze gut im städtischen, aber eher nicht im ländlichen Bereich organisieren lassen. Gerade aber auch der ländliche Bereich zeigt, dass Menschen heute viel mobiler und keineswegs bloß an ihren sozialen Nahraum angebunden sind. Er zeigt aber auch, dass fehlender öffentlicher Nahverkehr der überparochialen Zusammenarbeit Grenzen setzt. Dennoch sehen wir in der überparochialen Zusammenarbeit der Gemeinden eine große Herausforderung für die Zukunft und zugleich die Chance, immer wieder neue Menschen über plurale Sinnangebote zu interessieren und zumindest partiell in den Alltag einer evangelischen Gemeinde einzubinden. Am Beispiel der Helferkreise und Flüchtlingsarbeit kann man zudem sehen, dass sich ein Engagement, das viele Menschen interessiert, sehr gut mit dem genuinen kirchlichen Auftrag vereinbaren lässt. Eine weitere Veränderung mit Chancen für eine Netzwerkperspektive ist die Digitalisierung. Auch diese wird schon in naher Zukunft zu mehr virtuellen Angeboten führen.

---

272 Zitiert aus dem Kirchboten Thierstein-Höchstädt, Ausgabe Nov-Januar 2019.

6 Beispiele, Formen und Methoden einer netzwerkorientierten Gemeindearbeit (Ulrich Jakubek)

Mit den folgenden neun Beispielen wollen wir vor allem Mut machen. Es geht darum zu zeigen, dass die oben formulierten Ideen keine abstrakten Perspektiven darstellen, sondern den Weg zu gut realisierbare Formen evangelischer Gemeindearbeit aufzeigen. Alle folgenden Beispiele wer-den zum Teil über Jahre hinweg bereits praktiziert. Viele der Beispiele sind wegen ihrer Innovationskraft ausgezeichnet worden. Gemeinsam ist den neun Praxisbeispielen, dass diese Angebote evangelischer Gemeindearbeit Andockmöglichkeiten für alle in der jeweiligen Kommune interessierten Menschen bieten. Sie sind also explizit nicht nur für die evangelischen Gemeindemitglieder da. Sie bilden stets auch eine Brücke hin zur evangelischen Gemeindearbeit. Sie ermöglichen die kleinen oder größeren Bindungserlebnisse, die wir in den letzten 200 Seiten immer wieder beschrieben bzw. in diesem Kapitel gefordert haben. Die Beispiele sind so ausgewählt, dass sie unterschiedliche Schwerpunkte abbilden. Manche ermöglichen und verdeutlichen solidarische Gemeinschaften, andere fördern das Engagement, dritte fokussieren auf soziale Anliegen oder/und sozial-politische Themen.

6.1 *Angebote mit dem Fokus Gemeinschaft*

Beispiel 1 – Begegnungsort für alle – „Familienhaus“

Das Projekt.[273] „Das Familienhaus der Christuskirche in Straubing bietet Menschen aller Generationen, Nationen und Konfessionen die Chance, miteinander ins Gespräch zu kommen, voneinander zu lernen und sich gegenseitig zu unterstützen“, so beginnt die Konzeption des Familienhauses Haus der Generationen. Das Familienhaus möchte also Anlaufstelle für Familien in allen Fragen des Lebens sein. Dabei wird Familie sowohl als klassische Eltern-Kind-Familie oder als Alleinerziehende/r mit Kind(ern) verstanden. Immer gehören aber auch Großeltern und andere Menschen im weiteren Sinne zur Familie. Dies ist gerade in unseren Zeiten wichtig, in denen die eigene Verwandtschaft oft weit voneinander entfernt lebt und viele Menschen einsam sind. Der Ursprung des Hauses ist

---

273 http://www.christuskirche-straubing.de/das-familienhaus-der-christuskirche-haus-der-generationen.

die KiTa Louise-Scheppler, deren Haus vorher an dieser Stelle stand und für den Neubau abgerissen werden musste. Jetzt ist die KiTa ein zentraler Bestandteil des Hauses. Durch die Nöte und Sorgen von einzelnen Kindern aufgeschreckt, entschloss sich Pfarrer Hasso von Winning vor vielen Jahren, gemeinsam mit der Tagesstättenleiterin Frau Alexandra Kliem und interessierten Menschen aus der Kirchengemeinde und darüber hinaus, verschiedene Hilfsmöglichkeiten für Familien unter einem Dach anzubieten. Rasch stellte sich heraus, dass der Familienbegriff weit gedacht werden musste, da sich auch viele Senioren und Singles für die Verwirklichung dieser Idee interessierten und sich engagieren wollten. Die offene Tür des Hauses ist das Begegnungscafé.

Entwicklung des Projekts. Die Kindertagesstätte begann ihr neues Kindergartenjahr im September 2013 im neuen Gebäude. Viele bewährte Gruppen und Angebote (Grundschultreff, Mutter-Kind-Gruppen, Deutschlernen für Asylsuchende, Seniorenkreise, Russischsprachiger Gottesdienst der Evangeliumschristen und vieles mehr) zogen, auch bedingt durch den notwendigen Verkauf des Gemeindehauses, in das Familienhaus. Neue eigene Projekte (Begegnungscafé ...) entstanden und Kooperationspartner (Donum-Vitae, Mütter-Väter-Zentrum der Stadt, ...) zogen ins Haus. Es besteht auch enger Kontakt zu vielen Anlaufstellen der Stadt (Koordinierende Kinderschutzstelle der Stadt, Seniorenberatung ...). Dass dies alles in kurzer Zeit entstehen konnte, bedurfte jahrelanger Vorarbeit. Ein Traum, der viele Menschen innerhalb und außerhalb der Kirchengemeinde „ansteckte", wurde Schritt für Schritt Realität. Und dies in zweifacher Hinsicht: Zum einen wurde es Realität als „Familienhaus" aus Stein (ein einladendes Gebäude entstand), zum anderen als „Familienhaus" aus Menschen, die sich der Idee verbunden fühlen und sich vorwiegend ehrenamtlich engagieren. Im neunköpfigen Leitungskreis engagieren sich fünf Kirchenvorsteher*innen und zwei weitere Ehrenamtliche.

Das Familienhaus nutzen geschätzt 300 bis 400 Menschen wöchentlich. Dazu besuchen 95 Kinder die Tagesstätte.

Mitarbeitende. Im Familienhaus sind verschiedene Einrichtungen und Gruppen zu finden, die nach ihrem eigenen Konzept mit haupt- oder/und ehrenamtlichen Mitarbeitenden arbeiten: Kinder/Jugendarbeit, Kreativ-Kreis, Senioren, u. a. Das Besondere an dem Haus ist die unkomplizierte Zusammenarbeit und die kurzen Wege. So werden Fortbildungen von einer Stelle (z. B. Koordinierende Kinderschutzstelle) für die Mitarbeitenden des ganzen Hauses angeboten z. B. für das KiTa- Personal, für die Mitarbeitenden der Jugendarbeit, die oft Kinderfreizeiten organisieren, und für die ehrenamtlichen Mitarbeitenden in den offenen Treffs. Der größte Bereich, in dem sich ehrenamtliche Mitarbeitende engagieren, ist das Begegnungscafé. Im Moment hat es an vier Tagen geöffnet. Über zwanzig ehrenamtliche Gastgeber*innen heißen die Gäste willkommen. Sie bewirten sie mit Kaffee aus fairem Handel und selbstgebackenen Kuchen. Die Koordination ist in den Händen einer Sozialpädagogin (FH), die als 400-Euro-

Kraft angestellt ist. In regelmäßigen Mitarbeitendentreffen werden alle Anliegen zur Sprache gebracht. Dabei wird darauf geachtet, dass nicht nur organisatorische Dinge besprochen werden, sondern auch immer die Kerngedanken des Begegnungscafés im Blick bleiben. Die Ideen der Ehrenamtlichen werden wertgeschätzt und nach Absprache in den Caféalltag integriert, so entstanden z. B. ein Strickkreis und andere generationen-übergreifende Angebote. Auch die Speisekarte wird ständig erweitert. Es gibt hausinterne Fortbildungen, zu anderen Angeboten wird eingeladen.

Kooperationen. Es besteht ein reger Kontakt zu den genannten Kooperationspartner*innen im Haus und darüber hinaus zur Erziehungsberatung, ambulanten Jugendhilfe, u. v. m. Der Wunsch nach Zusammenarbeit steht nicht nur auf dem Papier, sondern wird in regelmäßigen Treffen entwickelt und gelebt. So kann z. B. ein begleiteter Umgang, den ein*e Kooperationspartner*in organisiert, auch einmal im Café stattfinden. Oder es kommen zu bestimmten Anlässen die Kindergartenkinder ins Café und singen für die Besucher*innen. Im Eingangsbereich findet man aktuelle Informationen über die Veranstaltungen der verschiedenen Gruppen im Haus. Die ehrenamtlichen Mitarbeiter*innen im Café sind häufig die ersten Ansprechpartner*innen im Haus. Das Familienhaus liegt im Bereich des Städtebauförderungsprogramms „Soziale Stadt“ und kooperiert mit dessen Quartiersbüro. Ebenso besteht eine Kooperation mit dem Dekanat. Fortbildungsangebote besonders aus dem Bereich des evangelischen Bildungswerkes werden an die ehrenamtlichen Mitarbeiter*innen weitergegeben.

(Aus)Wirkungen. Die Startphase hat das Konzept der Ehrenamtlichkeit, gefördert durch hauptberufliche Kompetenz, bestätigt. Das anspruchsvolle Ziel der Begegnung zwischen den Generationen und einer damit gekoppelten niederschwelligen Hilfe zur Selbsthilfe wird sich erst mittelfristig umsetzen lassen. Inzwischen zeigt sich, dass die Kooperationspartner*innen ihr Angebot beginnen auszuweiten. Die Kindertagesstätte ist mit 95 Kindern gut ausgebucht und genießt in Straubing einen sehr guten Ruf. Allerdings soll der Erfolg nicht nur in Zahlen gemessen werden. Immer wieder geben Besucher*innen ein sehr positives Feedback. Sie freuen sich, dass z. B. im Café Menschen sind, die sich Zeit nehmen. Einige sozialpädagogische Betreuer*innen sind mit ihren Klient*innen Stammgäste. Für viele Mitarbeitende ist die Arbeit im Café auch selbst eine Bereicherung und Stabilisierung.[274]

---

[274] Ein kleines aktuelles Beispiel. Das Begegnungscafé muss zwar entsprechend der allgemeinen Coronaregeln im November 2020 geschlossen bleiben, aber es gab dennoch weiterhin ein Mittagessen für Menschen, die sich nicht selbst versorgen können.

Beispiel 2 – Begegnungsort Essen – „Nicht nur ein Ma(h)l!" /Augsburg

Das Projekt[275] Unter dem Motto „Nicht nur ein Ma(h)l!" lädt die Evangelisch-Lutherische Kirchengemeinde St. Thomas jede zweite Woche zum offenen diakonischen Mittagstisch ein. Jeweils an einem Mittwoch kochen Ehrenamtliche ein Drei- oder Vier-Gänge-Menü für einen Euro, Kinder sind frei. Willkommen sind alle, die an einem festlich gedeckten Tisch in unterhaltsamer Atmosphäre ein gutes Essen genießen möchten. Ein diakonisches Angebot einer Kirchengemeinde für die ganze Stadt. Die Gemeinde setzt damit einen diakonischen Schwerpunkt in ihrer Arbeit und hilft, die Bemühungen im Staddteil, um soziale Gerechtigkeit zu stärken. Unterschiedliche Milieus finden hier zusammen, Arme und Reiche, Christen und Suchende, Kinder und Erwachsene. Neu Zugezogene und Flüchtlinge haben die Gelegenheit Bekanntschaften zu machen. Dies ist wichtig in einem Stadtteil mit einer hohen Bevölkerungsfluktuation und steigenden sozialen Nöten.

Beim gemeinsamen Essen an einem schön gedeckten Tisch wird den Gästen wieder bewusst, wie wichtig es ist, sich Zeit für Essen, Trinken und Gespräche zu nehmen. Der Mittagstisch wird jede Woche von 60 bis 80 Personen besucht. Mehrfach im Jahr wird mit Schülerinnen und Schülern der Grundschule im Stadtteil gekocht. Als „Diakonischer Lernort" erleben diese, dass gemeinsame ehrenamtliche Tätigkeit Spaß macht. Beim Schülerkochen sitzen manchmal 80 bis 100 Menschen um die mit viel Liebe von den Kindern gedeckten Tischen und lassen sich das von den Kindern selbst ausgewählte und zubereitete Menü schmecken.

Entwicklung des Projekts. „Nicht nur ein Ma(h)l!" wurde im März 2004 vom damaligen Kirchenvorstand der evangelischen St. Thomas-Gemeinde in Augsburg ins Leben gerufen. Im gleichen Jahr gab es dann schon den Innovationspreis der Evang.-Luth. Kirche in Bayern. 2009 erhielt das Projekt die Silberdistel der Augsburger Allgemeinen Zeitung und 2011 erhielt das Projekt den Preis des Diakonischen Werks Bayern e. V. als einen Beitrag zur Armutsbekämpfung.

Mitarbeitende. Das Projekt hat mit 12 Ehrenamtlichen und 45 Gästen begonnen. Teilweise waren es über 40 Ehrenamtliche aus unterschiedlichen Stadtteilen und Gemeinden und etwa 80 Gästen aus der ganzen Stadt. Wenn die Kinder kochen, sind auch mal 120 Gäste aus allen Nationen anwesend. Der Migrationsanteil im Stadtteil liegt bei 75 Prozent. Der Stadtteil Kriegshaber ist der bevölkerungsreichste Stadtbezirk in Augsburg. Dort leben Menschen aus 104 Staaten und der Migrationsanteil beträgt 54 Prozent. Gerade dort ist es wichtig, Gemeinschaft vorzuleben und jeden willkommen zu heißen. Die Ehrenamtlichen sind

---

[275] https://www.st-thomas-augsburg.de/aktive-gemeinde/diakonie/nicht-nur-ein-mahl/. http://www.diakonisches-lernen.de/lernorte-suchen-lernort-finden/region-augsburg-schwaben/augsburg-nicht-nur-ein-mahl-evangelisch-lutherische-kirchengemeinde-st-thomas/.

nach einer Reorganisation 2018/19 in drei Teams tätig. Die Teamleiter zeichnen sich für das Menü, die Rezepte und Mengen sowie für den Einkauf verantwortlich. Der Arbeitstag beginnt jeweils um 7:30 Uhr und endet gegen 17:00 Uhr.

Kooperationen. Die Kirchengemeinde unterstützt die Arbeit unter anderem, in dem die Räume kostenlos zur Verfügung gestellt werden. Es gibt eine Vielzahl von Kooperationspartner*innen. Dazu gehören u. a. verschiedene Schulen für das Diakonische Lernen, die Stadt Augsburg (Seniorenbeirat, Sozialreferent für Finanzen), Firmen, Diakonisches Werk Augsburg, verschiedene Vereine in den Stadtteilen, Helferkreis Asyl.

(Aus)Wirkungen. Für die Kirchengemeinde hat sich vieles verändert. Die Gemeinde hat das auf einer Gemeindeversammlung beschlossene Ziel, ein diakonisches Profil zu entwickeln erreicht. Daraufhin hat der damalige Kirchenvorstand die Tischgemeinschaft beschlossen. Diese Tischgemeinschaft ist nicht nur ein Vorzeigeobjekt, sondern es hat für die Gemeinde zu vielen Vernetzungen geführt.

Die Gemeinde hatte zuvor keinen Kontakt zum Diakonischen Werk Augsburg – heute sehr intensiv durch Fortbildungen und gemeinsame Projekte. Es entstanden Vernetzungen mit anderen Tischgemeinschaften und eine Öffnung zum Stadtteil sowie der ganzen Stadt. Intensive Pressearbeit hält das Projekt immer im Gespräch und dadurch werden auch viele neue Mitarbeitende gewonnen. Es gibt neue Kontakte zu Sponsoren, Stiftungen und Spendern. Darüber hinaus gibt es Kontakte zu Politik, besonders intensiv zum Sozialreferenten der Stadt Augsburg, zum Freiwilligen Zentrum, zu den Sozialpaten der Stadt Augsburg. Intensive Vernetzung gibt es auch mit der Sozialstation, die meistens durch eine Person beim Essen anwesend ist und bei den Gästen den Blutdruck oder den Blutzuckerwert misst und Gespräche zur Betreuung oder Pflege bietet. Dazu gibt es einen intensiven Kontakt zu Schulen und Ausbildungsstätten.

Folgende Preise hat das Projekt erhalten: Den Innovationspreis der Evangelisch-Lutherischen Kirche in Bayern, Erster Augsburger Seniorenpreis als Anerkennung für ehrenamtliche Tätigkeit von jungen und älteren Menschen sowie für das Miteinander von Bürgern verschiedener Kulturen und Generationen. Die Silberdistel der Augsburger Allgemeinen Zeitung für besonderes Engagement im öffentlichen Leben und den Preis des Diakonischen Werks Bayern für Projekte zur Armutsbekämpfung – „In uns allen ist Hoffnung".

Zum 15-jährigen Jubiläum stellte der Pfarrer der Christusgemeinde fest, es sei „eines der schönsten diakonischen Projekte, die ich kennenlernen durfte. Dieser Mittagstisch ist das Gesicht der Gemeinde".[276]

---

[276] https://www.sonntagsblatt.de/artikel/bayern/mittagstisch-nicht-nur-ein-mahl-augsburg-st-thomas-gibt-es-seit-15-jahren.

Beispiel 3 – Ein Ort für Migrant*innen – Russlands-Deutsche-Haus in Deggendorf

Das Projekt.[277] Die grundlegende Entscheidung für dieses Projekt fiel 2010. Nach vorlaufenden Aktionen wurde ein eigener interkultureller russlanddeutscher Verein „Mostik" gegründet. Er dient der Selbstorganisation und sucht zugleich, per Satzung festgelegt, die Zusammenarbeit mit der Evangelisch-Lutherischen Gemeinde. Der Hintergrund für diese Lösung ist, dass sich Migrant*innen in Kirchengemeinden oft etwas von oben herab behandelt fühlen, teils auch Objekt der Fürsorge sind, und sie selten repräsentativ in Entscheidungsgremien des Kirchenvorstands vertreten sind. Dank des eigenen Vereins wird mehr Augenhöhe erlebt. Die Gebäude, die vielfältige Vernetzung der Kirchengemeinde, Beratung und Förderung der Kompetenzen, die Begleitung vor allem durch einen Pfarrer, stehen dem Verein unkompliziert zur Verfügung.

Entwicklung des Projekts. Einer der Pfarrer ist von den Mitgliedern in den erweiterten Vorstand gewählt worden. Die Sekretärin des Pfarramts und einige (Nicht-Russlanddeutsche) aus dem Kirchenvorstand sind engagierte Vereinsmitglieder.[278]

Mitarbeitende. Der Kirchenvorstand hat einen Beirat für russlanddeutsche Arbeit eingesetzt. Mitglied sind drei Pfarrer der Gemeinde und drei Kirchenvorsteherinnen, darunter auch die eine russlanddeutsche Kirchenvorsteherin. Die Pfarrer bemühen sich, bei Spannungen schnell erreichbar zu sein und sofort zu reagieren. Einige Vorfälle werden zuweilen gegenseitig als spezifisch „russisch" erlebt, und sind dann konstruktives Lernfeld für interkulturelles Miteinander. Klare Regeln z. B. in Bezug auf Nutzung des großen Gemeindehauses sind sehr hilfreich. Einige Blockaden werden ausgehalten. Ein monatlicher russlanddeutscher Stammtisch im Gemeindehaus ist eine regelmäßige und wichtige Möglichkeit, sich zweisprachig auszutauschen. Der Gemeindebrief berichtet oft über die Entwicklungen und Aktivitäten des Vereins. Die Balance zwischen eigenständigen russlanddeutschen Aktivitäten und gegenseitiger Verzahnung bleibt bewusst dauerhaft Aufgabe.

Kooperationen. Der eigenständige Verein lebt von der Vernetzung. Das Projekt, „Russlands-Deutsche-Haus" war Anlass für zahlreiche Veranstaltungen verschiedener Institutionen der Stadt Deggendorf. Mitarbeiter*innen betreuten das Haus auf den Kirchentagen mit. Der 2. Vorsitzende ist Mitglied in der Teilhandlungsfeldkonferenz Aussiedlerarbeit der Evangelisch-Lutherischen Kirche in Bayern. Dort wird erst seit Kurzem die Beteiligung Ehrenamtlicher und die Beteiligung Russland-deutscher gezielt gefördert. Jugendliche des Vereins besuchen Aktionen der Evangelischen Jugend. Weiterhin gibt es eine Zusammenarbeit mit dem städtischen Jugendzentrum, in dem einige Angebote stattfinden,

---

277 http://www.mostik-deggendorf.de/.

278 http://www.evangelisch-russisch-deutsch.de.

Beiträge zu Gemeindefesten, zu städtischen Veranstaltungen, zum internationalen Familienfest bei der Hochschule, das vom Türkisch-islamischen Kulturverein koordiniert wurde. Der Verein vernetzt sich zudem mit interkulturellen Vereinen in Straubing, Passau und Landshut. Er ist im Migrationsbeirat der Stadt vertreten. Auf Initiative des Vereins ist die Stadt jetzt beim Bundesprogramm „Toleranz fördern – Kompetenz stärken“ mit dabei, mit noch offenen Konsequenzen. „Welt verbinden“ und eine Deggendorfer Bürgerstiftung unterstützen bei konkreten Projekten finanziell. Eine Kooperation mit der Dekanatsdiakonie wird angestrebt.

(Aus)Wirkungen. Das Russlands-Deutsche-Haus (RDH) war ein zunächst mehrwöchiges Projekt der Kirchengemeinde, das in Deggendorf für die Kirchengemeinde und für die Stadt im Jahr 2010 viel angestoßen hat. Daraus entstand der „Interkulturelle Russlanddeutsche Verein“, der sich später in „Interkultureller Verein Mostik“ umbenannt hat. Seitdem hat sich die Demografie der Zuwanderung verändert: An einer der großen Grundschulen in Deggendorf haben ein Drittel der Kinder Russisch als Familiensprache, und der Anteil der Evangelischen in der traditionell katholischen Stadt wächst bei den jungen Generationen kontinuierlich weiter. Der Verein Mostik macht für sehr viele Familien konsequente und individualisierte interkulturelle Bildungsarbeit. Mittlerweile sind viele der Eltern bereits hier aufgewachsen, sprechen Bayerisch, hatten Religionsunterricht und Konfirmationszeit. Die Kinder sprechen oft nur noch schlechtes Russisch. Während der Anteil der Evangelischen in der Stadt 10% beträgt, lagen im Jahr 2017 die Neuanmeldungen an einem der beiden Gymnasium bei 20% evangelischer Kinder.

Der Verein versucht auch eine Brücke im gegenseitigen historischen Verständnis zu bilden. Die Familiengeschichte der Russlanddeutschen wird geprägt von Erfahrungen der Überlebenden von Deportation und fünfzehn Jahren Arbeitslager oder Kommandantur in den 40er und 50er Jahren, und die Umstände des Verlustes der Heimat um 1990. Diese Erfahrungen sind vielen Deutschen völlig fremd. Andererseits sind die Wohlstandsjahre der Bundesrepublik den Zugewanderten fremd. Es macht sich oft auch fest am Umgang mit dem Gedenken an nationalsozialistische Verstrickungen in der BRD und an den komplizierten Geschichten zum 2. Weltkrieg und den Verwüstungen in Mittel- und Osteuropa beziehungsweise eben zum großen vaterländischen Krieg und dem Sieg über den Faschismus.

Die Kirchengemeinde und Mostik werden in der russlanddeutschen und der allgemeinen Öffentlichkeit oft als zusammengehörig wahrgenommen. Die kirchengemeindlichen Reisen zu den Begegnungstagen für Aussiedler der Sächsischen Kirche und der Mitteldeutschen Kirche sind sehr bewegende, auch geistliche Erlebnisse. Die Jugendarbeit des Mostikvereins hat ein Theaterstück „Vielfalt der Religionen“ entwickelt, das auch beim Reformationsfest der Kirchengemeinde eingebracht wurde. Viele der hier betroffenen Menschen sind gerne russlanddeutsch und evangelisch (einige Engagierte auch katholisch), aber sie sind nicht konfessionell oder institutionell religiös festgelegt, sondern spirituell sehr offen. Es gibt bei Mostik auch einen guten russlanddeutschen Chor, der in der Region für seine Qualität bekannt ist. Der Mostik-Chor probt einmal die Woche im Gemeindehaus und einmal die Woche in einem Gemeinschaftsraum in einem Seniorenheim der Diakonie. Wie der Name[279] schon sagt, will der Verein eine Brücke bilden: „Seit fünf Jahren gibt es dieses ‚Brückchen' jetzt, und längst ist es zu einer tragfähigen Brücke geworden, die unzählige Male überschritten worden ist und die Distanz zwischen den Menschen schwinden lassen hat."[280]

Beispiel 4 – Begegnung und Versorgungschance – „Der Kleine Laden"/Nürnberg

Das Projekt.[281] „Der Kleine Laden" in Nürnberg-Wolkersdorf ist eine ökumenische Begegnungsstätte und Informationsquelle für jedermann, insbesondere für die Stadtteilbewohner. Es finden eine Reihe von Veranstaltungen und Treffs statt, z. B. Treff Alleinlebender Frauen, Computertreff, Sprachtreffs, offener Männertreff, Spieletreff für Ältere. Außerdem findet im Kleinen Laden regelmäßig eine ökumenische Gesprächsrunde statt. Für Details zu den Angeboten siehe auch Infos auf der Homepage. Die Treffs werden gut angenommen. Die Teilnehmerzahl ist unterschiedlich, je nach Angebot ca. 5 bis 15 Personen. Zugleich werden Eine-Welt-Waren angeboten. Der Laden hat täglich von 10.00 bis 18.00 Uhr und am 1. Samstag im Monat von 10.00 bis 12.00 Uhr geöffnet.

Entwicklung des Projekts. „Der Kleine Laden" wurde am 27. 10. 2007 eröffnet. Pfarrerin Voigt-Grabenstein entwickelte Anfang 2006 angesichts der großen Neubaugebiete in Wolkersdorf die Idee eines Ortes, an dem die Vielfalt und Buntheit der Kirchengemeinden sichtbar wird und an dem sich Menschen ohne Scheu treffen und informieren können. Das ökumenische Projekt hat sich in all den Jahren weiterentwickelt. Es versucht auf die Wünsche und Bedürfnisse der Gäste einzugehen. „Der Kleine Laden" bietet insbesondere den Menschen, die sich der Kirche etwas entfernt haben, die Möglichkeit sich auf „neutralem Boden" zu begegnen (niederschwelliges Angebot).

Mitarbeitende. Im Kleinen Laden arbeiten ca. 20 (ehrenamtliche) Mitarbeiter*innen. Die Mitarbeiter*innen haben unterschiedliche Aufgaben und bringen oft Fähigkeiten mit ein, die sie teilweise auch in ihrem Berufsleben ausgeübt haben. Auch Mitarbeiter*innen, bei denen der Glaube nicht im Mittelpunkt steht, engagieren sich im Kleinen Laden.

---

279 Most ist das russische Wort für Brücke – und das -ik ist die Verkleinerungsform, Mostik bedeutet also Brückchen.

280 https://mostik-deggendorf.de/russlanddeutsch-und-typisch-deggendorf/ (abgerufen Oktober 2020).

281 http://www.kleiner-laden-nbg.de/index.html.

Kooperationen. Die evangelische und katholische Kirche sowie die örtliche Diakonie arbeiten gemeinsam an dem Projekt. Die Religion steht nicht im Vordergrund, sondern die Menschen. Der Kleine Laden vertieft die ökumenische Arbeit. Durch den Kleinen Laden ist ein neues enges ökumenisches Miteinander, bei den am Projekt beteiligten Gemeindemitgliedern, entstanden. Der Kleine Laden wird finanziell unterstützt durch die beiden Kirchengemeinden Osterkirche und Corpus Christi, Diakonie, Gemeinnützige Gesellschaft für evangelische Kindergärten Nürnberg Süd (Übernahme der Miete und der 400-Euro-Kraft) sowie durch regelmäßige und unregelmäßige Spenden.

(Aus)Wirkungen. Durch diese vereinte Arbeit im Kleinen Laden sind die evangelische und katholische Kirchengemeinde näher zusammengewachsen. Es haben sich unter den Mitarbeiter*innen Freundschaften gebildet. Durch Begegnungen bei den Treffs und bei den regelmäßigen Veranstaltungen haben Menschen neue Kontakte geschlossen. Im Kleinen Laden ist ein ökumenisches Miteinander und Denken entstanden. Inzwischen ist der Kleine Laden als Keimzelle für die ökumenische Arbeit hier vor Ort geworden. Dadurch, dass im Laden alle Informationen über evangelische und katholische Veranstaltungen gesammelt werden, entsteht eine große Transparenz.

„Der Kleine Laden" fungiert für die Menschen vor Ort als wichtige Informationsstelle und Begegnungsstätte und ersetzt damit den eigentlich notwendigen Stadtteiltreff. Dies zeigt sich insbesondere daran, dass der dortige Bürgerverein inzwischen regelmäßige Sprechstunden im Kleinen Laden anbietet. Aber auch die vielfältigen und unterschiedlichen Treff-Angebote werden gerne angenommen. Es gibt im Kleinen Laden verschiedene Treffs: „Computer- und Internetstunde", „Gesprächsrunden", „Kuchen Café", „Spielenachmittag für Erwachsene", „Erzählstunde für Erwachsene", „Alleinlebende Frauen", „Strickrunde und Bastelstunde", „Montags-Männerrunde", „englische Konversation – It`s teatime" und „Französische Konversation für Anfänger und für Fortgeschrittene". Dazu kommt die monatliche Sprechstunde vom Bürgerverein Worzeldorf. Jeder ist im Kleinen Laden willkommen. Zu den Treffs kommen Menschen mit unterschiedlichsten Voraussetzungen, Meinungen und Traditionen. Durch ein freundliches Wort oder ein „Herzliches Willkommen", können „distanzierte" Menschen erfahren, dass sie angenommen werden, egal ob sie als Gast kommen oder ob sie sich mit ihren Fähigkeiten einbringen möchten.

Ganz unterschiedlich engagieren sich die Mitarbeiterinnen und Mitarbeiter im Kleinen Laden. Einige organisieren Treffs, andere sind Gesprächspartner oder Zuhörer und geben Auskunft, wenn Informationen gewünscht werden. Andere wiederum helfen beim Eine-Welt-Verkauf oder engagieren sich als Kuchenbäcker*in. Jeder kann sich mit seinen Talenten und Ideen einbringen. Jeder ist auf seine Art und Weise unverzichtbar. Durch diese Vielfalt an Einsatzmöglichkeiten, ist es dem Kleinen Laden stets gelungen, genügend engagierte und interessierte Menschen zu finden. Da das Mitarbeiterteam gut harmoniert, konnten nach Ausfällen oder „Durststrecken" immer wieder neue Menschen gewonnen werden, die sich im Kleinen Laden engagieren und wohlfühlen.

6.2 *Angebote mit dem Fokus Engagement*

Beispiel 5 – Mehr Engagement – „Zeitgeister"-Unterschleißheim

Projekt.[282] Die „Zeitgeister" ist ein Projekt von Menschen aus Unterschleißheim für Menschen in Unterschleißheim unter dem Dach der Evangelisch-Lutherischen Kirchengemeinde Unterschleißheim.

Das Projekt hat seit 2010 das ehrenamtliche Engagement in Unterschleißheim gesteigert. Die „Zeitgeister" ist eine Freiwilligenbörse, eine Art Marktplatz, wo Menschen zusammengeführt werden, solche, die ein wenig Zeit übrig haben, mit anderen, die gerade mal einen guten Geist brauchen.

Geld fließt nicht, Gegenleistungen, wie bei Tauschbörsen, werden nicht erwartet. Mitmachen kann jeder, ganz unabhängig von Alter, Geschlecht, Religionszugehörigkeit. Die „Zeitgeister" wollen alle Menschen in Unterschleißheim erreichen, die erreicht werden wollen. Ziele des Angebots sind:

- Der großen Hilfsbereitschaft vieler Menschen ein befriedigendes Betätigungsfeld schaffen.
- Kleine Hindernisse im Alltag ausräumen, die für manche Menschen große Hürden sind.
- Die Anonymität in der modernen Gesellschaft auf das tatsächlich gewünschte Maß reduzieren.
- Heimatgefühl, Zusammengehörigkeitsgefühl stärken gegenüber der modernen Einsamkeit.
- Einen zeitgemäßen, angenehmen Ersatz schaffen für den Verlust der Großfamilie.
- Die Erfahrung erleichtern, dass gelebte Nächstenliebe glücklich macht.
- Eine Kultur der Achtsamkeit in Bezug auf Mitmenschen entwickeln und nebenbei das Bedürfnis wecken, selbst erfahrene Nächstenliebe (bei passender Gelegenheit) großzügig weiterzugeben.

Entwicklung des Projektes. Anfang 2010 startete das Projekt probeweise mit einer Handvoll Ehrenamtlichen aus der evangelischen Kirchengemeinde Unterschleißheim. Da es sehr gut angenommen wurde, erfolgte am 6. Februar 2011 der offizielle Projektstart. Das Projekt entwickelt sich stetig weiter und beschränkt

282 http://www.zeitgeister-ush.de/.

sich überhaupt nicht mehr (wie ursprünglich angedacht) auf ältere Menschen mit ihren Nöten.

Zurzeit werden rund 90 Menschen durch das Angebot erreicht. Dabei sind freilich die vielen nicht gezählt, die einmal vermittelt, ihre durch die „Zeitgeister" gewonnenen Kontakte weiterhin nützen, ohne den Weg über das „Zeitgeister" Büro. Sie fahren Senioren zum Arzt, helfen bei Computer-problemen, erledigen Einkäufe, leisten Begleitung bei Spaziergängen oder wechseln Glühbirnen aus. Mittlerweile ist das Projekt ein Selbstläufer, Freund- und Bekanntschaften sind entstanden und neue Aufgaben hinzugekommen. So werden Infostände und Vorträge etwa zum Erbrecht organisiert und Konzerte veranstaltet.

Mitarbeitende. Es gibt ein „Steuerungsteam", das derzeit aus sieben Personen und einer 400-Euro-Kraft (bezahlt durch die Stadt Unterschleißheim) besteht. Diese kontrolliert Mails, hört den Anrufbeantworter ab, schaut im Computer nach, welches Angebot mit welcher Nachfrage am besten zusammenpasst und stellt den ersten telefonischen Kontakt her. Die Aufgaben des Steuerungsteams sind organisatorischer Art, z. B. Besprechung und Entscheidung schwieriger Fälle sowie die Fortbildung der Mitarbeiter*innen.

> „Der Aufbau von Integrität und gegenseitigem Vertrauen sind die wichtigsten Säulen des Projektes. Deshalb werden mit allen an der Mitarbeit beteiligten Menschen Gespräche zum Zwecke des gegenseitigen Kennenlernens geführt, auch um die passenden Verbindungen zu den Unterstützung Suchenden zu schaffen. Verbindliche Ansprechbarkeit werden zugesichert und diese wird auch von den Mitarbeitenden erwartet. Mit einem Vertrauensvertrag wird, der u. a. auch die Verschwiegenheit über die ‚Fälle' und die dahinter stehenden Menschen einschließt, untermauert."[283]

Kooperationen. Heute sind die „Zeitgeister" mit ihren Angeboten ein fester Bestandteil in der sozialen Landschaft in Unterschleißheim. Sie sind zusammen mit der Agenda 21 der Stadt Unterschleißheim und der Pfennigparade Träger des „Repair Café".

(Aus)Wirkungen. Ein kleines Team hat mit den „Zeitgeistern" Ehrenamtliche aus der Gemeinde gewonnen, die sich bei den Vermittlungen mitbeteiligen. Es sind auch neue Menschen dazu gekommen, die der Kirchengemeinde nicht so nahe stehen. Das ehrenamtliche Engagement konnte so gesteigert werden, und die Menschen sind stolz auf die Kirchengemeinde, weil sie diese Arbeit unterstützt. Im Jahr wurden die Zeitgeister mit dem Ehrenamtspreis der ELKB ausgezeichnet.

Von den „Zeitgeistern" hat auch die evangelische Kirchengemeinde profitiert. Beide sind für ihr soziales Engagement in der Stadt bekannt. Beide haben sowohl bei der Stadt, bei den örtlichen sozialen Einrichtungen, den Ärzten und Apotheken, als auch bei den Einwohner*innen einen guten Namen, der mit der evangelischen Kirchengemeinde in Verbindung gebracht wird. Somit gibt es

---

283 Siehe https://www.zeitgeister-ush.de/unser-leitfaden/

eine gute Außenwirkung. Das Projekt ist auch im kommunalen Bereich gut verankert.

Beispiel 6 – „Ehrenamt evangelisch" Erlangen

Das Projekt.[284] „Ehrenamt Evangelisch" ist eine kostenlose Dienstleistung für Kirchengemeinden, Dienste und Werke im Dekanat Erlangen. Einzige Voraussetzung ist die Zugehörigkeit zum Evangelisch-Lutherischen Dekanat Erlangen.

Die Entwicklung. Ehrenamtliche werden gebraucht,[285] aber: Wo finden? Wie gewinnen? Wie motivieren? Wie begleiten? Wie stärken? Und wie pflegen? „Ehrenamt Evangelisch" hat sich zur Aufgabe gemacht, das Engagement auf allen Ebenen zu unterstützen. „Ehrenamt Evangelisch" bietet dazu inzwischen sowohl eine Freiwilligenbörse an, wie auch Beratung, Begleitung, Supervision und Fortbildung für Ehrenamtliche. Zudem versteht es sich als eine Einrichtung, die das freiwillige Engagement auch in seinem Stellenwert für die Öffentlichkeit promotet bzw. als wichtiger lokaler Akteur für alle Fragen des Engagements zur Verfügung steht.

Mitarbeitende. Diese Stelle ist sowohl ehrenamtlich, wie hauptamtlich besetzt. Dies unterstreicht den evangelischen Anspruch an einem guten, gewinnbringenden Miteinander von Ehren- und Hauptamtlichen und nimmt das Ehrenamt – auch inhaltlich – ernst.

Kooperationspartner. Kooperationspartner*innen sind alle Kirchengemeinden im Dekanat Erlangen, Betreuungsdienst Psychiatrie Erlangen e.V., Bildung Evangelisch, CVJM Erlangen, Dekanat Erlangen, Dekanatsbeauftragte fürs Ehrenamt, Diakonie Erlangen, Evang. Bildungswerk Erlangen, Evangelische Jugend Erlangen, Evangelische Klinikseelsorge, Evangelische Studierendengemeinde Erlangen, Flüchtlingsarbeit und Asylfragen, Kirchliche Allgemeine Sozialarbeit. Als Kooperationsgrundlage dient auch die Mitgliedschaft in der Landesarbeitsgemeinschaft der Freiwilligenagenturen (lagfa).

(Aus)Wirkungen. Durch die Fortbildungen und die Öffentlichkeitsarbeit ist das Ehrenamt verstärkt Thema im Dekanat. „Bildung Evangelisch"/das Evangelische Bildungswerk sieht sich an diesem Punkt als Dienstleister. Die Rolle verändert sich hin zum Servicepartner und Koordinator. Die Öffentlichkeitsarbeit und die flankierenden Aktionen z. B. Ehrenamtsfachtag oder „dem Ehrenamt ein

---

284 https://ehrenamt.erlangen-evangelisch.de/.

285 Ein wesentlicher Grund ist der besondere Stellenwert des Ehrenamts in der evangelischen Kirche selbst: „Denn das ‚Ehrenamt' ist in der evangelischen Kirche das leitende Gemeindeprinzip. Wichtige Leitungsgremien wie der Kirchenvorstand, der Dekanatsausschuss, die Dekanats- und Landessynode sind mehrheitlich mit nicht-ordinierten, freiwillig Mitarbeitenden besetzt. Diese ‚Demokratie von unten' ist so gewollt, weil Gemeinde nach protestantischem Glauben eine Gemeinschaft gleichwertiger Menschen ist, die gemeinsam die Entscheidungen in wichtigen Fragen zu fällen haben. Kein Berufsstand soll dabei Vorrang haben." https://www.erlangen-evangelisch.de/ehrenamt.

Gesicht geben" richten sich auch gezielt an Einzelpersonen. Die Wahrnehmung ihres Engagements ist eine zusätzliche Form der Anerkennung ihres ehrenamtlichen Einsatzes. Das Dekanat betont zusätzlich die Wichtigkeit des Ehrenamts (sowohl der Förderung, wie aber auch der Begleitung) durch eine eigens dafür eingerichtete Fachstelle.

Die Vernetzung ist im Dekanat Erlangen schon lange ein wichtiges Anliegen und funktioniert in diesem Projekt sehr gut. Auch die Kontakte von „Bildung Evangelisch" zu den Gemeinden sind z. B. durch langjähre Begleitung gut und stabil. Allerdings steht das Projekt noch am Anfang und die Zukunft wird zeigen, wie sich die Netzwerke entwickeln. Die Teilnahme an dem Ehrenamtsportal ist für die Kirchengemeinden, Dienste und Werke freiwillig. D. h. eine Vernetzung/ein Kontakt findet nur statt, wenn es einen definierten, klar erkennbaren Nutzen für die Kirchengemeinden, Dienste und Werke gibt. Zu einigen Kirchengemeinden, Diensten und Werken besteht sehr enger Kontakt und eine intensive Zusammenarbeit, andere halten sich zurück und warten ab.

Das ehrenamtliche Engagement hat sich gesteigert. Allerdings ist der genaue Erfolg noch nicht einfach messbar. Die Engagementsuchenden wenden sich nicht unbedingt an die Vermittlungsstelle, sondern suchen sich die notwendigen Informationen in unserem Portal und knüpfen den Kontakt selbstständig. Bisher gab es viele positive Rückmeldungen hinsichtlich Vermittlungen von Ehrenamtlichen von Kirchengemeinden, vom CVJM, von der Klinikseelsorge, aus der Flüchtlingshilfe, von der Diakonie und von der Familienarbeit. Feste Ansprechpartner für das Thema haben sich als sinnvoll erwiesen. Die Engagement-Beratung wird genutzt und die Fortbildung wird angefragt. Sicher ist: Das Ehrenamtsportal befördert das Thema „ehrenamtliches Engagement" auf zeitgemäße Art zu den jungen und kirchenfernen Menschen (Stichwort: Internet und Smartphone). Das Thema Ehrenamt und das Ehrenamtsportal sind fest im Dekanat verwurzelt und verankert. Es ist der Wunsch aller Beteiligten, das Ehrenamt zu fördern und das Engagement angemessen zu würdigen.

6.3 *Angebote mit einem thematischen Fokus*

Beispiel 7 – Kulturelle Teilhabe ermöglichen – „KulturTafel Bamberg"

Das Projekt.[286] „Der Mensch lebt nicht vom Brot allein" – nach diesem Motto wird Menschen mit niedrigen Einkünften ermöglicht am kulturellen und gesellschaftlichen Leben der Stadt Bamberg teilzunehmen. Die „KulturTafel Bamberg" arbeitet in Kooperation mit dem Evangelischen Dekanat Bamberg.

---

286 http://www.kulturtafel-bamberg.de/.

Bamberg hat als Weltkulturerbe einen Ruf, der die meisten Bewohner stolz macht, den es aber auch zu pflegen gilt. Kultur verbindet Jung und Alt, Arm und Reich. Es gibt Menschen, die sich keine Besuche von Theater, Konzerten oder Kinos leisten können – teilweise noch nie – oder seit vielen Jahren nicht mehr. Das sollte geändert werden. Kulturveranstalter und Privatpersonen stellen hier ihre nicht verkauften Tickets zur Verfügung. Gelebte Solidarität steht im Vordergrund. Es geht nicht um Almosen, sondern um die Nutzung vorhandener Potentiale auf gleicher Augenhöhe, die Bildung von Patenschaften und das zur Verfügungstellen von Sach- und Kulturwerten. Ziel ist es, die Situation bedürftiger Menschen (Empfänger von Sozialleistungen, ausländische Mitbürger, Alleinerziehende, ...) erlebbar und konkret zu verbessern, die Solidarität innerhalb Bambergs zu stärken und Menschen und Dienste zusammenzubringen.

Der Weg ist einfach: Auf der einen Seite suchen alle Beteiligten nach freien Karten in Stadt und Landkreis und auf der anderen Seite laden sie Menschen mit geringem Einkommen ein, kostenfrei die Veranstaltungen zu besuchen. Die Einladung wird für jeden Gast persönlich telefonisch ausgesprochen. Die Ehrenamtlichen werden je nach Erfahrungen und Vorlieben für unterschiedliche Aufgaben eingeteilt: Die Kontaktpflege zu den Veranstaltern, die Vermittlung der Karten an die Gäste, die Pflege und Aktualisierung der Datenbanken und Internetseite, etc. Durch die Koordinationsstelle Ehrenamt im Diakonischen Werk werden sie entsprechend geschult und fortgebildet. Im Rahmen von monatlichen Meetings, die von hauptamtlicher Seite organisiert werden, werden Infos ausgetauscht, Aufgaben verteilt und neue Ideen und Vorhaben besprochen. Die enge Zusammenarbeit und die besondere Anerkennung trägt zum Erfolg des Projektes bei.

Entwicklung des Projektes. Im Jahr 2011 startete das Projekt mit einer Hauptamtlichen und acht Gästen. Inzwischen melden sich jedes Jahr eine hohe dreistellige Zahl an Gästen an. Im Jahr 2019 waren es im Juni bereits 785 Gäste, 97 Veranstalter, die ihre Karten zur Verfügung stellten und 450 Einzelspender.[287] Hinzu kommen die guten und zahlreichen Presseberichte und die positive Resonanz bei den Bürgerinnen und Bürger der Stadt Bamberg. Als Schirmherren konnten der Oberbürgermeister und der Landrat gewonnen werden.

Die Mitarbeitenden. Eine Gruppe von ca. 20 Ehrenamtlichen unterstützen tatkräftig die Arbeit der „KulturTafel“. Die Ehrenamtlichen pflegen die Kontakte und organisieren anfallende Vermittlungsarbeiten. Auch Gäste werden aktiv: Manche werden zu Ehrenamtlichen, weil sie die wohltuende Wirkung des Projektes selbst erfahren haben und weitergeben möchten. Den Aufbau und die Koordination mit den beteiligten Akteuren übernimmt die hauptamtliche Mitarbeiterin, welche über hohe organisatorische und kommunikative Fähigkeiten

---

287 Siehe https://www.wiesentbote.de/2019/06/01/kulturtafel-bamberg-vermittelte-bereits-25-000-karten-an-beduerftige/ (abgerufen September 2020).

verfügt und gewohnt ist, projektiert zu arbeiten sowie eine hohe Affinität zu Kirche und Diakonie aufweist. Diese wird inzwischen in fast allen Bereichen von Ehrenamtlichen unterstützt, die kulturbegeistert sind, die die Bedeutung von Kultur in der Gesellschaft für sich erkannt haben und sich dafür engagieren möchten. Ohne ihre Hilfe ist die Arbeit in der „KulturTafel" nicht durchführbar.

Kooperationspartner. Die „KulturTafel Bamberg" ist aus einer Idee des Dekanats entstanden. Durch die Angliederung des Projektes an das Diakonische Werk Bamberg-Forchheim sollen die Erfahrung aus den sozialen Projekten hier mit einfließen: Sei es im Umgang mit den sozial Benachteiligten, mit Menschen unterschiedlicher Altersklassen, aber auch die Öffentlichkeitsarbeit, Kontaktpflege zu den Ämtern und Organisation in Stadt und Landkreis. Der Träger ist selbst Betreiber von Einrichtungen und Projekten mit sozial benachteiligten Menschen und es werden hier die direkten Wege zur Ansprache und Information genutzt. Das Dekanat Bamberg ist hauptsächlich Bindeglied zu den Gemeinden und Multiplikator, wirkt aber auch in der sich regelmäßig treffenden Projektgruppe aktiv mit. Die Kooperation mit den Kirchengemeinden in Stadt und Landkreis Bamberg ist unerlässlich: Ehrenamtliche, Gäste und Unterstützer kommen direkt aus den Kirchengemeinden.

Kooperationspartner sind auch die fast 100 Veranstalter von den Bamberger Symphonikern über den Musikverein Bamberg bis hin zum Fränkischen Theatersommer, die bis jetzt Karten gespendet haben. Dazu gehören auch die Firmen und über 200 Privatpersonen, die der „KulturTafel" Tickets geschenkt haben. Stadt und Landratsamt verbreiten die Idee und unterstützen das Vorhaben, die zahlreichen Veranstalter und Privatpersonen spenden Karten, Spender und Stiftungen unterstützen finanziell das Projekt. Die Bereitstellung der Räumlichkeiten in Bamberg, die Büroeinrichtung und -materialien und der Verwaltungsaufwand sowie die Fortbildung des Personals werden in Form von Eigenmitteln eingebracht. Zudem unterstützt die Bamberger Tafel die „KulturTafel" als Partner bei der Ansprache der Gäste.

(Aus)Wirkungen. Der Einsatz von neuen Informationstechnologien und die Entwicklung einer auf die Bedürfnisse der „KulturTafel Bamberg" zugeschnittene Vermittlungssoftware hat es schon vor Corona möglich gemacht: Die Vermittlungsarbeit für die Ehrenamtlichen ist unkompliziert von zu Hause aus möglich! Das wissen die Ehrenamtlichen sehr zu schätzen. Das Solidarprinzip und die gegenseitige Hilfe werden ohne großen Aufwand gelebt. Im besonderen Maße finden es die Unterstützer der „KulturTafel Bamberg" bemerkenswert, dass Dauerkartenbesitzer und Abonnenten ihre Karten völlig problemlos zur Verfügung stellen können. Dadurch entsteht ein Netz des bürgerschaftlichen Miteinanders in der Region, so dass die bedürftigen Menschen von denjenigen profitieren können, die reichhaltig die Kulturangebote der Kulturstadt genießen können. Dabei werden zwei Effekte erzielt: Zum einen die Ermöglichung von Teilhabe in Verbindung mit dem Erhalt der Menschenwürde von bedürftigen Personen, zum anderen die konkrete Hilfe und Unterstützung ohne die Alimentierung über bürokratische Ermessensprüfungen oder die Weitergabe von Geld.

Den Erfolg kann man auch an den Zahlen ablesen. Seit seiner Gründung wurden weit über 25.000 Karten verschenkt und über 1.500 Gäste haben davon profitiert. Der Erfolg zeigt sich auch in der erfahrenen Anerkennung. Ausgezeichnet wurde die „KulturTafel Bamberg" mit dem Consozial Management-Preis 2013, dem Deutschen Bürgerpreis, dem Ehrenamtspreis der Evang.-Luth. Landeskirche Bayern 2013 und dem Sozialpreis der Bayerischen Landesstiftung 2014.

Beispiel 8 „Die-Welt-in-unserer-Gemeinde" – Arbeit unter Geflüchteten in Kaufering

Projekt.[288] In der Marktgemeinde Kaufering sind in den 2010er Jahren viele Migranten und Geflüchtete zugezogen. Und aus diesem Grund engagieren sich Menschen aller Generationen in der evangelischen Pauluskirche, um den Fremden und Neuankömmlingen in Freundschaft, Offenheit und Hilfsbereitschaft zu begegnen. Sie sollen sich willkommen fühlen und ihren Platz, ein offenes Ohr und offene Herzen in der Gemeinde finden. Gleichzeitig soll mit diesem Projekt auch der Angst und der Vorurteile der Bürger, besonders derjenigen, die in unmittelbarer Nachbarschaft der Unterkünfte für Geflüchtete leben, begegnet werden. Ein wichtiges Ziel ist die Integration und Eingewöhnung an die neue Lebenssituation von zunächst 20, inzwischen über 150 Menschen mit Migrationshintergrund. Ihre soziale Kompetenz in dem neuen Lebensumfeld soll gefördert und auf ihre zum Teil traumatischen Erlebnisse eingegangen werden.

Entwicklung des Projektes. In dem Projekt wird schon seit sehr vielen Jahren mit Geflüchteten und Migranten gearbeitet. Das Projekt in Zusammenarbeit mit der Kirchengemeinde existiert seit 2011. Es begann mit einigen Aktionen, um die Gemeinde für die Menschen mit Migrationshintergrund, die sozusagen „vor der Haustür" leben, zu sensibilisieren. Dies geschah durch Gespräche und Berichte in den Hauskreisen, Vorträge, deutsch-chinesische Frühlingsfeste, Gottesdienste mit dem Thema „Wir sind alle Kinder dieser Welt", ein internationales Fest, Ausstellungen zum Thema „Entwurzelt sein" und „Perspektivenwechsel". Das Projekt entwickelte sich rasant mit dem Aufruf des Bürgermeisters des Marktes Kaufering, sich ehrenamtlich zu engagieren bei den erwarteten und für die Marktgemeinde zugewiesenen Asylbewerbern. So waren Mitglieder der Kirchengemeinde von Anfang an im Kauferinger Asylkreis aktiv involviert.

Migrationsberatung/Flüchtlings- und Integrationsberatung. Sie unterstützen seit 2011 Geflüchtete, Menschen mit Migrationshintergrund und EU-Bürger bei deren Integration mit Beratungsangeboten. Die Mitarbeitenden beraten und informieren über allgemeine Fragen zum Leben in Deutschland, über Asyl- und

288 https://gemeindeverein-kaufering.de.

Aufenthaltsrecht, Existenzsicherung, sowie über schulische und berufliche Bildungsmöglichkeiten. Sie betreiben im evangelischen Gemeindehaus in Kaufering eine Beratungsstelle und betreuen im Rahmen der Flüchtlings- und Integrationsberatung Geflüchtete in Unterkünften im Landkreis Landsberg am Lech. Im Moment werden ca. 150 Personen in der Marktgemeinde Kaufering mit dem Angebot erreicht.

Mitarbeitende. Es engagieren sich ehrenamtlich ungefähr 30 Personen in den verschiedensten Bereichen: Deutschunterricht, Begleiter*innen für Geflüchtete in Ausbildung, Gespräche über biblische Fragen, Gestaltung von Gottesdiensten, Festen und Events, Alphakurs, Grillabende und Picknicks, Gitarren- und Schwimmunterricht, Hausaufgabenbetreuung bis hin zur praktischen Hilfe bei Behördengängen und Wohnungssuche, Organisation von Mobiliar und Hilfe bei Umzügen, Fahrrädern, Wanderungen und Ausflüge, gemeinsames Kochen, Gespräche über Sitten und Gebräuche in Deutschland und den Herkunftsländern der Menschen, Stadtführungen und Museumsbesuche.

Hauptberufliche spielen eine Rolle in den Veranstaltungen wie Konfirmandenunterricht, Taufen und Taufvorbereitung, Alphakurs und Organisation von größeren Events. Für Ehrenamtliche werden Vorträge über Themen wie interkulturelle Kommunikation, Islam, Christen und Moslems, mit der Möglichkeit Fragen zu stellen und Probleme zu besprechen, angeboten. Wenn es gewünscht wird, gibt es auch „Mentoring“ und Feedback-Zeiten für Mitarbeitende in der Hausaufgabenbetreuung. Hinzu kommen Deutsch-Intensivierungskurse für Kinder und das Angebot eines Gewaltpräventionsprogramms. Die Mitarbeit ist bezüglich der Intensität und Dauer unterschiedlich. Einige Ehrenamtliche haben ihr Engagement auch bereits beendet, zum Teil, weil sie schon lange mitarbeiten und sich jetzt eine Pause gönnen. Andere konzentrieren sich in ihrem Engagement auf eine Person oder eine Familie und begleiten diese bei ihren Alltagsfragen und Herausforderungen. Oder sie unterstützen die Asylarbeit in der Region.

Kooperationen. Die Migrationsberatung/Flüchtlings- und Integrationsberatung arbeitet mit dem Landratsamt, den Schulen, Bildungseinrichtungen wie der Volkshochschule, Kolping, dem Kauferinger Asylkreis, mit den Mitarbeiter*innen der Caritas, dem Bayerischen Roten Kreuz und der Diakonie zusammen. Außerdem beteiligt man sich an diversen Foren und Austauschplattformen im Landkreis.

(Aus)Wirkungen. Durch das Projekt hat sich einiges in der Gemeinde geändert. Der regelmäßige Gottesdienstbesuch ist durch die Integration der Geflüchteten gestiegen. Simultanübersetzungen wurden für farsi sprechende Gottesdienstbesucher angeboten. Die Übersetzer*innen sitzen im Gemeindesaal und können den Gottesdienst per Video mitverfolgen, bekommen den Predigttext und den Ablauf im Vorfeld und übersetzen während des Gottesdienstes. Die Technik, Auf- und Abbau werden von Gemeindemitgliedern ehrenamtlich organisiert. Regelmäßig trifft sich eine Gruppe farsi Sprechender zum Bibelstudium, das von den Iranern und Iranerinnen geleitet wird, die schon seit 2012 Gemeindemitglieder sind. Über mehrere Jahre unterstützte die Pauluskirche die Teilnahme iranischer Gemeindemitglieder an Sommerbibelfreizeiten, die von iranischen Christen für farsi Sprechende im deutschsprachigen Raum veranstaltet wird. Finanziell wird auch eine mehrmonatige theologische Ausbildung für farsi sprechende Christen in Nürnberg gesponsert, die von der evangelischen Landeskirche angeboten wird. Bei Großveranstaltungen, wie die „Nacht der Lichter", vertreten die Iraner jedes Jahr die Kirchengemeinde und lesen neben anderen einen Bibeltext in ihrer Muttersprache. Oder erzählen bei „The church rocks" vor mehreren hundert Jugendlichen, wie sie zum Glauben gefunden haben.

Unter dem Motto „Die Welt in unserer Gemeinde" gab es in der Vergangenheit mehrere Veranstaltungen, wie z. B. „Kochen über den Tellerrand" (Gemeindemitglieder kochen zusammen mit Geflüchteten aus Nigeria oder Jordanien Gerichte aus deren Heimat). Zudem werden Seminare im Gemeindehaus für geflüchtete Mütter mit Kindern angeboten. Themen sind hier gesunde Ernährung, erste Beikost, Familienplanung, Kinderkrankheiten und Impfen. Die Jugendgruppe veranstaltete ein Frühlingsfest, zu dem sie junge Geflüchtete einluden und gemeinsam feierten. Inzwischen werden die Gemeindefeste und das Kirchenkaffee auch tatkräftig von Geflüchteten besucht und unterstützt, und z. B. das Kirchen Café International, aktiv mitgestaltet.

Beispiel 9 – Asylarbeit – Asylgruppe der evangelischen. Gemeinde St. Rochus Zirndorf

Das Projekt.[289] Die ehrenamtlichen Mitarbeiterinnen und Mitarbeiter der Asylgruppe der Kirchengemeinde St. Rochus in Zirndorf bieten seit 1988 Flüchtlingen Begegnung, Hilfe und Unterstützung in ihren jeweiligen Lebenssituationen an.

Entwicklung des Projektes. Die Asylgruppe Zirndorf sowie einzelne Mitarbeiterinnen und Mitarbeiter haben im Laufe der mittlerweile über 30-jährigen Arbeit diese immer wieder an die aktuelle Situation angepasst. Beispiele für ihre Tätigkeiten sind Assistenz bei Arztbesuchen, Begegnungsabende für Flüchtlinge, Deutschkurse für Jugendliche und Erwachsene, eine Vorschule für 8- bis 14-Jährige, Lernen und Spielen mit Flüchtlingskindern, das Betreiben einer offenen Cafeteria für Flüchtlinge und vieles mehr. Damit wird die Stadt Zirndorf und der Landkreis Fürth bei der Bewältigung dieser großen Aufgabe unterstützt.

Die Mitarbeitenden. Die Mitarbeitenden treffen sich mehrmals im Jahr zu halbtägigen Erfahrungs- und lnformationstreffen. Hinzu kommen jeweilige Reflexions- und Auswertungsgespräche im Anschluss an die Veranstaltungen. Die persönliche und seelsorgerliche Begleitung geschieht durch den Hauptamtlichen und durch die Ehrenamtlichen oft auch über viele „private" Kontakte und

---

289 http://asylgruppe-zirndorf.de/

Begegnungen. Gemeinsame Freizeitaktivitäten wie Ausflugstage stärken zudem das Gruppenleben.

Kooperationen. Die Ehrenamtlichen engagieren sich in verschiedenen Arbeitsbereichen und Angeboten. Der Schwerpunkt liegt dabei auf der Erstaufnahmeeinrichtung für Asylbewerber (ZAE) und der Dependance PRAKTIKER (Villa Conti). Die Einrichtung einer kommunalen Freiwilligenagentur in Zirndorf vermittelt der Asylgruppe auch immer wieder neue Ehrenamtliche, die in der Regel nicht als erstes bei der Kirchengemeinde anfragen würden.

(Aus)Wirkungen. Durch die relativ kurze Aufenthaltsdauer und den ständigen Wechsel der Flüchtlinge in der Erstaufnahmeeinrichtung sind die Begegnung und das Einbeziehen der Flüchtlinge in die „normale" Kirchengemeinde nur sehr sporadisch möglich. Über Gottesdienstbesuche/Kirchkaffee und andere Angebote ergeben sich einige private Kontakte zu einzelnen Gemeindemitgliedern. Vor allem aber will die Gemeinde den Flüchtlingen so etwas wie „Heimat auf Zeit" anbieten. Auch bedingt durch die hohe mediale Aufmerksamkeit und politische Diskussion in den Jahren der Flüchtlingskrise nahm die Zahl der Ehrenamtlichen teilweise rapide zu. Selbst 2018 waren noch ca. 60 Ehrenamtliche aktiv. Die Asylgruppe als Ehrenamtsgruppe gehört als fester Bestandteile zur Kirchengemeinde, auch wenn ein Teil der Ehrenamtlichen nicht in Zirndorf wohnt bzw. evangelisch sind. Die Asylgruppe ist auch ein „Aushängeschild" für das besondere „soziale Engagement" der Kirchengemeinde, die mit ihren 10.000 Gemeindemitgliedern eine der größten in Bayern ist.

Diese langjährige Asylarbeit wurde vielfach ausgezeichnet: 2009: Ehren-Wert-Preis der Nürnberger Nachrichten, 2010: Ehrenamtspreis des Diakonischen Werkes Bayern, 2011: Ehrenzeichen des Bayerischen Ministerpräsidenten für Verdienste im Ehrenamt, 2011: Ehrenamtspreis der Evang.-Luth. Landeskirche in Bayern, 2012: Gemeinsinnpreis der Stadt Zirndorf, 2012:Auszeichnung „Aktiv für Demokratie und Toleranz", 2013: Ökumenepreis der ACK, 2013: Ehrennadel der Stadt Zirndorf, 2013: Ehrennadel des Landkreises Fürth, 2015: 2. Preis des Bürgerpreises des Bayerischen Landtages, 2015: Ehrenzeichen des Bayerischen Ministerpräsidenten für Verdienste im Ehrenamt, 2017: Ehrennadel des Landkreises Fürth, 2018: Mittelfränkischer Integrationspreis 2019: Ehrennadel des Landkreises Fürth.

7 Plädoyer für eine offene, lebendige Kirche der Begegnung

Was haben ein Generationentreff mit einem (Mahl)projekt, was eine Freiwilligenagentur mit einer Kulturtafel, einer Flüchtlingsbetreuung oder einem deutsch-russischen Begegnungsort zu tun? Wo liegt die Verbindung zwischen diesen so verschiedenen Angeboten und was haben sie mit der evangelischen Kirche zu tun?

Die erste Antwort ist einfach. Es sind Orte, die von evangelischen Gemeinden angeboten werden. Evangelische Christen haben diese Angebote initiiert, weil sie diese Aktivitäten für sinnvoll und oft auch für dringend notwendig halten und weil es Ihnen Freude bereitet, diese Angebote durchzuführen. Die zweite Antwort zielt bereits auf die Kernbotschaft dieses Buches: Es sind moderne Informations- und Begegnungsorte, an denen sich Menschen treffen. Diese Menschen fühlen sich mehr oder minder stark der evangelischen Kirche verbunden, d. h. Menschen mit aktiven evangelischem Glauben treffen auf andere, die „nur" getauft oder auch gar nicht evangelisch sind. Und damit, so lehrt es uns die Netzwerkforschung, bilden diese Begegnungsorte Brücken in den Alltag der Menschen. Diese Brücken sind, so zeigt auch die Netzwerkstudie im Rahmen der V. Mitgliedererhebung, wichtig, weil sie die evangelische Kirche in einer Gemeinde in besonderer Weise sichtbar und zugleich lebendig machen. Natürlich sind auch die klassischen Basisangebote wie Gottesdienste, Bibelkreise, Seniorenfreizeiten sichtbar, doch werden sie nur von jenen genutzt und gesehen, die auch aktiv in einer Gemeinde praktizieren. Unsere Analysen zeigen, dass diese Gruppe immer älter und zahlenmäßig kleiner wird.

Dieser Schrumpfungsprozess ist nicht in einem Versagen der Gemeinden begründet, sondern hat die seit langem anhaltende Säkularisierung zum Hintergrund. In deren Folge wird die Zahl von aktiven evangelischen (wie auch katholischen) Christen immer kleiner. Am besten kann man dies am Gottesdienst erkennen. Dieses wohl wichtigste Kernangebot der Kirche wird regelmäßig nur noch von einer Minderheit besucht. Für eine sehr große Zahl der jüngeren Kirchenmitglieder wird der Gottesdienst sogar nicht mehr für einen essentiellen Bestandteil des Evangelischen gehalten.

Die Säkularisierung hat in unserer Gesellschaft inzwischen einen Grad erreicht, in dem die lebenslange (und selbst eine lebensabschnittsbezogene) Kirchenmitgliedschaft zunehmend zu einem individuellen Entscheidungsprozess geworden ist.[290] Gut erkennen kann man dies daran, dass die unter den Christen

290 Positiv gewendet heißt dies auch, die individuelle Entscheidung ist dann auch eine bewusste Entscheidung für die Kirche und nicht mehr nur eine inhalts- und glaubensfreie Folge normativer kultureller Gebote.

lange praktizierte Selbstverständlichkeit als evangelische*r Vater/Mutter sein/ihr Kind auch taufen zu lassen, rückläufig ist. Damit reduziert sich in Zukunft sehr wahrscheinlich die Chance der Kirche, über Religionsunterricht[291], Kinder- und Jugendgruppen und die Konfirmation viele Menschen schrittweise mit den Ideen und Chancen des Glaubens vertraut zu machen. Gekoppelt mit dem demografischen Faktor bedeutet dies, dass sich die Zahl der evangelischen Christen bis zum Jahr 2050 halbieren dürfte.[292]

Dies hat Konsequenzen für den Modus der Mitgliedergewinnung und -bindung. Wichtiger als auf die Kraft der Tradition zu setzen wird es sein, positive Gelegenheiten zu schaffen, bei denen man Angebote der evangelischen Kirche kennen und schätzen lernt. Jede dieser Gelegenheiten ermöglicht Bindungserfahrungen. Aus einer Netzwerkperspektive bestehen solche Bindungserfahrungen aus zwei Strängen, dem inhaltlichen und dem sozialen.

In unseren konzeptionellen und empirischen Analysen hat sich immer wieder gezeigt, dass es vor allem spirituelle, tätigkeitsorientierte oder/und gemeinschaftsbasierte Inhalte sind, die Menschen dazu bewegen, im Rahmen der evangelischen Kirche aktiv zu werden. Anders als früher steht das spirituelle Motiv nicht im Vordergrund. Oft sind es unterschiedliche Motivbündel, und darin liegt eine Chance für die Kirchen und Gemeinden. Ein klassisches und zugleich auch modernes Beispiel ist der Chor. Hier versammeln sich Menschen, die zunächst einmal gerne singen. Einige schätzen es, dass Chöre in die Rituale der Gottesdienste eingebunden sind. Anderen ist vor allem die Einbindung in eine anregende, verlässliche Gemeinschaft wichtig. Manche wiederum suchen nur einen musikalisch anspruchsvollen Ort zum Singen. So können über den Kirchenchor (oder Posaunenchor) Menschen mit unterschiedlichen Motivlagen für gemeindebezogene Aktivitäten gewonnen werden.

Der zweite wichtige Strang ist die Bindung an andere Menschen. Die empirischen Analysen haben gezeigt, dass der dominierende Zugangsmodus zum Engagement in der Kirche diese anderen Menschen sind. Sie sind es, die ihre Freunde und Bekannte für ein Engagement in der Gemeinde gewinnen. Und wir haben gesehen, dass dies nicht der einzige Netzwerkeffekt ist. Die aktive Teilnahme an Angeboten und vor allem das Engagement führen dazu, dass man andere Menschen näher kennenlernt und diese zu Freunden im eigenen Netzwerk werden. Viele dieser Netzwerk-kontakte bleiben auch dann bestehen, wenn Menschen an ihrem Glauben zweifeln oder ihnen bestimmte Angebote nicht

---

291 Faktisch heißt dies, dass sich die Kinder (bzw. ihre Eltern) zwischen „Katholisch", „Evangelisch" und Ethik entscheiden können. Bei einem interessanten Unterrichtsangebot könnte „Evangelisch" so auch Kinder erreichen, die sonst in Ethik gehen würden. Da muss das Angebot dann entsprechend gestaltet und promotet werden. Auch dies erfordert Begegnungsorte, an denen Eltern (oder auch ihre Kinder und Jugendliche) überhaupt angesprochen werden können.

292 Peters et al. 2019.

mehr so wichtig sind. Jeder dieser Netzwerkkontakte bildet eine Option für die Zukunft, wieder näher an eine Gemeinde zu rücken.

Die Netzwerkperspektive ist für die in den letzten Jahren im kirchlichen Kontext diskutierte Strategie der Mitgliederorientierung eine wichtige Säule. Dies gilt vor allem für das kommende Jahrzehnt. In diesen Jahren gibt es noch eine sehr große Zahl an Mitgliedern, die bewusst oder auch unbewusst von ihrer Kirche weggedriftet sind (der oft genutzte Begriff „distanziert" beschreibt dieses Phänomen nur teilweise). Für diese Gruppe braucht die Kirche flexible, plurale Angebote und Brückenorte bzw. -begegnungen, um sie wieder erreichen zu können. Mitgliederorientierung reicht aber als Ziel dann nicht mehr aus, wenn aufgrund der fortschreitenden Säkularisierung immer mehr Menschen gar nicht getauft sind und sich somit überhaupt nicht als Mitglied der evangelischen Kirche definieren. Auch diese Menschen können durch flexible und attraktive Angebote wieder gewonnen werden, vor allem dann, wenn sie vielfältige Brücken in ihre Lebenswelten erkennen. Die im vierten Kapitel aufgeführten Beispiele beschreiben großteils solche offenen Begegnungs- und Kommunikationsorte, die neben ihrem unmittelbaren Zweck immer auch eine Chance bieten, sich mit dem evangelischen Glauben zu beschäftigen. Was sind die Schlüsselelemente für eine solche Netzwerkstrategie? Zusammengefasst lassen sich die folgenden drei Schlüsselelemente erkennen:

Schlüssel „Cluster". Dahinter steht die Erkenntnis, dass die evangelisch Getauften in viele Interessenscluster zerfallen, die miteinander nicht mehr viel zu tun haben bzw. sich nicht über bestimmte Kernangebote (Gottesdienst, Hauskreise, Kasualien, ...) bündeln oder verknüpfen lassen. Neben der Säkularisierung wirken auch hier die Strukturprinzipien der Moderne: Pluralisierungen und Optionsvielfalt werden zur Herausforderung. Vor diesem Hintergrund befindet sich die Organisation Kirche auf den ersten Blick in einem Dilemma. Sie sieht sich mit der Tatsache konfrontiert, dass durch die Austritte ihre finanziellen Möglichkeiten schrumpfen, dass aber andererseits die Vielfalt der Lebens- und Interessenlagen eine Ausdifferenzierung ihrer Angebote erfordert. Dieses Dilemma ist jedoch nicht ausweglos. Der Netzwerkansatz bietet die Möglichkeit, dass die einzelnen Gemeinden kooperieren können und gemeinsam diesen Wunsch nach Vielfalt bedienen, statt alleine immer nur das gleiche Angebot machen zu können. Damit erweitert der Netzwerkansatz auch die Ressourcen der einzelnen Kirchengemeinden.

Schlüssel „Brücken und weak ties". In der Netzwerkforschung spielen „Brücken" eine zentrale Rolle. Mit ihnen gelingt es, nicht verbundene bzw. auch weiter entfernte Cluster zu verknüpfen. Dies geschieht zum einen über Personen, die mehreren Clustern angehören. Diese gilt es zu finden und in besonderem Maße einzubinden. Zum anderen erfolgt dies über Netzwerker*innen, d. h. Personen, die über das Talent und auch das Wissen verfügen, wie man die unterschiedlichsten Cluster ansprechen kann.

Schlüssel „Sowohl als auch" statt „Entweder/oder". Wir leben in einer Zeit, in der eine Haltung des entweder/oder eher zu Zersplitterungen und Abspaltungen führt. Beispielsweise ist die ausschließliche Orientierung am Gottesdienstbesuch kontraproduktiv. Eine lebendige Kirche lebt vielmehr vom Neben- und Miteinander der unterschiedlichen Angebotstypen.

Muss die Kirche also, weil ihr die Mitglieder in großer Zahl abhandenkommen, nun verzweifelt nach neuen Strategien suchen, um nicht zur Sekte zu werden? Ist die Netzwerkorientierung eines dieser Mittel, ein eher von außen kommender „strategischer Notnagel", der vor zu starkem Rückgang schützen soll? Auch hier ist die Antwort einfach und lautet: „Nein". Ein netzwerkorientiertes Vorgehen ist weder neu, noch stammt es aus einer kirchenfernen Logik. Es handelt sich dabei auch um eine genuin christliche Strategie. Wie Thomas Popp in seiner Analyse in diesem Buch eindrucksvoll zeigt, hat schon der Völkerapostel Paulus lokale Netzwerke generiert und sie durch Mitarbeitende verbunden. Paulus war vermutlich einer der ersten ‚Netzwerker' der Menschheitsgeschichte. Wie die Jesusbewegung kann auch die Paulusbewegung als egozentriertes Netzwerk im mediterranen Raum klassifiziert werden. Paulus ist das Zentrum seines durch ihn bestimmten Netzwerks. Das Netzwerk der Männer und Frauen, mit denen der Apostel familiär bzw. freundschaftlich kooperiert, bietet ebenso wie das Netzwerk der lokal geleiteten Hausgemeinden mit ihren Gemeinschaften und Gottesdiensten die – aus gemeindepsychologischer Sicht zentrale – Trias von Zugehörigkeit, Vertrauen und Anerkennung. Und auch die Bibel lässt sich von Beginn an als Buch verdichteter Netzwerkerfahrungen lesen.

Deshalb plädiert Thomas Popp für einen mehrdimensionalen Blick auf die evangelische Kirche. Kirche und Diakonie bewegen sich zwischen Individuum, Gruppe, Organisation und Institution im sozialen Nah- und Großraum in der Spannungspolarität von Charisma und Amt. Im Unterschied zur Organisationslogik lautet die netzwerklogische Schlüsselfrage nicht: „Was unterscheidet uns?", sondern: „Was verbindet uns?". Die kybernetische Kunst besteht darin, beide Logiken hybridartig zu vernetzen. Entsprechend könnte das konviviale Miteinander der Verschiedenen als Leitvorstellung auch auf Kirche und Diakonie im Sozialraum transferiert werden. So gesehen eröffnet die Netzwerkperspektive aus theologischem Blickwinkel schöne Aussichten.

Diese schönen Aussichten einer vielschichtigen Kirche mit einer breiten, pluralen Angebotspalette ist die vielleicht einzige Chance, dass viele der „nicht mehr" bzw. „noch nie" Gläubigen in einen aktiven Dialog mit der evangelischen Kirche treten können. Dazu ist es jedoch notwendig, dass sich zentrale Rahmenbedingungen verändern. So ist der Trend, die Pfarrer*innen immer mehr zu Managern ihrer Gemeinde zu machen, der Organisationslogik geschuldet. Aus einer Netzwerklogik heraus, müssten sie vielmehr Zeit und Kompetenzen für das Netzwerken erlangen. Die Pfarrer*innen sind schließlich immer noch die zentralen Personen, die Bindungen an die Gemeinde generieren – wenn sie nahe am Menschen sein dürfen.

Auch das Primat der Parochie ist vielfach ein Hindernis. Dabei geht es nicht darum, das parochiale Prinzip aufzugeben, sondern vielmehr es mit nicht-parochialen, netzwerkorientierten Prinzipien zu ergänzen. So ist die Botschaft richtig: „Werft die Netze aus“. Nicht allerdings in der klassisch missionarischen Haltung, Ungläubige zurück zu Gottes Haus zu bewegen, sondern in einer modernisierten Haltung, in der es darum geht, in einer enttraditionalisierten Welt die Kirche als attraktiven Ort zu erleben, der Gemeinschaftserfahrungen mit spirituellen Elementen und sinnvollen Engagementmöglichkeiten verknüpft.
Es geht also um eine Kirche, die mitten im Leben steht und sich den Problemen und Bedürfnissen der Menschen über vielfältige, attraktive Angebote vor Ort stärker öffnet. Mit dieser Strategie kann sie viele Menschen vor Ort in ihr Netzwerk einbinden. Dies erfordert Mut zur Pluralität und braucht Hauptamtliche und Engagierte, die diese Haltung in den zentralen Gremien der Kirche (Kirchenvorstände, Dekanate ...) offensiv umsetzen, d.h. eine offene, lebendige Kirche für Mitglieder, Nicht-Mehr Mitglieder und Nicht-Mitglieder (weiter-)entwickeln. „Anstatt um genormte Identität kann es in Zukunft nur noch um Komplementarität gehen, um Fantasie für funktionale Alternativen der Zugehörigkeit zur Kirche. Wichtiger als Mitgliedschaft ist das Gefühl dazugehören zu wollen. (....) Eine solche gemeinsame Basis als Markenkern kann heutzutage nur noch diskursiv, synodal und netzförmig erarbeitet werden und darf sich nicht in der Verordnung eines einheitlichen Corporate Designs erschöpfen“ (Schmidt, 2019, 179).

Literatur

Abel, P. (1996): „Seht, wie das Land beschaffen ist“ (Num 13,18). Ein Versuch zu künftigen Sozialgestalten christlichen Glaubens. In: J. Homeyer und G. Steins (Hg.): Kirche - postmodern "überholt"? Erfahrungen und Visionen in einer Zeit des Umbruchs. München, S. 115–138.

Adamek, K. (1996): Singen als Alltagsbewältigung. Ergebnisse eines empirisch psychologischen Forschungsprojektes als Argumente für eine "Erneuerte Kultur des Singens". In: H. Gembris, R.-D. Kraemer und G. Maas (Hg.): Singen als Gegenstand der Grundlagenforschung. Augsburg (Musikpädagogische Forschungsberichte, 27).

Ahrens, P. (2017), Die Engagierten in der evangelischen Kirche »vor Ort«, in: Coenen-Marx, Cornelia, Hoffmann, Beate (Hrsg.), Symphonie Drama Powerplay. Zum Zusammenspiel von Haupt- und Ehrenamt in der Kirche, Stuttgart: Kohlhammer, S. 28-41.

Amt für Gemeindedienste (afg), Jakubek, U. (2015): Ehrenamt sichtbar machen. Evaluation der Ehrenamtlichkeit in der ELKB und deren Konsequenzen. Nürnberg: Eigenverlag Amt für Gemeindedienst.

Bartels, M. (2015): diakonisches profil & universal design. Diakonie zwischen Verkirchlichung und Verweltlichung des Christentums. Baden-Baden (Diakoniewissenschaft l Diakoniemanagement, 5).

Baumgard, H. (2005): Kirche in der Netzwerkgesellschaft. Gesellschaftsdiakonie als Herausforderung der Kirche. Münster (Ethik im theologischen Diskurs, 10).

Beck, U.; Lau, C. (Hg.) (2004): Entgrenzung und Entscheidung. Was ist neu an der Theorie reflexiver Modernisierung? Frankfurt a. M.: Suhrkamp.

Bedford-Strohm, H. (1999): Gemeinschaft aus kommunikativer Sicht. Sozialer Zusammenhalt in der modernen Gesellschaft - Ein theologischer Beitrag. Gütersloh (Öffentliche Theologie, 11).

Bedford-Strohm, H. (2008a): Diakonie in der Perspektive „öffentlicher Theologie“. In: H. Bedford-Strohm (Hg.): Von der „Barmherzigkeit“ zum „Sozial-Markt“. Zur Ökonomisierung der sozialdiakonischen Dienste. Gütersloh (Jahrbuch Sozialer Protestantismus, 2), S. 19–32.

Bedford-Strohm, H. (Hg.) (2008b): Von der „Barmherzigkeit“ zum „Sozial-Markt“. Zur Ökonomisierung der sozialdiakonischen Dienste. Gütersloh (Jahrbuch Sozialer Protestantismus, 2).

Bedford-Strohm, H. (2012): Position beziehen. Perspektiven einer öffentlichen Theologie. München: Claudius Vlg.

Bedford-Strohm, H.; Jung, V. (Hg.) (2015): Vernetzte Vielfalt. Kirche angesichts von Individualisierung und Säkularisierung. Gütersloh: Gütersloher Verlagshaus (Die fünfte EKD-Erhebung über Kirchenmitgliedschaft).

Böckel, H. (2014): Führen und Leiten. Dimensionen eines evangelischen Führungsverständnisses. Berlin: EB Verlag

Böckel, H. (2015): Führen in vernetzten Bezügen. Praktisch-theologische Thesen zur Steuerung in kirchlich-diakonischen Kontexten. Kirche als Netzwerk. Netzwerk „Forum Kirchenmanagement“. Nürnberg, 07.03.2015. Online verfügbar unter www.baumfeld.at/files/KM-Doku2015-18.pdf.

Böttrich, C. (2009): „Gottesdienst im Alltag der Welt“. In: I. Garbe (Hg.): Kirche im Profanen. Studien zum Verhältnis von Profanität und Kirche im 20. Jahrhundert (FS Martin Onasch). Frankfurt a. M. (Greifswalder theologische Forschungen, 18), S. 463–479.

Bovon, F. (1996): Das Evangelium nach Lukas (Lk 9,51-14,35). Zürich (Evangelisch-Katholischer-Kommentar, 3.2).

Branick, V. (1989): The House Church in the Writings of Paul. Wilmington.

Breitenbach, G. (1994): Gemeinde leiten. Eine praktisch-theologische Kybernetik. Stuttgart.

Bremer, H. (2002): Problemstellung: Die „Milieuverengung" und das Problem der Distanzierten. In: W. Vögele, H. Bremer und M. Vester (Hg.): Soziale Milieus und Kirche. Würzburg: Ergon Verlag, S. 55–68.

Broch, J.; u.a. (Hg.) (2007): Netzwerke der Moderne. Erkundungen und Strategien. Würzburg: Königshausen und Neumann.

Bromkamp, P. (2010): Dienstleister, Netzwerker und Brückenbauer. In: V. Dessoy und G. Lames (Hg.): „... und siehe, ich bin bei euch alle Tage bis an der Welt Ende!" (Mt 28,20) Zukunft offen halten und Wandel gestalten. Strategisches Denken und Handeln in der Kirche. Trier (Gesellschaft und Kirche – Wandel gestalten, 1), S. 116–123.

Brummer, A.; Freund, A. (2008): Freiwilliges Engagement – Motive – Bereiche – klassische und neue Typen. In: J. Hermelink und T. Latzel (Hg.): Kirche empirisch. Ein Werkbuch zur vierten EKD-Erhebung über Kirchenmitgliedschaft und zu anderen empirischen Studien. Gütersloh: Gütersloher Verlagshaus, S. 351–375.

Buchanan, M. (2002) Small Worlds: Das Universum ist zu klein für Zufälle. Spannende Einblicke in die Komplexitätstheorie. Frankfurt a.M.: Campus.

Bundesministerium des Inneren (2012): Migrationsbericht 2010 des Bundesamtes für Migration und Flüchtlinge im Auftrag der Bundesregierung. Berlin. Online verfügbar unter http://www.bamf.de/SharedDocs/Anlagen/DE/Publikationen/ Migrationsberichte/migrationsbericht-.

Bundesministerium für Frauen Senioren und Familie (2010): Ergebnisse der repräsentativen Trenderhebung zu Ehrenamt, Freiwilligenarbeit und Bürgerschaftlichen Engagement. München.

Bundesministerium für Familie, Senioren, Frauen und Jugend (2010): Hauptbericht des Freiwilligensurveys. München

Busch, R. (1995): Bekennend Christ sein. In: E. Winkler (Hg.): Tore zum Leben. Taufe – Konfirmation – Trauung – Bestattung. Neukirchen-Vluyn: Aussaat Verlag.

Callam, N. (2009): Kirchenmodelle im Neuen Testament. In: Theologisches Gespräch (Beiheft 10), S. 6–17.

Cayley, D. (2006): Einführung. In: Ivan Illich: In den Flüssen nördlich der Zukunft. Letzte Gespräche über Religion und Gesellschaft mit David Cayley. München, S. 21–67.

Cornelius-Bundschuh, J. (2014): Das Evangelium kommunalisieren! Was Glaube und Kirche stärkt. In: Praktische Theologie 49, S. 240–252.

Crüsemann, F. (2003): Soziales Recht und freiwilliges soziales Engagement im Alten Testament. In: H. Schmidt und R. Zitt (Hg.): Diakonie in der Stadt. Reflexionen – Modelle – Konkretionen. Stuttgart (Diakoniewissenschaft, 8), S. 25–43.

Crüsemann, F. (2008): Das Alte Testament als Grundlage der Diakonie. In: V. Herrmann und M. Horstmann (Hg.): Biblische historische und theologische Zugänge zur Diakonie. 2. Aufl. Neukirchen-Vluyn (Studienbuch Diakonik, 1), S. 58–87.

Czachesz, I. (2011a): Theologische Innovation und Sozialstruktur im Urchristentum. Eine kognitive Analyse seiner Ausbreitungsdynamik. In: Evangelische Theologie 71, S. 259–272.

Czachesz, I. (2011b): Women, Charity and Mobility in Early Christianity. In: I. Czachesz und T. Biró (Hg.): Changing Minds. Religion and Cognition Through the Ages. Leuven (Groningen Studies in Cultural Change, 42), S. 129–154.

Czachesz, I.; Biró, T. (Hg.) (2011): Changing Minds. Religion and Cognition Through the Ages. Leuven (Groningen Studies in Cultural Change, 42).

Dessoy, V. (2015): Perspektiven nachhaltiger Kirchenentwicklung. In: G. Lames und u.a. (Hg.): Kirchenentwicklung. Ansätze – Konzepte – Praxis – Perspektiven. Trier (Gesellschaft und Kirche – Wandel gestalten, 4), S. 655–667.

Dessoy, V.; Lames, G. (Hg.) (2010): „... und siehe, ich bin bei euch alle Tage bis an der Welt Ende!" (Mt 28,20) Zukunft offen halten und Wandel gestalten. Strategisches Denken und Handeln in der Kirche. Trier (Gesellschaft und Kirche – Wandel gestalten, 1): Paulinus Vlg,

Dessoy, V.; Lames, G. (Hg.) (2012): „Siehe, ich mache alles neu" (Off 21,5). Innovation als strategische Herausforderung in Kirche und Gesellschaft. Trier (Gesellschaft und Kirche – Wandel gestalten, 2). Paulinus Vlg,

Dillmann, R. (2003): Ekklesiale Wirklichkeit im Neuen Testament. In: J. Ernst (Hg.): Kirche im Übergang. Paderborn: Bonifatius. S. 43–65.

Domsgen, M. (2008): Kirchliche Sozialisation, Familie, Kindergarten, Gemeinde. In: J. Hermelink und T. Latzel (Hg.): Kirche empirisch. Ein Werkbuch zur vierten EKD-Erhebung über Kirchenmitgliedschaft und zu anderen empirischen Studien. Gütersloh: Gütersloher Verlagshaus, S. 73–94.

Duling, D. C. (2002): Die Jesusbewegung und die Netzwerkanalyse. In: W. Stegemann und u.a. (Hg.): Jesus in neuen Kontexten. Stuttgart: Kohlhammer, S. 135–157.

Dulles, A. (2002): Models of the Church. New York: Random House.

Düx, W., Prein, G., Sass, E., Tully, C.J. (2008). Kompetenzerwerb im freiwilligen Engagement Eine empirische Studie zum informellen Lernen im Jugendalter. München; Juventa

Ebel, E. (2004): Die Attraktivität früher christlicher Gemeinden. Die Gemeinde von Korinth im Spiegel griechisch-römischer Vereine. Tübingen: Mohr Siebeck, (Wissenschaftliche Untersuchungen zum Neuen Testament, 2178).

Ebel, E. (2006): Das Missionswerk des Paulus. In: O. Wischmeyer (Hg.): Paulus. Leben – Umwelt – Werk – Briefe. Tübingen: Mohr Siebeck, S. 97–106.

Ebertz, M. N. (1999): Die Institutionalisierung von Charisma und Stigma. In: M. Krüggeler und u.a. (Hg.): Institution Organisation Bewegung. Sozialformen der Religion im Wandel. Opladen (Veröffentlichungen der Sektion „Religionssoziologie" der Deutschen Gesellschaft für Soziologie, 2), S. 133–150.

Eder, H. (2007): Kirche als Netzwerk. In: J. Broch und u.a. (Hg.): Netzwerke der Moderne. Erkundungen und Strategien. Würzburg, S. 257–276.

Eder, H. (2012): Kirche als pastorales Netzwerk. Chancen und Konsequenzen einer operativen Kirchenkonzeption. Münster (Werkstatt Theologie. Praxisorientierte Studien und Diskurse, 21).

EKD (2006): Kirche der Freiheit. Perspektiven für die evangelische Kirche im 21. Jahrhundert. Ein Impulspapier des Rates der EKD. Hannover: Kirchenamt der evangelischen Kirche in Deutschland.

EKD (2007): Kirche der Freiheit im 21. Jahrhundert. Dokumentation des Zukunftskongresses der EKD. Hannover: Kirchenamt der evangelischen Kirche in Deutschland.

EKD (Hg.) (2014): Engagement und Indifferenz. Kirchenmitgliedschaft als soziale Praxis. Hannover: Eigenverlag

eMP (1998): Das evangelische Münchenprogramm. Herausgegeben vom Evangelisch Lutherischen Dekanat München, 30.07.1998.

Engelhardt, K.; von Loewenich, H.; Steinacker, P. (1997): Fremde, Heimat, Kirche. Die dritte EKD-Erhebung über Kirchenmitgliedschaft. Gütersloh: Gütersloher Verlagshaus.

Ernst, J. (Hg.) (2003): Kirche im Übergang. Paderborn EB Verlag

Eurich, J. (2014): Diakonie als kirchlicher Ort in der Gesellschaft. In: R. Kunz und T. Schlag (Hg.): Handbuch für Kirchen- und Gemeindeentwicklung. Neukirchen-Vluyn, S. 261–268.

Eyselein, C. (2006): Russlanddeutsche Aussiedler verstehen. Praktisch-theologische Zugänge. Leipzig: Evangelische Verlagsanstalt.

Faix, T. (2014): Mission und Evangelisaton. In: R. Kunz und T. Schlag (Hg.): Handbuch für Kirchen- und Gemeindeentwicklung. Neukirchen-Vluyn, S. 441–449.

Fischer, G. (2005): Jeremia 26-52. Herders Theologischer Kommentar zum Alten Testament. Freiburg i. B.

Fischer, J.; Kosellek, T. (Hg.) (2019): Netzwerke und Soziale Arbeit. Theorien, Methoden, Anwendungen. Weinheim, Basel: Beltz Juventa.

Frank, F. (2009): Soziale Netzwerke von (Spät-) Aussiedler in ihrer Ressourcenfunktion. Eine Analyse sozialer Unterstützung aus sozialarbeiterischer Perspektive. Heidelberg: Springer.

Freund, A. (2006): Die Zukunft ist sein Land. Gemeindeentwicklung – woher, wie und wohin? Symposium im Mai 2006 in Celle. In: Kirche in Bewegung. Gemeindekolleg der VELKD.

Frey, J. (2010) Die Ausbreitung des frühen Christentums: Perspektiven für die gegenwärtige Praxis der Kirche, in: Martin Reppenhagen (Hg.), Kirche zwischen postmoderner Kultur und Evangelium, Beiträge zu Evangelisation und Gemeindeentwicklung 15, Neukirchen-Vluyn (Neukirchener Verlag) 2010, 89-112.

Frey, J. (2014): Neutestamentliche Perspektiven. In: R. Kunz und T. Schlag (Hg.): Handbuch für Kirchen- und Gemeindeentwicklung. Neukirchen-Vluyn, S. 31–41.

Friedrich, L. (2008): Kasualpraxis in der Spätmoderne. Studien zu einer Praktischen Theologie der Übergänge. Leipzig: Evangelische Verlagsanstalt.

Fuchs, D.: Netzwerk, soziales (2008). In Kaspar, W. (Hg.) ‚Lexikon für Theologie und Kirche. München: Herder

Fuchs, O. (2004): Praktische Hermeneutik der Heiligen Schrift. Stuttgart (Praktische Theologie heute, 57).

Garbe, I. (Hg.) (2009): Kirche im Profanen. Studien zum Verhältnis von Profanität und Kirche im 20. Jahrhundert (FS Martin Onasch). Frankfurt a. M. (Greifswalder theologische Forschungen, 18).

Gembris, H.; Kraemer, R.-D.; Maas, G. (Hg.) (1996): Singen als Gegenstand der Grundlagenforschung. Wißner. Forum Musikpädagogik. Augsburg (Musikpädagogische Forschungsberichte, 27).

Gensicke, T.; Picot, S.; Geiss, S. (2006): Freiwilliges Engagement in Deutschland 1999-2004. Repräsentative Erhebung im Auftrag des Bundesministeriums für Familie, Senioren, Frauen und Jugend. Wiesbaden: VS-Verlag für Sozialwissenschaften.

Giebel, A. (2015): Theologische Ansätze zur Gemeinwesen-/Sozialraumorientierung von Diakonie und Kirche. In: Brennpunkt Gemeinde 68, 171-173.

Gielen, M. (2003): Stellung und Funktion von Frauen in paulinischen Gemeinden. In: A. Hölscher und R. Kampling (Hg.): Die Tochter Gottes ist die Weisheit. Bibelauslegungen durch Frauen. Münster (Theologische Frauenforschung in Europa, 10), S. 115–139.

Glitzenhirn, D. (2011): Gemeinwesendiakonie als Verwirklichung von Konvivenz. In: Pastoraltheologie 100, S. 227–242.

Gosnell, P. W. (2000): Networks and Exchanges. Ephesians 4,7-16 and the Community Function of Teachers. In: Biblical Theological Bulletin 30, S. 135–143.

Götzelmann, A. (Hg.) (2003): Diakonische Kirche – Anstöße zur Gemeindeentwicklung und Kirchenreform (FS Theodor Strohm). Heidelberg (Veröffentlichungen des Diakoniewissenschaftlichen Instituts an der Universität Heidelberg, 17).

Granovetter, Mark S. (1973): The Strength of Weak Ties. American Journal of Sociology 78, S.1360–1380

Granovetter, M. (1982): The strength of weak ties. A network theory revisited. In: P. Marsden und N. Lin (Hg.): Social structure and network analysis. Beverly Hills: Sage, S. 105–130.

Grethlein, C. (2012a): Kirche – als praktisch-theologischer Begriff. Überlegungen zu einer Neuformatierung der Kirchentheorie. In: Pastoraltheologie 101, S. 136–151.

Grethlein, C. (2012b): Praktische Theologie. Berlin: de Gruyter.

Grethlein, C. (2015): Kommunikation des Evangeliums in der digitalisierten Gesellschaft. Kirchentheoretische Überlegungen. In: Theologische Literaturzeitung 140, S. 598–611.

Grosse, H. (2005): Freiwilliges Engagement in der Evangelischen Kirche hat Zukunft. Ergebnisse einer neueren empirischen Studie. Hannover. Online verfügbar unter www.ekd.de/swi/48659.html.

Gubler, M.-L. (2009): „Ihr seid unser Glanz und unsere Freude" (1 Thess 2,20). Die Wertschätzung des Paulus für seine Gemeinden. In: Diakonia 40, S. 13–17.

Gutmann, D.; Peters, F.; Kendel, A.; Faix, T.; Riegel, U. (Hg.) (2019): Kirche – ja bitte! Innovative Modelle und strategische Perspektiven von gelungener Mitgliederorientierung. Neukirchen-Vluyn: Neukirchner Vlg.

Haas, H.-S. (2004): Diakonie Profil. Zwischen Tradition und Innovation. Gütersloh (Leiten – Lenken – Gestalten, 15).

Haberer, J. (2014): Öffentlichkeits- und Medienarbeit. In: R. Kunz und T. Schlag (Hg.): Handbuch für Kirchen- und Gemeindeentwicklung. Neukirchen-Vluyn, S. 505–513.

Haberer, J. (2015): Digitale Theologie. Gott und die Medienrevolution der Gegenwart. München: Kösel.

Habermas, J. (1998): Die postnationale Konstellation. Frankfurt a. M.: Suhrkamp.

Haslinger, H.; u.a. (Hg.) (2000): Handbuch. Mainz: Matthias-Grünewald (Praktische Theologie, 2).

Hauschildt, E. (2014): Kirche als Institution und Organisation. In: R. Kunz und T. Schlag (Hg.): Handbuch für Kirchen- und Gemeindeentwicklung. Neukirchen-Vluyn, S. 169–178.

Hauschildt, E.; Pohl-Patalong, U. (2013): Kirche. Gütersloh (Lehrbuch Praktische Theologie, 4).

Häußling, R. (2010). Relationale Soziologie. In Stegbauer, C.; Häußling, R. (Hg.) (2010): Handbuch der Netzwerkforschung. Wiesbaden: VS Verlag, S. 63-87

Häußling, R. (2015): Einführung in die Methoden der Netzwerkanalyse. In: H. Bedford-Strohm und V. Jung (Hg.): Vernetzte Vielfalt. Kirche angesichts von Individualisierung und Säkularisierung. Gütersloh: Gütersloher Verlagshaus (Die fünfte EKD-Erhebung über Kirchenmitgliedschaft), S. 344–355.

Heinemann, S. (2016): Flüchtlinge – eine Herausforderung für Gesellschaft und Kirche. Teil 2: Was die Kirchen daraus machen könnten. In: Deutsches Pfarrerblatt 116, S. 78–81.

Henning, M. (2010): Soziales Kapital und seine Funktionsweise. In: Stegbauer, C.; Häußling, R. (Hg.): Handbuch der Netzwerkforschung. Wiesbaden: VS-Verlag, S. 177-189

Herbst, M. (2008): Mission bringt Gemeinde in Form. Gemeindepflanzungen und neue Ausdrucksformen gemeindlichen Lebens in einem sich wandelnden Kontext. Dt. Übersetzung von „Mission-shaped Church". 3. Aufl. Neukirchen-Vluyn: Aussaat Verlag.

Hermelink, J.; Latzel, T. (Hg.) (2008): Kirche empirisch. Ein Werkbuch zur vierten EKD-Erhebung über Kirchenmitgliedschaft und zu anderen empirischen Studien. Gütersloh: Gütersloher Verlagshaus.

Hermelink, J.; Weyel, B. (2015): Vernetzte Vielfalt. In: H. Bedford-Strohm und V. Jung (Hg.): Vernetzte Vielfalt. Kirche angesichts von Individualisierung und Säkularisierung. Gütersloh: Gütersloher Verlagshaus (Die fünfte EKD-Erhebung über Kirchenmitgliedschaft), S. 16–32.

Herrmann, V.; Horstmann, M. (Hg.) (2008): Biblische historische und theologische Zugänge zur Diakonie. 2. Aufl. Neukirchen-Vluyn (Studienbuch Diakonik, 1).

Hinzen, R. (2013): Was ist diakonisch an der Diakonie? Überlegungen zur Frage nach der diakonischen Identität. In: Deutsches Pfarrerblatt 113, S. 381–385.

Höfer, R.; Keupp, H.; Straus, F. (2006): Prozesse sozialer Verortung in Szenen und Organisationen. Ein netzwerkorientierter Blick auf traditionale und reflexiv moderne Engagementformen. In: B. Hollstein und F. Straus (Hg.): Qualitative Netzwerkanalyse. Konzepte, Methoden, Anwendungen. Wiesbaden: VS-Verlag für Sozialwissenschaften., S. 267-294.

Höfer, R.; Knothe, H. (2014): Subjektives Zugehörigkeitsbegehren in Zonen gesellschaftlicher Verwundbarkeit. In: Schneider, W., Kraus W., Individualisierung und die Legitimation sozialer Ungleichheit in der reflexiven Moderne. Opladen: Budrich S 69-

Hofman, B. (2009): Organisation und Institution. Der Netzwerkgedanke aus der Sicht der Praktischen Theologie. In: WeiterSehen (Das Informationssystem aus dem Amt für Gemeindedienst in der Evangelisch-Lutherischen Kirche in Bayern) (02), S. 7–9.

Hofman, B.; Puch, H. J.: Evaluation des Kirchengesetzes über den Dienst, die Begleitung und die Fortbildung von Ehrenamtlichen in der Evangelischen-Lutherischen Kirche in Bayern (Ehrenamtsgesetz „EAG"). Abschlussbericht. Nürnberg: Evangelische Fachhochschule Nürnberg.

Hofmann, B. (Hg.) (2010a): Diakonische Unternehmenskultur. Handbuch für Führungskräfte. 2. Aufl. Stuttgart (Diakonie, 2).

Hofmann, B. (2010b): Grundlagen diakonischer Unternehmenskultur. In: B. Hofmann (Hg.): Diakonische Unternehmenskultur. Handbuch für Führungskräfte. 2. Aufl. Stuttgart (Diakonie, 2), S. 14–36.

Höhn, H.-J. (2012): Fremde Heimat Kirche. Glauben in der Welt von heute. Freiburg i. B.

Hollstein, B.; Straus, F. (Hg.) (2006): Qualitative Netzwerkanalyse. Konzepte, Methoden, Anwendungen. Wiesbaden: VS-Verlag für Sozialwissenschaften.

Hölscher, A.; Kampling, R. (Hg.) (2003): Die Tochter Gottes ist die Weisheit. Bibelauslegungen durch Frauen. Münster (Theologische Frauenforschung in Europa, 10).

Homeyer, J.; Steins, G. (Hg.) (1996): Kirche - postmodern "überholt"? Erfahrungen und Visionen in einer Zeit des Umbruchs. München.

Horn, F. W. (Hg.) (2013): Paulus Handbuch. Tübingen: Mohr Siebeck.

Hörsch, D. (2015): Das kirchliche Kapillarsystem als glaubwürdiges Netzwerk religiöser Daseinsvorsorge im Gemeinwesen. Plädoyer für einen Paradigmenwechsel kirchlicher Gemeinwesen-Orientierung. In: Brennpunkt Gemeinde 68, S. 26–31.

Horstmann, M.; Park, H. (2014): Gott im Gemeinwesen. Sozialkapitalbildung durch Kirchengemeinden. Berlin (Sozialwissenschaftliches Institut der EKD SI Konkret, 6).

ideaSpezial (2015): Pfarrer und Manager. Was sie verbindet und was sie trennt.

Illich, I. (2006): In den Flüssen nördlich der Zukunft. Letzte Gespräche über Religion und Gesellschaft mit David Cayley. München: C.H.Beck.

Illich, I. (2014): Selbstbegrenzung. Eine politische Kritik der Technik. 3. Aufl. München: C.H.Beck.

Ingenhorst, H. (1997): Die Rußlanddeutschen. Aussiedler zwischen Tradition und Moderne. Frankfurt a. M., New York: Campus.

Jakob, B.; Laepple, U. (2014): Gesundheit, Heilung und Spiritualität. Heilende Dienste in Kirche, Diakonie und weltweiter Ökumene. Neukirchen-Vluyn.

Jakubek, U.; Straus, F. (Hg.) (2014): Netzwerke sichtbar machen. Impulse für Gemeindeentwicklung. Nürnberg: Eigenverlag Amt für Gemeindedienst.

Jansen, D. (2006): Netzwerk, soziales. In: B. Schäfers Schäfers und J. Kopp (Hg.): Grundbegriffe der Soziologie. 9. Aufl. Wiesbaden, S. 207–213.

Josuttis, M. (2000): Seelsorge im energetischen Netzwerk der Ortsgemeinde. In: M. Josuttis und u.a. (Hg.): Auf dem Weg zu einer seelsorglichen Kirche. Göttingen (Theologische Bausteine (FS Christian Möller)), S. 117–126.

Josuttis, M., Schmidt, H., Scholpp, S. (Hg.) (2000): Auf dem Weg zu einer seelsorglichen Kirche. Göttingen: Vandenhoeck & Ruprecht (Theologische Bausteine (FS Christian Möller).

Jourdain, R. (1998): Das wohltemperierte Gehirn: Wie Musik im Kopf entsteht und wirkt. Heidelberg.

Kaller-Dietrich, M. (2007): Ivan Illich (1926-2002). Sein Leben, sein Denken. Weitra (Enzyklopädie des Wiener Wissens, Porträts Bd.1).

KAMP (2017): Postmoderne Rituale als Herausforderung für die kirchliche Kasualpraxis (KAMP kompakt 5). Online verfügbar unter https://kamp-erfurt.de/fileadmin/user_upload/kamp_kompakt/Postmoderne_ Rituale_als_Herausforderung_fuer _die_kirchliche_Kasualpraxis_-_KAMP_kompakt_5.pdf https://www.ekd.de/ekd_de/ds_doc/kmu_4_internet.pdf, zuletzt geprüft am 09.2020.

Kessel, F., Reutlinger, C., Maurer, S., Frey, O. (Hg.) (2005): Handbuch Sozialraum. Wiesbaden: Springer.

Keupp, H. (1999): Engagement und Engagementpotenziale in Deutschland. Wie könnten „schlafende Ressourcen" geweckt werden? Vortrag bei der Fachtagung „Bürgerschaftliches Engagement, Agenda 21, Ehrenamt". Kloster Irsee, 21.10.1999.

Keupp, H. (2001): Bürgerschaftliches Engagement als Basis posttraditionaler Gemeinschaftsbildung. Zur sozialpsychologischen Infrastruktur spätmoderner Gesellschaften. München: IPP Texte.

Keupp, H. (2002): Eine Gesellschaft der Ichlinge? In: M. Moldaschl (Hg.): Neue Arbeit – Neue Wissenschaft der Arbeit? Heidelberg: Asanger, S. 311–338.

Keupp, H. (2008): Bürgerschaftliches Engagement in Deutschland. Eine Erfolgsgeschichte die auf Fortsetzung angelegt ist. Festvortrag aus Anlass des 10-jährigen Jubiläums der lagfa-Bayern. München, 04.12.2008: IPP Texte.

Keupp, H., Ahbe, T., Gmür W., Höfer, R., Mitzscherlich, B., Kraus, W., Straus, F. (2013): Identitätskonstruktionen: Das Patchwork der Identitäten in der Spätmoderne. 5.Auflage. Hamburg: Rowohlt.

Keupp, H., Straus, F., Mosser, P., Gmür, W., Hackenschmied, G. (2017): Sexueller Missbrauch und Misshandlungen in der Benediktinerabtei Ettal. Ein Beitrag zur wissenschaftlichen Aufarbeitung. Wiesbaden: Springer.

Keupp, H.; Höfer, R.; John, R.; Knothe, H.; Kraus, W.; Straus, F. (2004): Selbstverortung im bürgerschaftlichen Engagement. Zur Ambivalenz subjektiver Konstruktionen von Gemeinschaft. In: U. Beck und C. Lau (Hg.): Entgrenzung und Entscheidung. Was ist neu an der Theorie reflexiver Modernisierung? Frankfurt a. M.: Suhrkamp, S. 234–257.

Kießling, K.; Schmidt, H. (Hg.) (2014): Diakonisch Menschen bilden. Motivationen – Grundierungen – Impulse. Stuttgart (Diakonie, 13).

Kirchenamt der EKD (2003a): Horizont und Lebensrahmen. Hannover: Kirchenamt der evangelischen Kirche in Deutschland.

Kirchenamt der EKD (2003b): Weltsichten Kirchenbindung Lebensstile. Vierte EKD-Erhebung über Kirchenmitgliedschaft. Online verfügbar unter https://www.ekd.de/ekd_de/ds_doc /kmu_4_internet.pdf, zuletzt geprüft am 09.2020.

Kirchenamt der Evangelischen Kirche in Deutschland (EKD) im Auftrag des Präsidiums der 11. Synode der EKD (Hg.) (2015): Kommunikation des Evangeliums in der digitalen Gesellschaft. Lesebuch zur Tagung der EKD-Synode 2014 in Dresden. 2. Aufl. Altenburg.

Kleine, W. (2012): Kirche im Netz. In: V. Dessoy und G. Lames (Hg.): „Siehe, ich mache alles neu" (Off 21,5). Innovation als strategische Herausforderung in Kirche und Gesellschaft. Trier (Gesellschaft und Kirche – Wandel gestalten, 2), S. 263–267.

Klevesath, L.; Reese-Schäfer, W. (2011): Eine moralische Überlastung von Religion. In: M. Kühnlein und M. Lutz-Bachmann (Hg.): Unerfüllte Moderne? Neue Perspektiven auf das Werk von Charles Taylor. Berlin: Suhrkamp. S. 446–474.

Knapp, M. (2010): Vernunft – Freiheit – Religion. Zur Kontroverse zwischen Charles Taylor und Jürgen Habermas. In: M. Kühnlein (Hg.): Kommunitarismus und Religion, Sonderband 25. Berlin: Suhrkamp, S. 287–302.

Knapp, M. (2011): Gott in säkularer Gesellschaft. In: M. Kühnlein und M. Lutz-Bachmann (Hg.): Unerfüllte Moderne? Neue Perspektiven auf das Werk von Charles Taylor. Berlin: Suhrkamp, S. 650–680.

Koelsch, S. (1996): Singen als Alltagsbewältigung - Ergebnisse eines empirisch-psychologischen Forschungsprojektes als Argumente für eine "Erneuerte Kultur des Singens". In: H. Gembris, R.-D. Kraemer und G. Maas (Hg.): Singen als Gegenstand der Grundlagenforschung. Augsburg (Musikpädagogische Forschungsberichte, 27), S. 85–107. Online verfügbar unter http://www.stefan-koelsch.de/papers.html.

Kötter, R. (2014): Das Land ist hell und weit. Leidenschaftliche Kirche in der Mitte der Gesellschaft. Berlin: EB Verlag.

Kretzschmar, G. (2012): Mitgliederorientierung und Kirchenreform. Die Empirie der Kirchenbindung als Orientierungsgröße für kirchliche Strukturreform. In: Pastoraltheologie 101, S. 136–152.

Kroner, M. (1998): Niedergang und Auflösung eines 850jährigen Gemeinwesens. Die Siebenbürger Sachsen in der Zeit des Nationalsozialismus, Kommunismus und Postkommunismus 1940 bis 1999. Erlangen: P. Hedwig (Geschichte der Siebenbürger Sachsen und ihrer wirtschaftlich-kulturellen Leistungen, 4).

Krüggeler, M.; u.a. (Hg.) (1999): Institution Organisation Bewegung. Sozialformen der Religion im Wandel. Opladen (Veröffentlichungen der Sektion „Religionssoziologie“ der Deutschen Gesellschaft für Soziologie, 2).

Kühnlein, M. (2005): Liberalismuskritik und religiöser Artikulationsvorsprung: Charles Taylors theistische Freiheitsethik. In: Theologie und Philosophie 80, S. 176–200.

Kühnlein, M. (2008): Religion als Quelle des Selbst. Zur Vernunft- und Freiheitskritik von Charles Taylor. Tübingen (Religion in Philosophy and Theology, 33).

Kühnlein, M. (Hg.) (2010): Kommunitarismus und Religion. Deutsche Zeitschrift für Philosophie. Berlin.

Kühnlein, M. (2011): Religion als Auszug der Freiheit aus dem Gesetz? In: M. Kühnlein und M. Lutz-Bachmann (Hg.): Unerfüllte Moderne? Neue Perspektiven auf das Werk von Charles Taylor. Berlin: Suhrkamp. S. 388–445.

Kühnlein, M.; Lutz-Bachmann, M. (Hg.) (2011): Unerfüllte Moderne? Neue Perspektiven auf das Werk von Charles Taylor. Berlin: Suhrkamp.

Kunz, R.; Schlag, T. (2014): Diskurslandschaften gegenwärtiger Kirchen- und Gemeindeentwicklung. In: R. Kunz und T. Schlag (Hg.): Handbuch für Kirchen- und Gemeindeentwicklung. Neukirchen-Vluyn, S. 9–27.

Kunz, R.; Schlag, T. (Hg.) (2014): Handbuch für Kirchen- und Gemeindeentwicklung. Neukirchen-Vluyn.

Lames, G. (2015a): Kirche im Netzwerk. In: G. Lames und u.a. (Hg.): Kirchenentwicklung. Ansätze – Konzepte – Praxis – Perspektiven. Trier (Gesellschaft und Kirche – Wandel gestalten, 4), S. 345–359.

Lames, G.; u.a. (Hg.) (2015b): Kirchenentwicklung. Ansätze – Konzepte – Praxis – Perspektiven. Trier (Gesellschaft und Kirche – Wandel gestalten, 4).

Landsmannschaft der Deutschen aus Russland e.V (2006): Deutsche aus Russland gestern und heute. Volk auf dem Weg. Stuttgart. Online verfügbar unter www.viktorkrieger.homepage.t-online.de/Deutsche_aus_Russland.pdf.

Latzel, T. (2008): Mitgliedschaft in der Kirche. In: J. Hermelink und T. Latzel (Hg.): Kirche empirisch. Ein Werkbuch zur vierten EKD-Erhebung über Kirchenmitgliedschaft und zu anderen empirischen Studien. Gütersloh: Gütersloher Verlagshaus, S. 13–34.

Lehmann, K. (2011): Entsteht aus dem verfälschten Christentum die Moderne? In: M. Kühnlein und M. Lutz-Bachmann (Hg.): Unerfüllte Moderne? Neue Perspektiven auf das Werk von Charles Taylor. Berlin, S. 327–349.

Lehner, M. (2000): Konkretion: Diakonie-Institutionen. In: H. Haslinger und u.a. (Hg.): Handbuch. Mainz (Praktische Theologie, 2), S. 410–421.

Leibold, S. (2014): Raum für Konvivenz. Die Genesis als nachexilische Erinnerungsfigur. Freiburg i. B. (Herders Biblische Studien, 77).

Levitin, D. J.; Grafton, S. T. (2016): Measuring the representational space of music with fMRI: a case study with Sting. In: Neurocase 22 (6), S. 548–557. Online verfügbar unter http://www.tandfonline.com/doi/full/10.1080/13554794.2016.1216572?scroll=top&needAccess=true.

Liedke, U. (2014): Grundlagen und Perspektiven inklusiver Gemeindeentwicklung. In: R. Kunz und T. Schlag (Hg.): Handbuch für Kirchen- und Gemeindeentwicklung. Neukirchen-Vluyn, S. 300–308.

Liskowski, E.; Wegner, G. (2014): Engagement in der V. KMU. In: Evangelische Kirche in Deutschland (Hg.): Engagement und Indifferenz. Kirchenmitgliedschaft als soziale Praxis. Hannover: EKD Eigenverlag, S. 121–127.

Lohmann, A. (2015): Kirche als Netzwerk multipler kirchlicher Orte. In: G. Lames und u.a. (Hg.): Kirchenentwicklung. Ansätze – Konzepte – Praxis – Perspektiven. Trier (Gesellschaft und Kirche – Wandel gestalten, 4), S. 503–520.

Lünenbürger-Reidenbach, W.; Reimann, R.-P.; Ebel, A. (2013): Jenseits der Parochie. Kirche und Social Media. In: Deutsches Pfarrerblatt 113, S. 105–109.

Lutherischer Weltbund (Hg.): Konvivenz schaffen. Zur Gestaltung von Gemeinwesendiakonie in Europa. Genf: Eigenverlag.

Marsden, P.; Lin, N. (Hg.) (1982): Social structure and network analysis. Beverly Hills: Sage.

Merle, K. (2019): Religion in der Öffentlichkeit. Digitalisierung als Herausforderung für kirchliche Kommunikationskulturen. Berlin (Praktische Theologie im Wissenschaftsdiskurs, 22).

Miller, T. (2019): Das Pendeln zwischen Systemen und Netzwerken. Eine Herausforderung für die Akteure. In: J. Fischer und T. Kosellek (Hg.): Netzwerke und Soziale Arbeit. Theorien, Methoden, Anwendungen. Weinheim, Basel: Beltz Juventa, S. 349–356.

Moldaschl, M. (Hg.) (2002): Neue Arbeit – Neue Wissenschaft der Arbeit? Heidelberg: Asanger.

Moltmann, J. (1989): Diakonie im Horizont des Reiches Gottes: Schritte zum Diakonentum aller Gläubigen. 2. Aufl. Neukirchen-Vluyn.

Moltmann, J. (1993): Gott in der Schöpfung. Ökologische Schöpfungslehre. 4. Aufl. Gütersloh.

Nauer, D. (2014): Seelsorge. Sorge um die Seele. 3. Aufl. Stuttgart.

Neumann, F. (2012): Kooperationsnetzwerke im kommunal-öffentlichen Raum – ein Erfahrungsbericht. In: T. Schlegel und M. Alex (Hg.): Leuchtfeuer oder Lichternetz. Missionarische Perspektiven für ländliche Räume. Neukirchen-Vluyn, S. 124–131.

Noormann, H. (2014): Mit den Anderen zur Sprache kommen. In: K. Kießling und H. Schmidt (Hg.): Diakonisch Menschen bilden. Motivationen – Grundierungen – Impulse. Stuttgart (Diakonie, 13), S. 287–306.

Nord, I. (2013): Sinnstiftung zwischen Individuum und Organisation. Kirche als Netzwerkorganisation für eine nachhaltige Welt. In: Deutsches Pfarrerblatt 113, S. 432–437.

Nord, I. (2014): Gemeinde in Netzwerken. In: R. Kunz und T. Schlag (Hg.): Handbuch für Kirchen- und Gemeindeentwicklung. Neukirchen-Vluyn, S. 409–415.

Öhler, M. (2013): Mitarbeiter und Mitarbeiterinnen des Paulus. In: F. W. Horn (Hg.): Paulus Handbuch. Tübingen: Mohr Siebeck. S. 243–256.

Otten (2008): Die 50+ Studie. Wie die jungen Alten die Gesellschaft revolutionieren. Reinbek: Rowohlt.

Park, H. (2014): Kirchengemeinde als Akteur im Gemeinwesen. In: H. Park und M. Horstmann (Hg.): Gott im Gemeinwesen. Sozialkapitalbildung durch Kirchengemeinden. Berlin (Sozialwissenschaftliches Institut der EKD SI Konkret, 6), S. 63–110.

Park, H.; Horstmann, M. (Hg.) (2014): Gott im Gemeinwesen. Sozialkapitalbildung durch Kirchengemeinden. Berlin (Sozialwissenschaftliches Institut der EKD SI Konkret, 6).

Peters, F.; Gutmann, D.; Kendel, A.; Faix, T.; Riegel, U. (2019): Mitgliedsorientierung als Zukunftsaufgabe. In: D. Gutmann, F. Peters, A. Kendel, T. Faix und U. Riegel (Hg.): Kirche – ja bitte! Innovative Modelle und strategische Perspektiven von gelungener Mitgliederorientierung. Neukirchen-Vluyn: Neukirchner Vlg., S. 14–28.

Pickel, G. (2010): Jugendliche und junge Erwachsene. Stabil im Bindungsverlust zur Kirche. In: EKD (Hg.): Engagement und Indifferenz. Kirchenmitgliedschaft als soziale Praxis. Hannover: Eigenverlag, S. 60–72.

Pilhofer, P. (Hg.) (2002): Die frühen Christen und ihre Welt. Tübingen: Mohr Siebeck. (Wissenschaftliche Untersuchungen zum Neuen Testament, 145).

Pilhofer, P. (2002): Die ökonomische Attraktivität christlicher Gemeinden der Frühzeit. In: P. Pilhofer (Hg.): Die frühen Christen und ihre Welt. Tübingen (Wissenschaftliche Untersuchungen zum Neuen Testament, 145), S. 194–216.

Pock, J. (2006): Gemeinden zwischen Idealisierung und Planungszwang. Biblische Gemeindetheologien in ihrer Bedeutung für gegenwärtige Gemeindeentwicklungen. Eine kritische Analyse von Pastoralplänen und Leitlinien der Diözesen Deutschlands und Österreichs. Berlin (Tübinger Perspektiven zur Pastoraltheologie und Religionspädagogik, 26).

Pompe, H.-H. (2008): Gottesdienst. Der sonntägliche Normalfall und seine Ergänzungen. In: J. Hermelink und T. Latzel (Hg.): Kirche empirisch. Ein Werkbuch zur vierten EKD-Erhebung über Kirchenmitgliedschaft und zu anderen empirischen Studien. Gütersloh: Gütersloher Verlagshaus, S. 153–174.

Popp, T. (2008): Das Paulus-Risiko. Aufbruch zur missionarischen Gemeinde. Neukirchen-Vluyn: Aussaat Verlag.

Popp, T. (2009): Paulus- der ehrenamtliche Missionar und Netzwerker. In: WeiterSehen (Das Informationssystem aus dem Amt für Gemeindedienst in der Evangelisch-Lutherischen Kirche in Bayern) (02), S. 9.

Popp, T. (2010): Die Kunst der Konvivenz. Theologie der Anerkennung im 1. Petrusbrief. Leipzig (Arbeiten zur Bibel und ihrer Geschichte, 3).

Popp, T. (2013): „... den erwählten Fremden" (1 Petr 1,1). In: D. S. Du Toit (Hg.): Bedrängnis und Identität. Studien zu Situation, Kommunikation und Theologie des 1. Petrusbriefes. Berlin (Beihefte zur Zeitschrift für die neutestamentliche Wissenschaft, 200), S. 183–203.

Popp, T. (2014): Netzwerken im Neuen Testament. In: Jakubek, U., Straus, F. (Hg.): Netzwerke sichtbar machen. Impulse für Gemeindeentwicklung. Nürnberg, S. 67–71.

Putnam, R. (1995): Bowling Alone. America's Declining Social Capital. In: Journal of Democracy 6 (1).

Rat der evangelischen Kirche in Deutschland (2009): Der Gottesdienst. Eine Orientierungshilfe zu Verständnis und Praxis des Gottesdienstes in der evangelischen Kirche. Hg. v. Kirchenamt der EKD. Gütersloh. Online verfügbar unter http://www.ekd.de/download/gottesdienst.pdf, zuletzt geprüft am 21.11.2016.

Rausch, S. (2015): Gemeinwesendiakonie als strategische Orientierung kirchlicher Träger. Neue Perspektiven für kirchliche Gemeinden und Wohlfahrtsverbände auf der Stadtteilebene. Wiesbaden: VS-Verlag für Sozialwissenschaften.

Rebell, W. (1986): Gehorsam und Unabhängigkeit. Eine sozialpsychologische Studie zu Paulus. München: Chr. Kaiser.

Reck, R. (1991): Kommunikation und Gemeindeaufbau. Eine Studie zu Entstehung, Leben und Wachstum paulinischer Gemeinden in den Kommunikationsstrukturen der Antike. Stuttgart: Bibelwerk (Stuttgarter Biblische Beiträge, 22).

Reich, K. (2005): Integrations- und Desintegrationsprozesse junger männlicher Aussiedler aus der GUS. Eine Bedingungsanalyse auf sozial-lerntheoretischer Basis. Münster: Lit Verlag.

Reihs, S. (1995): Im Schatten von Freiheit und Erfüllung. Ehrenamtliche Arbeit in Bayern. Bochum: SWI.

Reinbold, W. (2006): Mission im Neuen Testament. In: Pastoraltheologie 95, S. 76–87.

Rentsch, T. (2010): Transzendenz und Moderne, Religion und Philosophie. Kritische Bemerkungen zu Charles Taylors A Secular Age. In: M. Kühnlein (Hg.): Kommunitarismus und Religion, Sonderband 25. Berlin: Akademie Vlg., S. 243–249.

Reppenhagen, M.; Herbst, M. (Hg.) (2008): Kirche in der Postmoderne. Neukirchen-Vluyn (Beiträge zu Evangelisation und Gemeindeentwicklung, 6).

Riegel, U., Kröck, T., Faix, T. (2018): Warum Menschen die katholische Kirche verlassen. In: Bistum Essen (Hg.) (2018). Kirchenaustritt – oder nicht? Freiburg: Herder.

Richtlinien für Kirchenmusik. Erlassen vom Evangelische Oberkirchenrat vom 22. Januar 2008 (2008). Online verfügbar unter https://www.kirchenrecht-ekiba.de/pdf/4246.pdf, zuletzt geprüft am 05.2019.

Roleder, F., Weyel, B. (2019): Vernetzte Kirchengemeinde. Leipzig. Evangelische Verlagsanstalt.

Roosen, R. (1997): Die Kirchengemeinde - Sozialsystem im Wandel. Analysen und Anregungen für die Reform der evangelischen Gemeindearbeit. Berlin, New York: De Gruyter

Rosenbladt (2000): Freiwilliges Engagement in Deutschland Freiwilligensurvey 1999. Ergebnisse der Repräsentativerhebung zu Ehrenamt, Freiwilligenarbeit und bürgerschaftlichem Engagement. Stuttgart, Berlin, Köln: Kohlhammer.

Ruschke, W. M. (2015): Rezension zu: Ralf Kötter, Das Land ist hell und weit. In: Brennpunkt Gemeinde 68, 199f.

Schäfers, B. Schäfers; Kopp, J. (Hg.) (2006): Grundbegriffe der Soziologie. 9. Aufl. Wiesbaden.

Scheler, U. (2007). Erfolgsfaktor Networking: Mit Beziehungsintelligenz die richtigen Kontakte knüpfen, pflegen und nutzen. 2.Auflage, Frankfurt: Campus.

Schlag, T. (2012): Helfend mitbestimmen und mitgestalten. In: H. Schmidt und K. D. Hildemann (Hg.): Nächstenliebe und Organisation. Zur Zukunft einer polyhybriden Diakonie in zivilgesellschaftlicher Perspektive. Leipzig (Veröffentlichungen der Wissenschaftlichen Gesellschaft für Theologie, 37), S. 376–394.

Schlag, T. (2014): Öffentliche Kirche. In: T. Schlag und R. Kunz (Hg.): Handbuch für Kirchen- und Gemeindeentwicklung. Neukirchen-Vluyn, S. 179–188.

Schlegel, T. (2012): Regionale Ausstrahlung oder Dienst vor Ort? In: T. Schlegel und M. Alex (Hg.): Leuchtfeuer oder Lichternetz. Missionarische Perspektiven für ländliche Räume. Neukirchen-Vluyn, S. 19–39.

Schlegel, T. (2016): Netzwerke ekklesiologisch, in: Netzwerk und Kirche. Dokumentation des Fachgesprächs am 30.09.2015. Online verfügbar unter www.zmir.de/wp-content/uploads/2016/01/zmir-doku_6-15_Web.pdf.

Schlegel, T.; Alex, M. (Hg.) (2012): Leuchtfeuer oder Lichternetz. Missionarische Perspektiven für ländliche Räume. Neukirchen-Vluyn.

Schmidt, H. (2012): Zur Einführung: Nächstenliebe in polyhybriden Organisationen. In: H. Schmidt und K. D. Hildemann (Hg.): Nächstenliebe und Organisation. Zur Zukunft einer polyhybriden Diakonie in zivilgesellschaftlicher Perspektive. Leipzig (Veröffentlichungen der Wissenschaftlichen Gesellschaft für Theologie, 37), S. 13–22.

Schmidt, H.; Hildemann, K. D. (Hg.) (2012): Nächstenliebe und Organisation. Zur Zukunft einer polyhybriden Diakonie in zivilgesellschaftlicher Perspektive. Leipzig (Veröffentlichungen der Wissenschaftlichen Gesellschaft für Theologie, 37).

Schmidt, H.; Zitt, R. (Hg.) (2003): Diakonie in der Stadt. Reflexionen – Modelle – Konkretionen. Stuttgart: Kohlhammer (Diakoniewissenschaft, 8).

Schmidt, T. (2019): Das Mitgliedschaftsparadox. In: D. Gutmann, F. Peters, A. Kendel, T. Faix und U. Riegel (Hg.): Kirche – ja bitte! Innovative Modelle und strategische Perspektiven von gelungener Mitgliederorientierung. Neukirchen-Vluyn: Neukirchner Vlg., S. 171–182.

Schmidt, W. H. (2003): „Suchet der Stadt Bestes!". In: H. Schmidt und R. Zitt (Hg.): Diakonie in der Stadt. Reflexionen – Modelle – Konkretionen. Stuttgart: Kohlhammer (Diakoniewissenschaft, 8), S. 16–24.

Schmidt, W. H. (2013): Das Buch Jeremia. Kapitel 21-52. Göttingen: Vandenhoeck & Ruprecht (Das Alte Testament Deutsch, 21).

Schneider, W.; Dill, H.; Gmür, W.; Hayek, J. von; Marek, S.; Schneider, S.; Stadelbacher, S. (2017): Sterben zuhause im Heim. Hospizkultur und Palliativkompetenz in der stationären Langzeitpflege. Vorgehen, empirische Befunde und abgeleitete Handlungsempfehlungen. Augsburg, München. Online verfügbar unter http://www.ipp-muenchen.de/praxisforschung/sterben-zuhause, zuletzt geprüft am 10.04.2019.

Schnelle, U. (2003): Paulus. Leben und Denken. Berlin: de Gruyter.

Schnelle, U. (2015): Die ersten 100 Jahre des Christentums 30–130 n. Chr. Die Entstehungsgeschichte einer Weltreligion. Göttingen: utB

Schottroff, L. (2005): Die Gleichnisse Jesu. Gütersloher Verlagshaus.

Schreiber, S. (2000): Arbeit mit der Gemeinde (Röm 16.6,12). Zur versunkenen Möglichkeit der Gemeindeleitung durch Frauen. In: New Testament Studies 46, S. 204–226.

Schultz, C. (2012): Seelsorge auf dem Weg in die Netzwerkgesellschaft. Rahmenbedingungen und Herausforderungen für das seelsorgerliche Handeln der Kirche angesichts sozialer Wandlungsprozesse im Computerzeitalter. In: Pastoraltheologie 101, S. 341–358.

Seidelmann, S. (2012): Evangelische engagiert – Tendenz steigend. Sonderauswertung des dritten Freiwilligensurveys für die evangelische Kirche. Hannover: creo-media. Online verfügbar unter https://www.siekd.de/wp-content/uploads/2018/06/Evangelische_engagiert-Tendenz_steigend.pdf.

Sigrist, C. (2014): Gemeinde im sozialen Nahraum. In: R. Kunz und T. Schlag (Hg.): Handbuch für Kirchen- und Gemeindeentwicklung. Neukirchen-Vluyn, S. 327–335.

Simonson, J.; Vogel, C.; Tesch-Römer, C. (2016a): Freiwilliges Engagement in Deutschland. Zentrale Ergebnisse des Freiwilligensurveys 2014. Wiesbaden: Springer VS. Online verfügbar unter https://www.bmfsfj.de/blob/93914/e8140b960f8030f3ca77e8bbb4cee97e/freiwilligensurvey-2014-kurzfassung-data.pdf.

Simonson, J.; Vogel, C.; Tesch-Römer, C. (2016b): Wer engagiert sich freiwillig? Zentrale Ergebnisse des Freiwilligensurveys 2014. Kernergebnisse des Deutschen Freiwilligensurveys 2014. Online verfügbar unter http://www.buergergesellschaft.de/fileadmin/pdf/gastbeitrag_simonson_vogel_tesch-roemer_160518.pdf, zuletzt geprüft am 18.05.2016.

Simonson, J. .; Vogel, C.; Tesch-Römer, C. (2017): Freiwilliges Engagement in Deutschland, Empirische Studien zum bürgerschaftlichen Engagement. https://www.researchgate.net/publication/310507106_Einleitung_Freiwilliges_Engagement_in_Deutschland (abgerufen 09/2020).

Sinnemann, M. (2017): Engagement mit Potenzial. Sonderauswertung des vierten Freiwilligensurveys für die evangelische Kirche. Hannover: creo media. Im Internet

Söding, T. (2015): Nächstenliebe. Gottes Gebot als Verheißung und Anspruch. Freiburg i. B.: Herder

Spieß, T.; Wegner, G. (2015): Kirchengemeinde als Ort von Religion, Diakonie und Gemeinschaft. In: H. Bedford-Strohm und V. Jung (Hg.): Vernetzte Vielfalt. Kirche angesichts von Individualisierung und Säkularisierung. Gütersloh: Gütersloher Verlagshaus (Die fünfte EKD-Erhebung über Kirchenmitgliedschaft), S. 50–68.

Schramm, S. (2015): Kirche als Organisation gestalten: Kybernetische Analysen und Konzepte zu Struktur und Leitung evangelischer Landeskirchen. Münster: Lit Verlag.

Stadt Ingolstadt (2012): Statistik und Stadtforschung. Migration in Ingolstadt. Wanderungsbewegungen. Online verfügbar unter http://www2.ingolstadt.de/media/custom/465_2005_1.PDF.

Stadt Ingolstadt (2013): Bildungsbericht 2013. Online verfügbar unter http://www2.ingolstadt.de/media/custom/465_5335_1.PDF?1367299611.

Stahl, H. K. (2005): Vernetzung – eine Tour d'horizon. In: H. K. Stahl und F. von den Eichen (Hg.): Vernetzte Unternehmen. Wirkungsvolles Agieren in Zeiten des Wandels. Berlin: Erich Schmidt Verlag, S. 3–20.

Stahl, H. K.; den Eichen, F. von (Hg.) (2005): Vernetzte Unternehmen. Wirkungsvolles Agieren in Zeiten des Wandels. Berlin.

Stark, R. (1997): Der Aufstieg des Christentums. Neue Erkenntnisse aus soziologischer Sicht. Weinheim.

Statistisches Bundesamt (2010). Wiesbaden. Online verfügbar unter 2010.pdf;jsessionid=429F0D628FAFA88359EFD9474B2F8C72.1_cid251?__blob=publicationFile.

Stegbauer, C. (2018): Gemeinde, Netzwerk, Kultur: Die Bedeutung von kirchlichen und kirchennahen Institutionen. In: Pastoraltheologie 107, S. 70–81.

Stegbauer, C.; Häußling, R. (Hg.) (2010): Handbuch der Netzwerkforschung. Wiesbaden: VS Verlag

Stegemann, W.; u.a. (Hg.) (2002): Jesus in neuen Kontexten. Stuttgart: Kohlhammer.

Steinacker, P. (2006): „Statement bei der Präsentation der vierten Kirchenmitglied-schaftsuntersuchung „Kirche in der Vielfalt der Lebensbezüge" (KMU IV). Online verfügbar unter http://www.ekd.de/vortraege/weitere/060222_steinacker_kmu4. html.

Steinecke, A. (2018): Ehrenamt. Evangelisch-Lutherische Kirche in Bayern. Online verfügbar unter https://www.bayern-evangelisch.de/engagement-vor-ort/ehrenamt.php, zuletzt geprüft am 01.05.2019.

Stenschke, C. (2009): Übergemeindliche Ausübung von Autorität und übergemeindliche Beziehungen im Neuen Testament. In: Theologisches Gespräch (Beiheft 10), S. 18–54.

Strack, H. (2008): Alles Organisation – oder was? Kirche im Spannungsfeld von Bewegung, Institution und Organisation. In: Pastoraltheologie 97, S. 372–383.

Straus, F. (2002a): EgoNET – QF. Egozentrierte Netzwerkkarten für die qualitative Forschung – Ein Manual. München: Ipp-Broschüre.

Straus, F. (2002b): Netzwerkanalysen. Gemeindepsychologische Perspektiven für Forschung und Praxis. Wiesbaden: Deutscher Universitätsverlag.

Straus, F. (2009): Perspektiven der Netzwerkorientierung. In: WeiterSehen (Das Informationssystem aus dem Amt für Gemeindedienst in der Evangelisch-Lutherischen Kirche in Bayern) (2), S. 4–6.

Straus, F. (2010): Netzwerkkarten. Netzwerke sichtbar machen. In: C. Stegbauer und R. Häußling (Hg.): Handbuch der Netzwerkforschung, S. 527–538.

Straus, F.; Höfer, R. (2005): Netzwerk und soziale Projekte. In: F. Kessel und u.a. (Hg.): Handbuch Sozialraum. Wiesbaden: Springer. S. 471–493.

Sundermeier, T. (1992): Inkulturation und Synkretismus. Probleme einer Verhältnisbestimmung. In: Evangelische Theologie 52, S. 192–209.

Sundermeier, T. (1999): Mission und Dialog in der pluralistischen Gesellschaft. In: T. Sundermeier und A. Feldtkeller (Hg.): Mission in pluralistischer Gesellschaft. Frankfurt a. M. Lembeck, S. 11–25.

Sundermeier, T. (Hg.) (2005a): Mission – Geschenk der Freiheit. Bausteine für eine Theologie der Mission. Frankfurt a. M.: Lembeck

Sundermeier, T. (2005b): Schöpfungstheologie und der Dialog der Religionen. In: T. Sundermeier (Hg.): Mission – Geschenk der Freiheit. Bausteine für eine Theologie der Mission. Frankfurt a. M.: Lembeck, S. 229–247.

Sundermeier, T.; Feldtkeller, A. (Hg.) (1999): Mission in pluralistischer Gesellschaft. Frankfurt a. M.: Lembeck.

Taylor, C. (2006): Vorwort. In: Ivan Illich: In den Flüssen nördlich der Zukunft. Letzte Gespräche über Religion und Gesellschaft mit David Cayley. München: Beck, S. 9–14.

Taylor, C. (2011): Replik. In: M. Kühnlein und M. Lutz-Bachmann (Hg.): Unerfüllte Moderne? Neue Perspektiven auf das Werk von Charles Taylor. Berlin: Akademie Vlg, S. 821–861.

Taylor, C. (2012a): Ein säkulares Zeitalter. Berlin: Suhrkamp.

Taylor, C. (2012b): Quellen des Selbst. Die Entstehung der neuzeitlichen Identität. 8. Aufl. Frankfurt a. M.

Taylor, J. V. (1974): The Go-Between God. The Holy Spirit and the Christian Mission (= Der Heilige Geist und sein Wirken in der Welt, Düsseldorf 1977). London: Wipf & Stock.

Theis, J. (2005): Biblische Texte verstehen lernen. Eine bibeldidaktische Studie mit einer empirischen Untersuchung zum Gleichnis vom barmherzigen Samariter. Stuttgart (Praktische Theologie heute, 64).

Theis, S. (2006): Religiosität von Russlanddeutschen. Stuttgart: W. Kohlhammer.

Todorov, T. (1998): Abenteuer des Zusammenlebens. Versuch einer allgemeinen Anthropologie. Frankfurt a. M.: Fischer.

Unger, G. (2000): Konservative Revolution. Bericht von der 72. Sitzung der Pfarrerkommission. Online verfügbar unter https://www.pfarrverein-bayern.de/sites/www.pfarrverein-bayern.de/files/korrespondenzblaetter/ Mai2000.pdf.

Vögele, W.; Bremer, H.; Vester, M. (Hg.) (2002): Soziale Milieus und Kirche. Würzburg: Ergon Verlag.

von Bismarck, K. (1957): Kirche und Gemeinde in soziologischer Sicht. In: Zeitschrift für Evangelische Ethik, S. 17–30.

Vries, S. de (2012): Kirche als Soziales Netzwerk – Kirche in Sozialen Netzwerken. In: Praktische Theologie 47, S. 85–91.

Wald; a: (2010): Netzwerkansätze in der Managementforschung. In. Stegbauer, C.; Häußling, R. (Hg.) (2010): Handbuch der Netzwerkforschung. Wiesbaden: VS Verlag, S. 627-634

Wanke, G. (2003): Jeremia. Teilband 2: Jeremia 25,15-52,34. Zürich: Theologischer Verlag. (Zürcher Bibelkommentare AT, 43881).

Weiss, G. (1953): Nachbarschaftliche und bruderschaftliche Gemeinde (Quatember 1953, S. 98 - 101). Online verfügbar unter http://www.quatember.de/J1953/q53098.htm, zuletzt aktualisiert am 05.2020.

Wellman, B. (1979): The Community Question. In: American Journal of Sociology (84), S. 1201–1231.

Weyel, B. (2013): Netzwerkanalyse – ein empirisches Paradigma zur Konzeptionalisierung von religiöser Sozialität? In: Weyel, B., Gräb, W., Heimbrock, W.G. (Hg.): Praktische Theologie und empirische Religionsforschung. Leipzig (Veröffentlichungen der Wissenschaftlichen Gesellschaft für Theologie, 39), S. 157–169.

Weyel, B.; Hermelink, J.; Grubauer, F. (2015): Kirchentheoretische Konsequenzen der Netzwerkforschung. In: H. Bedford-Strohm und V. Jung (Hg.): Vernetzte Vielfalt. Kirche angesichts von Individualisierung und Säkularisierung. Gütersloh: Gütersloher Verlagshaus (Die fünfte EKD-Erhebung über Kirchenmitgliedschaft), S. 435–437.

Weyel, B., Gräb, W., Heimbrock, W.G. (Hg.) (2013): Praktische Theologie und empirische Religionsforschung. Leipzig (Veröffentlichungen der Wissenschaftlichen Gesellschaft für Theologie, 39)

Winkler, E. (Hg.) (1995): Tore zum Leben. Taufe – Konfirmation – Trauung – Bestattung. Neukirchen-Vluyn: Aussaat Verlag.
Wischmeyer, O. (Hg.) (2006): Paulus. Leben – Umwelt – Werk – Briefe. Tübingen: Franke.
Wolter, M. (2008): Das Lukasevangelium. Tübingen: Mohr Siebeck (Handbuch zum Neuen Testament, 5).
Wolter, M. (2011): Paulus. Ein Grundriss seiner Theologie. Neukirchen-Vluyn.
Wuthnow, R. (2002): Loose Connections: Joining Together in America's Fragmented Communities. Joining Together in Americas Fragmented Communities: Harvard University Press.
Zeindler, M. (2001): Gotteserfahrung in der christlichen Gemeinde. Eine systematisch-theologische Untersuchung. Stuttgart (Forum Systematik, 13).
Zimmermann, J. (2008): Being connected. In: M. Reppenhagen und M. Herbst (Hg.): Kirche in der Postmoderne. Neukirchen-Vluyn (Beiträge zu Evangelisation und Gemeindeentwicklung, 6), S. 136–160.
Zimmermann, J. (2009): Gemeinde zwischen Sozialität und Individualität. Herausforderungen für den Gemeindeaufbau im gesellschaftlichen Wandel. 2. Aufl. Neukirchen-Vluyn (Beiträge zu Evangelisation und Gemeindeentwicklung, 3).
Zimmermann, M. und Ruben (2003): Der barmherzige Wirt. In: A. Götzelmann (Hg.): Diakonische Kirche – Anstöße zur Gemeindeentwicklung und Kirchenreform (FS Theodor Strohm). Heidelberg (Veröffentlichungen des Diakoniewissenschaftlichen Instituts an der Universität Heidelberg, 17), S. 44–57.
Zimmermann, R. (2007): Berührende Liebe (Der barmherzige Samariter). Lk 10,30-35. In: R. Zimmermann (Hg.): Kompendium der Gleichnisse Jesu. Gütersloh, S. 538–555.
Zimmermann, R. (Hg.) (2007): Kompendium der Gleichnisse Jesu. Gütersloh.
Zippert, T. (2012): Diakonie im mehrdimensionalen sozialen Raum des Gemeinwesens. In: H. Schmidt und K. D. Hildemann (Hg.): Nächstenliebe und Organisation. Zur Zukunft einer polyhybriden Diakonie in zivilgesellschaftlicher Perspektive. Leipzig (Veröffentlichungen der Wissenschaftlichen Gesellschaft für Theologie, 37), S. 95–119.
Zippert, T. (2013): Sozialräumliches Wahrnehmen. In: R. Zitt und u.a. (Hg.): Wahrnehmen. Stuttgart, S. 182–208.
Zippert, T. (2015): Rezension zu: Stefanie Rausch, Gemeinwesendiakonie als strategische Orientierung kirchlicher Träger. In: Deutsches Pfarrerblatt 115, 719f.
Zitt, R.; u.a. (Hg.) (2013): Wahrnehmen. Stuttgart: Kohlhammer.